U0069783

許曹德回憶錄

許曹德 著

一個台灣革命者的風雲半生

Khó Tsə̂ Tik

出獄後再版序

許曹德

本書之出，首應歸功於台灣獨立建國運動最偉大的獻身者鄭南榕先生。一九八七年八月三十日，「台灣應該獨立」公開衝出歷史樊籠，此後一年，台灣人民一方鏖戰於法庭，一方示威於街頭，獨立的呼聲遂破繭而出，迅速衝破中國殖民政權四十餘年的殘酷壓制，波瀾洶湧的引導台灣人躍向四百年未竟的美夢——建立一個屬於自己的國家，建立一個民主與自由的台灣共和國。

這個美夢，是謙卑的企求我們及我們的子孫，永不再罹受四百年歷史中，一波接一波的外來壓迫，擺脫無盡的經濟的、社會的、政治的、文化的、語言的、民族的扭曲與蹂躪。而身陷國民黨法西斯重牢中的本書作者，所以不顧黑獄壓制、不顧反動集團的法庭審判威脅、不顧自身命運的風雨飄搖，是回應獄外領導及支援獨立運動的南榕先生之正確判斷，必須把台灣人不可搖撼的信念、堅毅的奮鬥歷程、偉大的美夢，誠摯的記下，留予繼起的奮戰一代，爲台灣人歷史性的偉大獨立運動、偉大建國運動，增強火力。

因此，本書是寫於一九八八年七月至十月的再審判前後，約一百餘天完成。時值溽夏，牢中汗涔如雨，只能赤膊而坐，著一內褲日夜而寫。牢中又一無資料幫助回憶，僅能以昂揚戰志，努力從紛亂的過去抓住生命的軌跡，理出一個頭緒，掛一漏萬的清出一個台灣人的成長史——其間，爲恐判決後移監龜山，失去如土城看守所易於偷運原稿出獄的方便，因此，也顧不得痛疼的心臟，期於最短時間寫出，偷出監獄出版，爲此，我只能以潦草的筆跡、素樸的筆鋒，如實的寫出一個台灣人的歷史。

因此，這是台灣反抗歷史上第一本人在監獄、公開偷運作品出獄、公開陳述獨立理念，而與國民黨反動集團繼續作戰的第一本書。當然，書出後迅速被禁、也感謝被禁，遂使它的傳播力更強、更具說服力。

說感謝，我要再次感謝國民黨，沒有它的愚蠢迫害、逮捕、公審、判決，台灣人獨立的心聲不會恰如其時的爆發與突破。本書也不可能誕生。尤其，如無此次二年半的押入大牢的沉思與再研究，台語字母的本土化系統技術，我們主力民族的語言文化，一個凝聚我們獨立的文化武器，也不可能獲得如斯澈底而成功的突破。這個成就，也同樣歸功於南榕犧牲精神的無比激發，使我瀕於失敗、幾乎要放棄的字母系統改良計劃，重燃克服的鬥志，終使河佬語文字化的曠古之謎找到解答。重牢雖苦，但重牢卻能逼迫台灣人找出自己獨立的文字，使㑲笑我們沒有文字、口口聲聲自稱中國人的國民黨，獲得歷史反諫的美言，故感謝之。

這是一次台灣人歷史性勝利的出獄，懷著誕生的偉大台灣魂——南榕精神；懷著台灣人被迫而創的台灣字母——台灣文，我們將有能力凝聚與組織新的台灣人，不懼任何勢力、任何強權，矢志建立台灣人四百年未竟的美夢——台灣共和國！

同胞們！我們的夢一定會實現，讓我們共同打拼。

一九九〇年　五月一日　於花園新城家

勇敢・智慧・堅心

——歡迎許曹德先生回來

⊙林雙不

台灣獨立運動的堅強鬥士許曹德先生，四月四日清晨一腳跨出國民黨黑牢的大門，再度回到永恒母親台灣島溫暖的懷抱。得知這個消息，我勉強壓抑既高興又難過的複雜感受，提筆寫作這篇短文，竭誠歡迎許先生回來。

比較清楚或深入完整認識許先生，是他二度受害之後的事。認識的媒介是鄭南榕先生爲他出版的回憶錄。回憶錄厚達四百四十頁，頁頁感情激烈而理路清晰，誠懇刻畫出一個反對靈魂的心路歷程。即使不談書中許多精確獨到的政治理念與生命見解，光以思想情感表達的文字藝術來說，已是四十多年來台灣出版界難得一見的佳構；許許多多盛名在外的所謂台灣作家，處理文字的技巧就遠遠比不上許先生，更不必比什麼人格情操了，我在文字間打滾半生，對這樣突出的作品自是愛不忍釋，除了四處介紹朋友閱讀、演講公開推薦之外，自己更是讀之再三。細讀加上深思，許先生勇敢、智慧而又堅心的精神面貌，便常常在我心底浮現，這三種特質，我們從他走出黑牢的瞬間言行，同樣可以明顯看到。

根據記者描述，許先生呼吸到第一口自由空氣時，「激動地高舉着強而有力的握拳之手」，嘶吼高叫：「民主勝利，台灣獨立！」許先生兩度因爲台灣獨立而蒙難，第一次在一九六八年，受困七年六個月又十四天；第二次受困二年五個月又十七天，兩次相加長達十年！牢獄的折磨也未動搖他的主張，眞是勇敢的台灣人！眞是堅心的台灣勇者。

面對記者訪問，許先生明白強調台灣並沒有什麼人權，現今釋放政治犯，不過是國民黨想要製造民主假像而已。許先生又說，獲不獲假釋都不是很重要，也沒有關係，重要的是台灣是否獨立，要大家都有獨立、自主的權利，出來才有意義，沒有自由還不如不要出來。對於部分反對人士熱呼呼的所謂國是會議，許先生也清楚指出那是被「操縱」的，他以爲會中不應限制談論獨立問題，他對這樣的會議不抱樂觀態度。許先生洞燭問題癥結的智慧，恐怕要令不少所謂反對人士汗顏。

我以無比興奮的心情歡迎許先生回來，也以無比沉痛的心情要求部分行事偏差的反對人士自我檢討，更以無比誠摯的心情懇求台灣同胞細讀許先生的回憶錄，分享他的勇敢、智慧與堅心，共同爲台灣獨立打拼，早日讓台灣島上再也不必有任何人，因爲政治主張而慘遭監禁、迫害。（四月五日寫於員林）

（原載一九九〇、四 八民衆日報）

台灣人的成長史
——介評《許曹德回憶錄》

◉李　喬

存在過的就不會消失

半年前買到《許曹德回憶錄》後，很快就讀完全書。半年來放在案頭隨翻隨讀，不必按次序，也不論心境如何，祇要目光觸及，我的「心」就自自然然爲之吸引，爲之魅迷而深入書中的世界——那是冷冽智性與濃郁感性糾葛釀造的，充滿震撼懾人心魂的世界。記得年輕歲月時，吟哦唐詩宋詞楚辭之際，在耽讀叔本華、尼采或史賓格勒的時刻，有過這種刻骨銘心的經驗。

許書是「回憶錄」，就「史」的角度來說，它給予世人三則啓示：

一、「存在過的就不會消失」：近年來深入查索台灣歷史上的人事代謝、家國情仇，加上年逾知命，看事斷情有了比較周圓寬深的容積。體會最深切的是存在的界定，自覺有着不同以往的領會。所謂眞假虛實、想像與事實、事實與眞實，甚至生與死，其涵義其界線絕非如「約定俗成」的認知所認定那樣簡單。

許曹德先生是一位擁有事業美妻佳兒的「成功男子」，何以爲那縹緲「半空」的獨立理想一再坐牢？許與他的「女王」定情求婚竟然是：「妳願意和我一起吃飯，一起承擔台灣的苦難嗎？」許擁有世人豔羨的一切，而他卻是在極盡貧困艱辛中長大的。他何以作如此選擇？他的親朋或世人一定難以理解吧？

看出苦痛災難的源頭

彼伉儷當然明白自己在做什麼，以及何以如此做，但是許在酷牢午夜夢醒時刻，依然有時不免會「癡問」自己吧？然而因因果果仍然頭緒在焉。那窮困極限的歲月，許固然身受煎熬，但是他也領會到同命共苦的親人的苦難，還朦朧看出苦痛災難的源頭來由。許童年的依靠是形同行乞的奶媽，奶媽獨子旺仔哥是許的保護神。保護神卻在一九四七年三月浮屍海中，時十八歲，撈起來時全身槍傷如蜂窩。許蹲在旺仔近臉部位，熱淚一滴滴掉在他臉上，許哽咽地對他說：「我永遠會記住你……」許說：「旺仔哥哥的悲慘命運、恐怖死亡，使我一生捲入台灣歷史，思考社會正義，追尋台灣人擺脫歷史悲劇的可能性。」（許書頁一一七～頁一二一）

我們依此方向追查下去，在日本的王育德先生、在美國的林宗義先生兄弟、郭勝華醫師……他們今天的「位置」誰造就的？謝里法先生在一九四七年二月二十七日晚，在台北太平町看到了什麼？宜蘭的張、郭、林，台中的……台南的……某某教授的岳丈如何慘死的、某某人何時逃到洛杉磯？誰造就了廖文毅兄弟？誰製造了許信良？一群不能返鄉的「鱒魚」會糾結醞釀什麼？一個台灣女孩回到自己的母土，竟有一種「法律」：不准報戶口！

存在界是一巨大的「撞球枱」，每一桿之「力」撞出去，那「力」一定會作平衡爲止的「運動」，「力」永遠不消失。人永遠活在過去與現在，也活於未來，不懂這個道理的人是白癡，白癡才會叫人不要往後看。「存在過的就不會消失」，「力」祇要發出就不會消失；所謂「消失」，實際是找到平衡點罷了。許先生的回憶錄證明了筆者這個說法。

與時代聲影密切呼應

二、這是一部台灣人的成長史：台灣長期被各類外來政權壓迫統治，威嚇之利誘之，殘殺之示惠之，民心因而扭曲，信心喪失，尊嚴受損。由於歸宿不確定，自我肯定困難，於是難以凝聚共同理想。在個人而言，是天賦生命衝動力不得展開；以群體來說，是文化成長陷於千鈞壓力之下。因而台灣人的精神史，可以說是血淚交迸、瘴癘瀰漫，萬千族群菁英淪陷其中；或浸透而變節，或堅持而身殉。然而台灣人的道路前景，卻也在逆邅中緩緩開拓，逐漸展開。

許曹德先生在回憶錄中，以感性智性交揉的筆觸如實舖敍了身世，艱辛的童年，青春歲月，心靈成長的軌跡，外在世界的繽紛刺激；最後是「環境」激發其迅速成長，而成長中透視理解了「環境」。最後，許先生找到了個人的人生意義，也勘悟了生命眞諦，至此終於擁抱台灣而達到了個體與群體合一的終極境界。

迄至目前爲止，在台灣還未見一個人如此精密又眞誠地記錄自己成長的軌跡，還未有一個人從自己體會身受中出發，去追尋台灣前途的景觀與可能性，也還未曾有人以一本書如此成功地表達對台灣的狂烈摯愛。這本書固然是許先生個人心路歷程的解剖大樣，由於其中的眞實赤誠，以及對時代聲影的密切呼應，也可以當作整個台灣人的成長史看；台灣人艱辛悲苦卻也堅忍卓絕的精神在許書裡明晰地浮凸出來。

矗立高聳入雲的典範

一九八九年四月，另一位仁人志士鄭南榕先生，以絕對的手段去追求台灣人的絕對理想。這是「世界級的境界」。有宗教信仰的人，當他殉志時有一位眞神在支援他、「接引」他。鄭先生還在「望教」階段。當他作生命的絕對抉擇時，顯然的，支援他、接引他的祇有：台灣。老實說，唯有如此深切認識鄭的自焚，其莊嚴其義烈乃現，許的偉大才算副實無愧。鄭先生開創了台灣人生命境界的高峯，把躑躅不前的台灣文化推向宏偉曠闊的境地上。

現在，台灣人的生命追尋及人生意義的昂揚，已然矗立兩座高聳入雲的典範：一是鄭南榕生死一決的模式，嬌妻佳兒、美麗人間，一瞬全拋，釋放生命的全部能量，直戳不義的心窩要害。一是施明德、許曹德、蔡有全的模式，以至弱之軀至強之志，入虎口臥火宅，與統治者作長期的意志比賽；高舉一盞孤燈給島民同胞仰望領航。至於許曹德先生，還以這本回憶錄自證證道，自渡渡人；告訴台灣同胞，在豺狼環伺妖聲鬼嘯中，如何自保、自助，如何健身強大，如何努力成長成熟，如何昂然向前走去！在這裡忍不住要特別提示許書三六三頁第四行至三六六頁第二行——那是許先生「得道」的證辭，值得台灣人當作早課晚課來吟哦誦讀！

台灣人是壓迫的產物

三、許書是有關台灣的各路人馬必讀教材。許先生在這本回憶錄裡，一再直敍或間接表達一個歷史公案：「台灣人，是壓迫的產物。」他說：「沒有壓迫，就沒有所謂台灣人意識。歷史的壓迫，使河洛與客家先民冒死越海，開闢非中國之地的美麗島，自創天地追求自由。」、「沒有壓迫，歷史不會出現台灣人；沒有壓迫，台灣人的祖先不會分離；沒有壓迫，台灣不會獨立。因此台灣人是被壓迫出來的歷史產物。」許先生一再從歷史、文化、政治、經濟各方面說明這個道理。

當然，「實際上已經獨立發展」了四〇〇年的台灣，離合的整個涵義不能以「壓迫」二字統括，例如依據文化生態原則的文化變遷，逐漸地匯凝成命運共同的意識覺醒，凡此必然地、無可避免地，台灣要面向太平之洋揚帆獨航。然而就歷史的肇因、台灣人意識底層的動力而言，說是「壓迫造就了台灣人」，應該是十分正確的。

今天，台灣處在歷史的十字路口，台灣人站在歷史的轉捩點上，許書幫助我們撥雲見日，幫助我們釐淸歷史與身世的迷茫。另一方面，環伺於台灣四周的各色人等，無論抱持何種目的與心機，了解台灣，了解台灣人也是十分必要的吧！若然，許先生的回憶錄正是最佳教材。

歷史的因緣如何？歷史的罪孽該何人承當？誰該反省誰應改過？台灣果眞是一塊肥肉嗎？台灣人還能長期奴役嗎？是不是該理智冷靜地檢討現有「政策」？是

否也該懷疑既定「國策」？長期直線的思考，是否應該一試曲線思考、反方面的思考？凡此，《許曹德回憶錄》是開卷有益，必然收穫非淺。

具備了好文學的要素

以上是從史的角度看許書，另外從文學的層面看也是令人驚喜、蘊蓄豐富的。歷來台灣人就予人不善表達情懷的感覺，尤其在「非虛構」的文字裡，除了吳新榮先生的〈亡妻記〉外，怕是難找迴腸纏綿之作了。

《許曹德回憶錄》在傳記文學中有它不可代替的位置，筆者僭越想要現在就予定論。其成功可從用心與技巧兩方面來觀察。就用心而言，這本回憶錄之作具備了好文學的第一要素：眞誠。用心眞誠，使作品的人物生動眞實，情節合理可信，主題深切服人。如果讀者專心閱讀，必然很快就被作者那一股摯愛熱情——對父母妻兒與台灣的摯愛熱情所震懾，甚而「淹沒」。然而字裡行間，作者的愛恨、憤怒、激昂、恐懼、憂愁、癡情……音容謦欬，全是水流雲湧，自自然然；這份自然流露的眞，使回憶錄的私人性悄然油然形成爲具有族群共通性與人類普遍性的樂章了。

作者筆下的窮困童年，艱辛謀生的奶媽、母親，柔情而堅毅的「女王」，基隆港灘的浮屍，那在鐵窗內苦思島嶼前途的主角……凡此在眞誠的灌注下，已然由「個別的事實」擴大充實而爲「普遍的眞實」，成就文學的殿堂了。

許書就技巧來說，作者掌握了敍事文學的第一要點：創造人物。當然許先生「無心」創造人物，然而作者的眞誠眞情「不可抗拒地」使「人物」生鮮活潑起來。本來在文學上，「虛構」與「非虛構」兩者各有其成就文學人物的困難：前者容易流於蒼白虛幻，因脫離現實人生而不易被人接受；後者難免一廂情願，形成自艾自怨，因宣洩個人情感而易爲讀者排斥。

堅實的本土現實基礎

許先生這個人一開頭就「家國不分」啦！窮困童年是台灣庶衆的抽樣描繪，行乞奶媽、堅忍母親是台灣婦女畫像，寥寥幾筆的旺仔哥正是二二八冤死青年的模糊照像；會牢中夫婿時的雍容高貴、夫婦獨處時的嬌媚可人、斗室擁子孤燈下是含悲堅毅的媽媽——這是七、八十年代覺醒的台灣婦女畫像。至於許先生的「自畫像」，不但是四十年來台灣衆多良心犯的標誌，甚至於是一種象徵了。

這種人物創造的成就，也給予文學者一個極佳啓示：「虛構人物」必須要有堅實的本土現實基礎，而「非虛構人物」由於作者的眞實眞誠以及人物本身強烈的本土現實性，可能塑造成文學層面的「人物」。許先生寫活了奶媽、母親、「女王」以及他自己。至於獄中經驗部分，如果單獨成書也一定是列入世界「獄中記」之林的佳構。即使目前的形式，仍然是島內翹秀，少有匹敵。

許書除了上述諸特點之外，對於台灣文化的剖析，中國文化的批評，對於台灣社會的批判，對福佬客家的期許等等，都有發人深省、精闢獨到的見解，值得思考台灣前途時，作爲重要的參考。今年島內出現三本與台灣人關係密切的好書，值得所有關愛台灣以及置身「台灣事務」的每一個人熟讀並深思。這三本書是：鍾逸人先生的回憶錄上册《辛酸六十年》；許曹德先生的《許曹德回憶錄》；黃文雄先生的《中國的沒落》。筆者讀過這三本好書後，心頭不斷浮出一個聲音：因壓迫而誕生的台灣人啊！你的代名就叫做「反抗」。反抗的台灣人，你該起來掌握自己的命運了！

（原載一九八九、八、十六～七　首都早報）

追尋自由與獨立的心路歷程

——《許曹德回憶錄》所呈顯的台灣人經驗

◉李敏勇

戰後的台灣人歷史，是沉默的歷史。

從日本殖民地統治掙脫出來的台灣人，在中國撤退來台的國民黨統治之下，經歷了一頁滄桑的歷史。從殷望過祖國，到抵抗和疏離統治權力，交織著血與淚的軌跡。

但大體而言，台灣人是沉默、不善於高唱心聲的族群，在從未掌握過自己政治主權的歷史發展行程裏，只是細微嗚咽著悲歡，少有激越的抗爭和高昂的話語。

然而，這種沉默逐漸成爲過去，在面臨歷史的新路口，在生死存亡關鍵的年代裏，不願意再被壓抑犧牲的意志紛紛向族群發聲。

一九八九年四月七日，鄭南榕的堅持言論自由對抗拘提自焚死諫，就象徵了抵抗的高度。鄭南榕堅持的言論自由是刊載旅日學者許世楷〈台灣新憲法草案〉，這份新憲法的揭載，要追溯到更早的蔡有全、許曹德因「台灣人有主張獨立的自由」而入獄的事件。

許曹德入獄一週年，在一九八八年十月十二日完成《許曹德回憶錄》，一九八九年初，鄭南榕的「自由時代出版社」出版這部記載了一個台灣人如何成長於戰後社會，並追求把島嶼台灣實踐成自由與獨立國家的歷史。

《許曹德回憶錄》自敍從逆境下出生（一九三七年，日本侵華戰爭始）到一九八八，因蔡許台獨案再度入獄的半世紀生涯。這半世紀經歷了日本殖民地統治，經歷了美軍飛機轟炸的戰禍，經歷了二二八事件的噩夢，經歷了劉自然事件。從「幼小的血管裡，奔騰著一股無名的反抗血液，從渴望與幻想要把日本仔趕走」的童年，到「偷偷把家裏的期望刪掉，以政治系爲第一志願」，想要研究政治，變革社會。說明了天生反骨的許曹德，血液裏奔流著正義性的熱情，以及其勇於對自己命運下賭注的執著。

台灣人在日本殖民地統治時代，體驗過異族統治的困厄。背負了大清帝國戰敗之過，島嶼台灣任令犧牲予日本，台灣人成爲次等國民經歷了五十年時光。原以爲接收台灣的中國政府是同文同種，但顯然台灣人並不是他們眼中的同胞，只是他們心目中的日本遺產或要統治的類殖民地人民。而中國軍人、官僚的破敗形象，以及他們來到島嶼台灣的種種不堪入目言行，竟然比異族統治更令人厭惡。

直到發生二二八事件，島嶼台灣陷入動盪和肅殺的恐怖統治，生命和心靈都經歷過歷史的血腥洗禮，才奠定了堅持的抵抗志節和島嶼台灣出路的堅定思考。

從開南商工的苦悶三年初中商科歲月，到報考延平補校高商部，經由延平一群留學日本的台灣菁英分子忍辱負重的教育，在沒有升降旗、沒有軍訓、沒有黨化污染的學習環境下，使許曹德經歷了他自喻的：「一粒麥種從嚴霜的沙石地帶移植到肥沃泥土，很快抽芽……」的過程，並進而下定決心考入大學。經歷了一次失敗後，終於考上台大法學院政治系，這是一九五七年。

爲質疑中國史而追問台灣人的歷史，終於發現到四百年來，爲追求自由而冒九死一生，越過黑水溝來到美麗島的台灣人雖找到了溫飽，並未找到自由。並進而了解屠殺乃是台灣人每一次更換統治主人的見面禮。台灣人因爲沒有自己的權力，而命運受制於人，父親一代經驗的歷史滄桑，也是自己這一代經歷的歷史憤怒，恍然覺悟受歷史權力左右的人的命運，終於體認到自由來自權力的抗衡。

在大學時代，從殷海光得到的啓廸是「民主與自由」的理念，並以此構成改革台灣社會的基本信仰，逐漸形成完全站在台灣人觀點來思考台灣問題的立場，並堅信台灣獨立與台灣民主的必要性。當然這種獨立自主並無意與中國爲敵。

服役後，投入社會經商、成婚，仍不忘懷政治志業，並投入過文化事業的經營。而於一九六八年初，因「台灣青年團結促進會」之台獨案入獄，在監近八年。直到一九七五年，蔣介石死亡後，特赦出獄。

離開監獄後，許曹德又東山再起，幾年後，重建了經濟基礎，振興並開創了許多事業。但在財富累積後，又決心繼續完成台獨人獨立心願。而於一九八七年八月三十日，在「台灣政治受難者聯誼會總會」成立大會，提案修訂章程中的「自決條款」為「主張台灣獨立」，與蔡有全在該年十月十二日入獄。掀起了島嶼台灣主張有權獨立的壯濶波濤。

島嶼台灣獨立的呼聲，在蔡有全、許曹德事件後，因聲援活動而擴大氣勢。這種氣勢，在轉捩點關鍵的台灣社會，提供全體住民的思考和抉擇，相信也刺激統治權力當局的注視和省察。然而，統治權力當局畢竟自恃著權力之柄，不能從島嶼台灣的政治改革運動中反省統治過失，不會從憤懣和抵抗的廣泛社會運動中檢討統治弊病，踏實地在島嶼台灣的土地上誠實思考採行開展方向。因此，鄭南榕才會因思考台灣前途，刊載許世楷〈台灣新憲法草案〉受涉嫌叛亂罪訴之偵查，並因強制拘提而焚死，造成愈來愈難以撫平的社會內部裂痕。

《許曹德回憶錄》提供了台灣人追尋自由與獨立的心路歷程，生動地描述了一個台灣人知識分子，抵抗統治權力的人格形成，人性地呈顯了一個非英雄式的平民，思考台灣前途的心意與行動，特別使人感到眞摯親切。

在回憶錄結尾，身體健康情形不佳的許曹德的話語，似乎在述說他的遺志。他向島嶼台灣的話別，使人感懷心酸：

萬一天命不容我踏出監獄，不讓我親眼看到歷史的勝利、民主的開花、獨立建國的實現的話，我只希望我的至親兒女、我的同志，把我的屍骨火化，把骨灰撒在美麗島的每一角落，與四百年來無數爲此島嶼的自由犧牲的先民，共爲厲鬼英魂，繼續縈繞在島國天空、島國海峽、島國的土地上，捍衛她、保護她、凝視她。

大哉斯言，大哉爲追尋自由與獨立的生命所付出的人生行程！

（原載台灣春秋雜誌）

歷史與個人
——評《許曹德回憶錄》

◉卓榮德

舊曆年剛過，一九八九年正月初六，黃昏，整個台北街道，在寒風冷雨裡，依然抹掛著「新年」的意趣，彷彿仕女的臉上，不太協調的粉飾，但的確是一種心思。畢竟，節慶不只是化妝品，更是一種歷史，雖然，隨著社會形態的變遷，其原始意義也漸漸消失、轉化……。

17點30分，邀友人到民權東路的「自由時代雜誌社」，訪問最近因刊登「台灣新憲法草案」而被扣以「叛亂罪」起訴的鄭南榕，帶回他的一句話及一本書——「民主社會沒有叛亂罪」及《許曹德回憶錄》。一句斬釘截鐵的話，一本又被查禁的書。

夜裡，在《回憶錄》騰湧起幕幕盪宕不已的，台灣人歷史悲劇與滄桑襤褸的點點滴滴，在冷肅而龐然的黯夜裡，在荒曠的心淵深處，在不可掬挹的歷史流波裡，激動、低迴、歎息……

悲劇的嚮往與遐想

已是「而立之年」的人了，且由於認定處身於一個「畸零」的世代，因此對於具有昂揚的生命鬥志與理想公義的堅持者，早已當作是「稀有品種」，只能期諸於古代或者未來。而今卻在許氏的經歷與文脈裡，再度聽聞這種驚濤裂岸的生命大力，再次感受到一股剝復天地的生人之氣，在綿綿不盡的文辭的迭盪中，盪漾、瀰漫而洶湧起來，將個人捲入沖絕台灣人歷史網羅的悲劇情境裡，在其磅礡的、悲愴的歷史知感中，在其纏綿不已、迴湧無盡的土地之愛與歷史吶喊的動勢裡，再度激發且淨化了隨俗而物化的心靈，再度喚起對生命的價值與美感的渴念、對歷史的自我承擔的嚮往與遐想……。

巨棒、飛向歷史……

面臨悲劇，清澈的理念與霹靂的行動，乃是「劇中人」超越悲劇的基本條件，更何況許氏個人企圖揚棄的是台灣人四百年來被壓迫的歷史。他說：「沒有壓迫，沒有台灣人。否則台灣人……不知命運的解脫來自團結，來自不息的反抗。感謝獨裁，我們始知民主是我們最高價值，感謝歷史的無情殺戮、恐怖、處刑，我們始知：「台灣應該獨立！」」理念來自於認知、超越源自於反抗，許氏的「反抗哲學」來自於對整個族群的共同命運之認知與承擔，並因此而形成其行動綱領與個人生命的終極歸屬。因此，對整個族群當下的歷史處境與發展，乃具有敏感的嗅覺。他將正確的選擇最適當的決戰時刻！

一九八七年，他判斷：「台灣獨立的歷史時機已經降臨，台灣的觀鳥已在叫，台灣人不可遲疑不決」、「我們要強烈震撼統治台灣的殖民勢力……」、「我們應該重建台灣文化、應該恢復台灣人言行一致的開放與陽剛性格，應該公開主張台灣人的建國目標……。」因而在八月十三日，台灣政治受難者聯誼總會成立大會上，主張刪除不誠實的「自決條款」，公開喊出「應該獨立」的主張，「直接揮出我一生政治理念的巨棒、飛向歷史……」終於，台獨的言論徹底衝破人心與黨政機器的網羅，奔向街頭、奔向國際……。

個人犧牲與集體救贖

面對「雨夜花」一樣的台灣人歷史，許氏不啻又是這歷史悲劇下的「犧牲典型」，一如疇昔的先輩先民們奮勵而偉烈的生命。然而，當個人以其生命來承擔整個族群的歷史「圖騰」，且內化爲一種「志業」，以致能在自律自明的行動中，展現其個人的生命風格與意志力，而直接挑戰既存的結構暴力，這內化的心靈與實踐的意志本身，便已超越了歷史——結構的限制，而俱足了美感與救贖的特質。

也就是說，集體的命運在個人的犧牲中，獲得了淨化與救贖的可能。一如歷史上台灣人的反抗運動，在「反抗、犧牲」的過程中，終於累積、匯聚成今日明確的「新國家運動」，提升了日據時代的「自治」、「自決」的層次，且超越了「二二八」時期「高度自治」的要求，而達致一種「自在且自爲」(in-and-for itself)的、建構主體性的獨立運動。

從哲學的角度來看，個人犧牲以救贖群體的生命意志，不止是一切美感的根源，更是生命之所以取得尊嚴而煥發其潛能、燃放其「心火」的動源，故其能照澈生命底層的幽黯與陰鬱情結，而產生「淨化」的效能，所以無懼於壓迫者威脅、恐嚇的暴力伎倆，而能「源源相繼，以成性命」底煥發心志與行動力，更在群體之交感意志(the will of communication)的聯帶中，由個人的犧牲轉化成集體救贖的效果。所以，許曹德說：「無懼於政治迫害的示範，道德展現，始能衝破台灣人畏崽的懼強心障，匯成眞正的政治力量」。

換言之，政治力量的基礎乃在於台灣人民的共同意志，是台灣人民生命力的交感與集體匯聚，而這正是壓迫者所最「戒愼恐懼」的人民力量。所以，許氏乃自覺底以個人的犧牲，來激勵台灣人民共同意志的形成，因此，也成爲本書之令人盪氣迴腸的「悲劇感」之來源。

把無盡的糟蹋化爲歷史動力

再者，由於許氏獨特的文脈，舒緩有致地表達了深刻的歷史反省，且溶鑄個人活生生的生命經驗於其中——凝激越的歷史悲情於靜冷的生活敍述，斂濃稠的族群關懷於刀解般的思辨裡，因而他將歷史、土地與生命情境，用感性的意象凝成一體，使敍述本身具足歷史時間與生命時間的張力。如當他被囚至火燒島時，他想著：

「但是，火燒島卻是一個美麗小島，深藍的海域、靜穆的翠綠山巒，西望台灣，東邊是無垠的太平洋。這是一個被台灣歷史玷污的小島，本身原本純潔可愛，今天，她又要靜靜接納一批被不義勢力凌辱的反抗者、政治異議分子、統治者忌惡的囚徒，一批批走進她的懷抱。她已半個世紀以上，用她太平洋海潮拍岸的低沉節奏，一聲一聲，彈給受傷的心靈傾聽，彈給折磨於此、死亡於此的靈魂傾聽，無論是日本人押來的、中國人抓到的，她都加以撫慰，希望囚居於此的異鄉人，了解她的善意。她要說，她也是台灣的一部分……」。

正是這種「隨物婉轉、與心徘徊」的筆鋒，許氏將四百年來台灣人的歷史黯影，消融在文字意象與敍述的氣韻流動之中，而將當下的經驗事態、生命意志與歷史意識化爲一體，時時處處透放一股深沉的、無與倫比的歷史縱深度。

而就在這種深刻的歷史悲劇感中，使整本回憶錄，充滿且迴盪著對台灣族群綿綿不絕的心靈呼喚，將個人溶入歷史之中，形成反抗歷史命運的悲劇力量，他吶喊、他行動，他要「把無盡的糟蹋化爲歷史動力——」

消滅迷戀，感謝壓迫

正是這種對族群歷史命運的自我覺知與承擔，他超越了個人存在的界限情境，而與四百年來無數爲這島嶼的子民之自由與尊嚴犧牲的前輩們的生命意志共同交感，化爲族群歷史的精神脈動。所以他要「感謝壓迫」、「感謝獨裁者……感謝無情的殺戮……」，他要「糾正歷史」，而他的生命也因這種「歷史化」而呈現出撼動人心的「壯美」。

很明顯的，書中的許曹德的生命歷程，便是在歷史悲劇的黯影中，不斷地自我證明與自我超越的行動，因此，本書乃向我們證示：在既定的歷史情境與社會政經結構的限制中，反抗的犧牲行動，將導向心靈的淨化，使得個人生命得到充分的表達與完美的形式，並因此而激發出對人性尊嚴的自衛與自律的勇氣。所以，在面臨特務無盡的刑求與折磨時，他冷靜的認知到：「壓迫者監禁我們的最大目的就在摧毀我們的意志，使我們自私，使我們為個人自由而投降」，此刻，許氏已完全洞穿「壓迫者」的本質，而清澈底解悟「反抗的哲學」之實踐，他體會到：「坐牢的人最大的敵人是對自己的無限迷戀，迷戀自由、迷戀心中所愛的人、迷戀人世的擁有」，所以他「要消滅這個敵人，把生命內斂為一無所有，便能無欲而剛，把心中自我傷害的深恨，化為琢磨意志，來日發皇的偉大力量。」所以，他愈在被壓迫中，生命卻愈形粗壯而偉烈，因此超越且顛覆了「壓迫者」所加諸於他身上的龐大暴力，而將生命提高到壓迫者所不敢逼視的高度。

反抗壓迫，糾正歷史

他用意志來形塑自己的生命史，用個人的生命來證示整個族群的精神與出路。故他「能把這一部泣血歷史藏埋於心底，學習如何打落牙齒和血吞」，而形成其獨特的歷史觀與立足點，他說：「壓迫是台灣歷史的動力，所謂台灣人，就是壓迫的代名詞，就是不義的歷史產物，我們處於壓迫歷史中的人，沒有權利放棄反抗的義務。」至此，族群的歷史命運已被內化為反抗與救贖的哲學，他終於證悟「把無盡的糟蹋化為歷史動力」的自在自為之境。

很明顯的，當承擔悲劇與反抗壓迫，內化為個人的價值歸依與生命出路時，個人與歷史，超越與悲劇，便深深沈沈的綰結嵌合，交溶互化而成爲「歷史的圖騰」意志，成爲超越歷史的動能與悲劇哲學了。此刻，理解與思維，就不再只是抽象空疏的言說，而是內聚著磅礡的生命力的，拔地雷聲的論述與振聾發瞶的霹靂行動。德國哲人亞斯培說：「沒有悲劇不超越」。而許氏的敍述，無疑的，正爲在這壓迫史中的個人，指出一條反抗與超越的自我救贖且救贖族群的道路，朝「糾正歷史」、「改造歷史」的方向前進。

小結：火焚之身．獄中之淚．查禁之書

一九八九年，四月七日，本書的催生者兼出版者鄭南榕先生，爲堅持言論自由與台灣獨立的理念，在國民黨縝密的「攻堅」拘提時，在烈火中自焚身亡，火後焦黑的雄姿，如一尊絕美的塑像。本書作者在龜山的監牢中流淚痛哭，而本書亦遭查禁而不得於朗朗書市之中。作者、出版者與著作，「三位一體」，同在壓迫的歷史黯夜中，以各自的方式來反抗壓迫。文氣磅礡的著作，獄中痛澈的淚，烈火中堅定卓絕的勇者，同樣根生於本土，也自然是「未來台灣的肥料」，終將讓「民主之花盛開在獨立的土地上」吧！

（原載新文化雜誌第四期）

許曹德回憶錄

序言　感謝壓迫

一九八八年九月十八日，紐約時報駐香港記者楊・布魯馬(Ian Buruma)將他訪問台北的觀察，寫成一篇長達數頁的台灣報導。第一頁，便以身穿胸前印有「台獨」二字衣服的兩個女人，各持丈夫的大幅相片，站在「台灣政治受難者聯誼總會」巨大徽章前抗議的大畫面，烘托它的英文大標題——RECLAIMING。到了第二頁，始用TAIWAN一字，上面用遊行中無數的蔣介石木牌，下面用接位中的李登輝照片，告訴讀者：是巨變中的台灣。

台灣獨立，如此巨幅刊載於美國最具影響力的紐約時報，是四十年所僅見。顯然，台灣當何去何從，不但我們人民激辯，世界的重要媒體，也以巨大篇幅高度注意。不僅世界輿論注意，國民黨反人權的眞面目、藉司法以鎭壓人民和平政治主張的行動，也激起全世界的人權機構起而聲援，以潮水般的萬千信函、憤怒地抗議國民黨。從美國國會二百多個議員到歐洲議會副議長，從各個美國人權團體、到擁有七十五萬會員的國際特赦組織，都發出道德的憤怒，要求國民黨立刻放人。

國民黨會不會放人，我們認爲：不會放。不放，正是台灣歷史展現道德力量的機會。一種統治勢力，如果經得起人民的質疑，如果它代表人民的歷史方向，獲得人民的支持，它必理直氣壯、放膽拿到歷史枱面，公開辯論；也敢放在投票箱中，恭請國家的眞正主人、全體的人民去投票決定。國民黨正因理不直而氣不壯，才被迫以逃抵台灣四十年來的「老步數」、以抓人與恐嚇的法西斯手法，企圖封住人民的嘴巴。因此，不放，正代表國民黨統治神話的搖搖欲墜，懼怕台灣人民起而決定自己的命運。因此，不放，正能集結台灣人民的歷史力量。

這次，我們得感謝國民黨抓人。它抓，國際社會才恍然大悟，從抗議國民黨蹂躪人權而知悉台灣人民的心聲，並了解國民黨還自稱他代表全中國的世界笑話。感謝它不放，不然，無膽的台灣人不會因不服而壯膽，幾十萬人衝向街頭，遊行於大街小巷，口喊獨立救台灣，台灣獨立建國萬歲！感謝國民黨抓人，把四十年禁錮的台灣獨立眞義抓到法庭、抓到報紙、抓到電視、抓到演講台、抓到國會、抓到各政黨內部、抓到沒有「卵巴」的台灣知識份子眼前，刺激他們也有「卵巴」講出來。抓到全島各個角落，使販夫走卒知道，獨立有何好處，爲何應獨立。不放人，才又一次結結實實告訴台灣人民，壓迫是我們命運的敵人，有了敵人，台灣人民才會團結走向目標。因此，壓迫創造歷史。

沒有壓迫，就沒有所謂「台灣人」意識。歷史的壓迫，使漢民族拿鋤頭的河佬與客家先民，冒死越海、開闢非中國之地的美麗島，自創天地、追求自由。但拿鋤頭的先民及其後裔，汗雖然流了，但却逃脫不了被壓迫的命運。四百年來，東亞歷史上每一次強權的崛起，都對這一島嶼的人民產生壓迫。歐洲勢力興起，拿槍的荷蘭人與西班牙人三兩下便成這裡的主人；滿清帝國興，一批拿槍的殘兵敗將逃到這裡，取紅毛而代之，馬上化這裡爲對抗中國的「復興基地」，壓迫拿鋤頭的獻金獻糧，從事反攻大陸。反攻神話不成，招惹滿清征服，換來腐化統治二百一二十年，吃盡壓迫苦頭。日本帝國興、滿清敗，第一件事就是要台灣。拿鋤頭的台灣人獨立不成，又被迫向日本新主人效忠，成爲日本帝國臣民，對於不服的，殺的殺、關的關。到二十世紀，美國超級強權興、日本敗，又口頭一句話，送給中國，不必問問島上人民的意思。等中國共產黨的新強權崛起，又一批拿槍的殘兵敗將逃到這裡，化這裡爲對抗中國的「復興基地」，壓迫拿鋤頭的搞其復國神話。又是這批拿槍的，四十年來自稱中國人，對質疑它壓迫的人，殺的殺、關的關，並篡改歷史，強謂台灣自古屬於中國，而不屬於拿鋤頭開闢的人民，對反抗的人，一律污口爲分離主義。

這種歷史，一再教訓以血汗開闢這個島嶼的一代代子民。歷史是拿槍桿的人在發言。不服壓迫的台灣人，對荷蘭人來說是分離主義，對拿槍的國民黨，是分離主義，對新起的中國霸權，更是分離主義。相對於拿鋤頭的台灣人而言，不服任何一個歷史主人，都是分離主義。

台灣人民於是了解，壓迫者口中的分離主義，其眞意是什麼。相對於壓迫者、分離主義是罪惡，但對被壓迫者、分離主義是自由。美國獨立，就是分離主義。要人敬戀，中國應先展露它的可愛與偉大。中國歷史如果那麼可愛與偉大，漢民族的先民河客二族，爲什麼還冒死逃離可愛與偉大的故土，越黑水溝、離天朝、做棄民，來到自古非中國土地的海島開天闢地？難道他們是歷史上吃飯沒事做，專找刺激的一群人嗎？歷史流血流淚告訴我們，他們是分離主義的偉大先驅，是受不了中國內部壓迫，才分離出去，自創天地，把自由的夢想種在異鄉的偉大先民。他們不僅分離到台灣，也分離到世界各地。東南亞佈滿河客民族所形成的後代，莫不是分離的偉大成果。沒有分離，就沒有今天令人刮目相看的新加坡共和國。

老實說，沒有壓迫，歷史不會出現台灣人。沒有壓迫，台灣人的祖先不會分離。沒有壓迫，台灣不會獨立。因此，台灣人是被壓迫出來的歷史產物。近四百年的歷史中，統治台灣的五次外來壓迫勢力，三次來自中國。論殺人、關人、榨取的規模之大、時間之長，中國第一、日本第二、荷蘭人殿後。統計台灣歷史上，創下一次殺人最多的要數二二八事件，以三萬人破記錄，關押政治犯之多與長，也以中國第一。中國由國民黨代表領獎，總刑期超過十萬年以上。說到文化壓迫，日本人要到一九三七年統治後的第四十二年，才下令禁止在學校說台語、教台語；中國一統治台灣，立刻就在第三年命令學校禁講台語、禁教台語。今天台灣的電視台，把人口百分之七十的河佬話及百分之十五的客家話，排斥到一個剩下百分之十，一個消滅。

以中國人自居的國民黨統治集團，一直炫耀它的經濟奇蹟，要台灣人民知所感謝，因爲是它把台灣國民所得拉到六千美元，是台灣歷史的最高記錄。但我們的看法却相反。純就經濟而言經濟，對同是被外來勢力統治的台灣人而言，台灣戰後如不脫離日本，由日本人表演，則今天日本的世界成績是每人二萬二千美元，二者相差超過三倍以上。比經濟，若由日本人統治，照國民黨要人必須感謝的邏輯，台灣人莫非更要感謝日本？相對於二萬二千美元，六千美元是奇蹟嗎？本質是一個壓迫勢力，是拿槍的一群人逃到這裡壓迫一群拿鋤頭的，不感謝這裡的人默默犧牲當兵納稅，支持它的龐大法統、無盡的貪污、所得與支出比率佔世界第七的軍事預算、虛擲台灣資源搞四十年復國大神話，却反要台灣人民感謝？換一種假設，如果二次大戰後台灣有歷史機會獨立，少一個吃銅吃鐵的貪污文化到台灣，沒有龐大統治機器，沒有巨額軍事負擔，沒有吃飯喝茶領錢的法統，台灣的經濟發展會輸日本那麼遠嗎？台灣本島與日本同一經濟體系，戰後同處一個廢墟地位，立於一個基礎相差不遠的起點，縱然是較弱的殖民體質，但沒有日本本土的吃原子彈、慘遭更猛烈的轟炸與破壞，若容其自由與獨立發展，會落後日本二十年嗎？

台灣人民面對的不僅是國民黨的壓迫與欺罔，另一個國民所得不過三百美元的中國，也不斷威脅要以武力併吞台灣。他們同一個說法是，台灣是中國的一部份。這種說法不僅違反歷史事實，更無國際法根據，但基於拿槍的流氓哲學，他們非把台灣拉進先民逃之唯恐不及的中國一起打個稀爛不可。以中國今天的發展速度，扣掉人口增長的抵消力，在公元二〇五〇年前，是否能抵達國民所得六千美元，都是大疑問。中國在本世紀末，最樂觀的估計是美金一千元。一個經濟如此落後、民主無望的國家，強迫台灣人民參加，不參加便脅之以武力，是公道的嗎？顯然台灣人又要面對歷史上第六次的壓迫威脅。

回顧歷史，台灣每與中國分離，則富，與中國統一，則窮。逃離中國的先民，都富，留在那裡的，都窮。其理安在？「實踐是檢驗眞理的唯一標準」，台灣人四百年的實踐，證明分離是正確的，分離是聰明的，分離是先民的偉大抉擇。

分離並不意味與中國爲敵，分離是平等對待、互相尊重和平相處，大家兄弟幫忙來、幫忙去，做好鄰居。台灣人基於歷史壓迫，中國不僅不予同情，支持其獨立，反而自食其言，到處恐嚇不放棄武力，難道大家要發展爲世仇嗎？中國應該不可健忘，從一九二〇年到一九四七年，中國共產黨曾不下數十次公開支持台灣民族獨立運動，難道未得天下是一種說法，得了天下，又是另一種嘴臉？

歷史上的中國，曾譏笑先民開拓的台灣爲海外丸泥，不足爲中國加廣。當它戰敗而丟棄台灣以棄卒保帥時，又譏之爲鳥不語花不香、男無情女無義的化外之地。中國力不足以抗日帝，需要統一戰線時，毛澤東與蔣介石，均不惜主張台灣獨立，支持台灣人民獨立要求；待強敵已去，則對獨立主張，翻臉不認帳，汚人爲背祖、爲分離主義、爲地方意識。這種歷史，告訴台灣人，中國歷史上的對台政策，是基於利益，而非基於好聽的民族道義，厭之則稱台灣爲棄地，好之則斥人爲分離。歷史如此，台灣人不可不反省。

研究歷史，拋棄依賴中國的歷史錯覺，台灣人有而且只有一條自由之路，這就是四百年來先民選擇的路：分離於中國之外，獨立於中國之外，中國可做朋友、不可當親戚，可相處、不可爲國。

因此，紐約時報的標題：RECLAIMING，應正確的譯爲：「糾正歷史」，台灣人要糾正歷史。而台灣歷史就是一部如假包換的壓迫史。沒有壓迫，不會產生歷史性的台灣人。沒有壓迫，台灣不會分離，台灣人不會知道自由爲何物。沒有中國專制獨裁，台灣人不會嚮往西方的可貴民主。所以，壓迫是台灣人的歷史動力。前台灣人黃順興最近在中國北京接受「新新聞」週刊記者的訪問，斷言台灣人要求獨立七分應由國民黨負責、三分由共產黨負責，是公平之論。如果台灣人能出頭天，看來還必須感謝兩個中國壓迫者。

爲了感謝壓迫的貢獻，我在獄中就記憶所及，試圖寫出一個微不足道的台灣人的歷史。個人的奮鬥與不屈，如有一些價値，恐怕仍在爲台灣人無盡的壓迫，增多一個歷史見證。見證愈多，台灣人的覺醒會愈快，愈會堅決走向獨立，糾正我們的歷史。

感謝南榕兄的命令，使我不敢不寫。但我廢筆十三年，不曾再寫中文文章，此次匆促起筆，必艱澀不暢，又礙在監獄非常環境，此書能否成爲可讀之回憶，能否避免疏漏錯誤，致虧讀者期盼，心有不安焉。願他日自由，仍有機會更正之。

感謝我的女王，她一生已把美麗青春，兩次獻與歷史。在恐怖的逮捕中、折磨的歲月中，沒有動搖、沒有恐懼，把丈夫捐給對抗不義、對抗壓迫、呼喚台灣人民獨立的犧牲歷史裡。她的愛意與心靈，與她的美麗高貴一樣，使我一生感動與綣念不已。她是我一生的女王。

沒有壓迫，沒有台灣人。感謝壓迫者，否則台灣人民只是一堆日頭赤炎炎、隨人顧生命的破膽族群，不知命運的解脫來自團結，來自不息的反抗。感謝獨裁，我們始知民主是我們最高價值，感謝歷史的無情殺戮、恐怖、處刑，我們始知：台灣應該獨立！

感謝上帝，賜我偉大的道德勇氣，說出台灣人民四百年的心底話。

許曹德　寫於一九八八年十月十九日重陽節
母親去逝九週年紀念日　台北土城看守所

目錄

003 序言 感謝壓迫
015 圖版
047 逆境下的出生
067 日本統治下的童年
111 恐怖的噩夢 二二八
139 衝突的少年歲月
165 我是中國人
——參加五二四事件，攻擊美國大使館
191 不！我是台灣人
——巨變的大學時代
241 金門少尉預官
267 商人與獨立運動

295 從商人變政治犯
349 從政治犯變商人
——獨立的呼喚

附錄

373 獨立
375 「搖落去！」
379 捐給歷史的女人
381 歡送！
385 台獨案第一次答辯狀
405 台獨案第二次答辯狀
425 東方哈姆雷特
431 台語文字化
——台灣人字母的誕生

圖版

▲一九三七年許曹德出生於基隆，他母親對他說 :「你是媽媽自己接生的，在產婆來不及中，我以早就準備好的刀剪工具剪斷臍帶生下你來，你就哇哇來到世界，睜開兩眼啼哭。」此圖攝於一九六六年許曹德坐牢前。

▲許曹德的母親從小就賣給人家當養女，許曹德說：「根據母親自己描述，她的養女生涯，一直到老年，還耿耿於懷。母親常說，兩三歲她剛能站時，就被打罵做事，吃得比別人少，穿得比別人薄，長年日夜不息做事、挨棍、挨罵，就像一隻台灣牛。她是曾家的一頭小母牛，七、八歲就得外出採茶賺錢，別人可以上學，她則去做工。這種虐待、歧視，使她早年外出工作時，以求佛及信佛爲精神泉源，並從佛友的講道故事及佛理，了悟人生智慧。無疑，宗教的信仰使一個目不識丁的女人，變得善良而堅強，知命達觀，勇敢努力，並降低對自己命運的怨嗟心結，化恨爲愛、爲慈悲。母親的意志力，可以從十六歲許願吃素，力行至七十八歲的漫長紀錄窺知。」許曹德出獄後，母親帶他到廟謝願。（此圖攝於一九七六年，許曹德母親剃髮後）。

▲許曹德（末排左五）雖以第四名成績畢業於南榮國小，但幼時愛自由、喜流浪、獨立性強的個性，卻遭到強烈的壓抑與扭曲。書唸不好、具有小社會小老大架勢的大頭仔謝兆楨(末排右六)，是許曹德印象最深刻的小學同學。許曹德導師江寶成（前排右五）與葉老師（前排右一）的戀愛，其精神上顯示的順引與美妙，無形中帶給小鬼頭們很好的戀愛教育。

▲許曹德（第二排左六）說：「開南給我的傷害，不僅全面使我視學校課程爲枯燥乏味、一無興趣，並因崩潰的成績引致崩潰的信心。長大後回首反省，造成開南商工畸形教育的根本因素是政治力的過份干預所造成的非人性斯巴達校風，它是枯死學生心靈的原因。進入開南，我覺得我好像從壓迫性的『小學火鼎』，跳入鎮壓性的『中學油鍋』。」

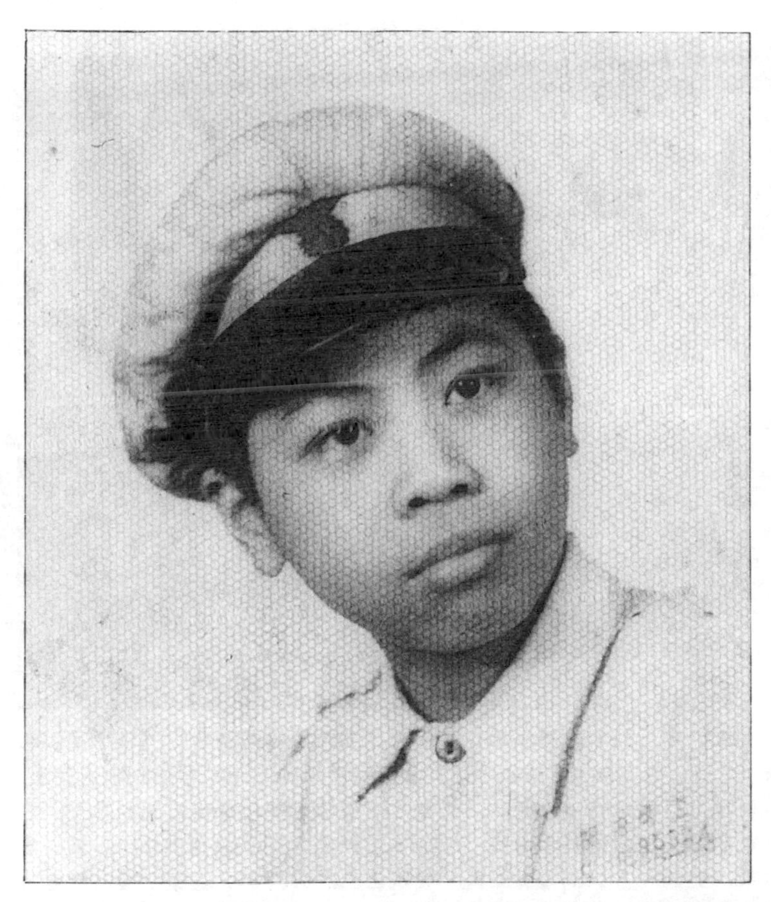

▲圖爲十六歲的許曹德(攝於一九五二年三月二十七日)，就在這一年夏天的基隆海灘，許曹德英雄救美，認識了「哈路」，一個風華絕代的風塵女子，「哈路」對許曹德說：「爲使你成功，姊姊恐怕要給你調教調教。」她這種爽朗的個性、能言善道的戲言、懾人心魂的美麗，使許曹德循著她的眼神，陷入熱戀，進入人生的第一次瘋狂。這一場轟轟烈烈、纏綿蝕骨的姊弟畸戀，影響他一生。

▲一九五六年，許曹德畢業於延平補校高商部。許曹德說：「延平呈現的柔性校風，對我而言，恰似一顆麥種從嚴霜的砂石地帶移植到肥沃泥土，很快抽芽。雖然我剛進去時，仍無法排除落入補校學生行列的羞恥，無法克服學業失敗的自卑意識，但上不了幾天課，漸漸發現延平對我一無拘束，並第一次感到沒有威脅，發現自己的神經不會繃緊，沒有緊急集合、沒有戰鼓，沒有聽到升旗的催促曲、沒有令人心神麻木的國歌，沒有虛偽儀式、沒有反共抗俄、沒有叫萬歲的歇斯底里聲，沒有人一天到晚對你念道德經、沒有訓導人員在講台上胡言亂語、沒有教官的釘梢；只有老師在課堂上對我們這群水平不高的學生賣力地反覆講解，只有上課即來、下課即走的同學。我發現我找到童年夢的另一個自由形態，並覺自己讀書的時間突然大增，有充沛的時間重新打基礎。」

▲大學時代，年輕的許曹德，人稱「巴克」（攝於一九六〇年）。就在這一年夏天，許曹德遇到了他一生逃不掉的未來「女王」。

▲迷倒「巴克」的「女王」(攝於一九六〇年)。許曹德說 :「我正完全被這一位突如其來、風姿撩人、美麗動人的少女所吸住，一種直覺的喜愛與着迷，一種超乎理智的猛烈痴迷，所謂一見鍾情，應該可以入木地描述這種癱瘓。不僅美麗懾人，她更是一個不讓男人寂寞的女人，似乎永遠有無限的心思讓男人快樂。」

▲許曹德說 :「總結這巨變的、多彩多姿的四年，我無論在個性、思想、感情、心態，以及確定人生目標上，都有全然不同的改變。在這四年如痴如醉的理論探求中，我找到了部份答案，或自以爲找到了答案 ;但更重要的，恐怕不是答案的完全正確與否，而是得到追求答案的獨立思考力，實現心中理想的意志力，似乎，我完全與高中時代的自己，判若兩人。」(一九六一年許曹德畢業於台大政治系)。

▲許曹德「結婚」於一九六三年，「葛樂利」颱風交響樂譜成他們的結婚進行曲，此圖攝於一九六五年。

▲許曹德說：「獄中，我覺得從未如此渴望過自由，心中強烈懷念女王，想念與擔心老母，想望抱一抱初生八個月的小兒子，憂慮家中的事業，會不會因爲我遭到波及。在我倔強的骨頭裡，我也看到了自己的軟弱，在孤絕、無情、屈辱的黑牢中，感覺獨裁者的主宰黑影特別巨大。我幻想逃出劫難，幻想向命運投降，回到普通世界，只當一個小商人，只賺我的錢。」(一九六八年許曹德攝於景美軍法看守所)。

▲一九七四年在綠島政治犯監獄中，許曹德心臟宿疾劇烈發作，幾乎向死神報到，不久移監台東軍醫院。在逐漸康復中，許曹德看書散步，每日與施明德閒談天下事，女王則平均兩星期跑一趟台東，病監的日子，是許曹德七年多的牢獄生涯中，最快樂也是最後的一段（此圖攝於一九七五年台東軍醫院）。

▲誰不想榮華富貴，只作一隻「幸福的蝸牛」？(許曹德夫婦攝於他們花園新城的家)。

▲許太太、女兒淑枝和大兒子萬瀚攝於淡水漁港，拍照的人是許曹德。晦暗、詭譎、美麗的背景是否象徵了什麼？

▲許曹德小兒子許萬敦攝於美國洛杉磯，他現在是州立大學二年級學生(攝於一九八七年)。

▲許曹德（圖左）和大哥許曹福（圖右）相差十二歲，都肖牛。其父覺得有「福」之後，應繼之以「德」，他似乎預料到在他一生失敗之後，將會在他兩個兒子身上實現心中潛存的兩種願望。五十年後，他的大兒子是台灣的大商人，爲新竹許氏家族中，數一數二的富有人物，超過他的想像；他的小兒子則是許氏家族兩百年來未曾有過的怪物，一身反骨，視社會道德與原則，高於財富，對不義的壓迫，絲毫不讓，小兒子的一生恐怕也不是他命名的時候，心中所能想像。

▲爲台灣前後坐牢三次，共達二十一年又四個半月的黃華（圖左）與許曹德夫婦合影(攝於一九八七年六月四日，黃華於是年五月三十日剛出獄)。

▲一九六九年與許曹德同案的顏尹謨(圖中)，被判十五年。景美看守所有一個小圖書館，「館長」是柏楊（圖右)，「副館長」是邱延亮，許先生與他們兩人每於晚飯後，端椅長談於圖書館外的樹蔭下，但許曹德從不與他們論辯政治，因爲一涉政治，必南北極。

▲在大學時代，許曹德最常相處與切磋的好朋友，是外省同學。他們是歷史的俘虜、東晉南遷的現代版，要他們土斷，大概要三代，談到獨立，都以爲要他們跳太平洋。大學畢業二十五年後，一九八七年，許曹德與外省同窗好友計湘全（圖右）恍如隔世地相遇於美國。計湘全顯然不滿當美國人，因爲他認爲美國人歧視非白人，但中國故鄉又非其所欲回，台灣亦非其所愛。計氏猶未婚，以一流中國人才具擔任美國公司的高級主管，拿美國同一職位的二等薪水，收入雖不少，心理却不平衡。他是中國知識份子流浪美國的「花花公子」，日以洋妞美女度其落寞餘生，這是他們第一代外省人的悲哀。

▲台灣觀鳥叫的時刻到了，一九八七年八月三十日，許曹德在「台灣政治受難者聯誼總會」成立大會上，提案將「台灣應該獨立」列入章程，獲得大會熱烈通過，這是國民黨統治四十年來，台灣第一次組織化的公開聲明。

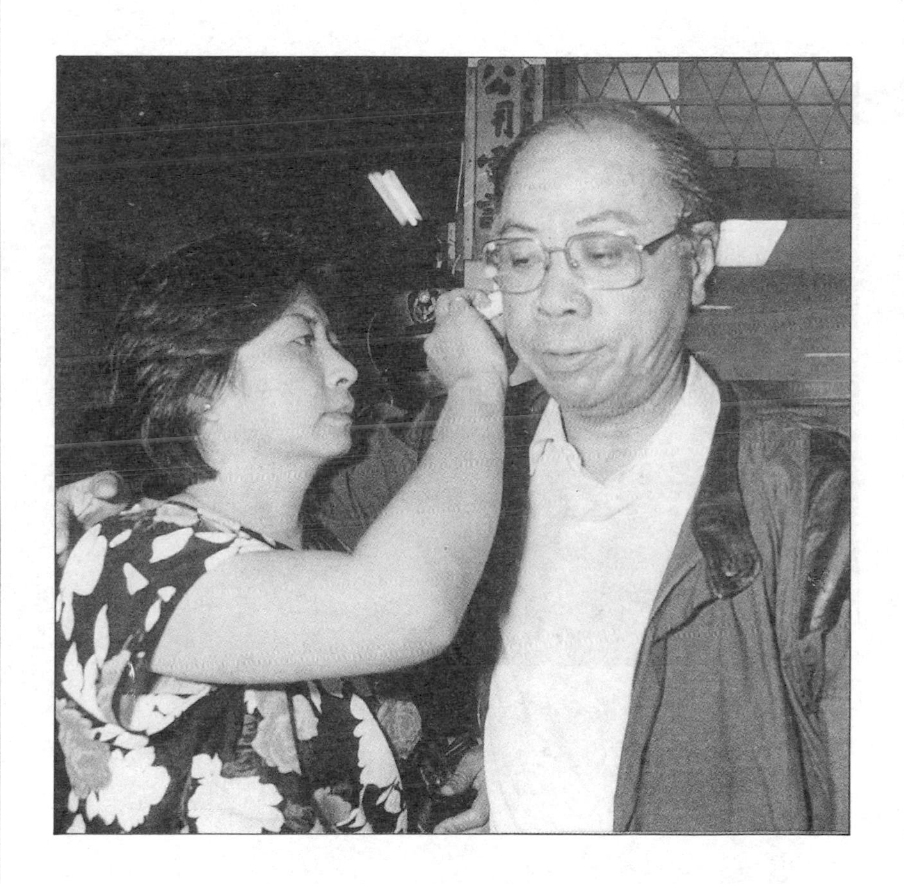

▲許曹德說：「上帝似乎知道我不能娶一個平常的女人，所以讓我討到一個秉賦不凡的妻子，非僅美麗，且在患難時堅毅異常，在黑暗的歲月裡，她獨立昂然撐過苦難。在台灣政治犯的犧牲史上，多半家破人亡、妻離子散、羞辱遺恨，而我們是少數中的少數，迄今未被毀滅的一對，依然恩愛踰常，不向命運低頭。」法院一角，鶼鰈情深。

▲爲台灣前途犧牲的兩對夫婦。左二蔡有全夫妻，右二許曹德夫婦。

▲許曹德太太（圖左）與蔡有全太太（圖右）在司法院前抗議。

▲爲了「台灣應該獨立」六個字，許曹德被判七年，蔡有全被判十一年，民衆不服國民黨司法迫害之舉，自始至終，遊行抗議聲援。

剋
專科
治 疤
痕疤
全味王
9407015

憲兵
憲兵
憲兵
憲兵

釋放蔡有全
釋放許曹德
台灣要独立
台灣独立萬歲

許曹德回憶錄

逆境下的出生

一九三七年舊曆正月初七，我出生於基隆。這一年，正是日本發動對華侵略戰爭的一年。

我們那個時代，生日以舊曆爲準，母親及家裡人，說我生日，一定是指過年後的第七天。

我生的地方，是今天南榮路南榮派出所往市區方向約六、七百公尺左右的對街，一幢外面植有低矮小樹叢的日式平房，後面臨河，日本時代稱之爲瀧川河。父母親搬上基隆時，就向屋主婆婆租了一間小房間，我就誕生於此。我在六、七歲時，每次經過這裡，母親常會拉着我的手，敍說幾句好心婆婆的事。並告訴我說：阿德，你生在這裡。但我生後不出一年，便搬到對街，與派出所相距不過二、三百公尺的台式平房。這幢以台灣瓦覆蓋的平房，高出地面六、七台尺，門口臨靠一條陡起的山坡巷子，是棟木造黑色的長方形平房。巷口的右邊是我們的家，巷口的左邊則是一排三層大樓，一連有七八間，是那個時代我小心靈中了不起的有錢人建築。第一間便是鐵工廠，它的樓下亭仔脚，是我幼年晚飯後的遊戲場。媽媽租了二間房，一間當臥室，約三坪，一間當「工廠」，約四坪，「工廠」堆滿七八桶母親生產的各種醃菜、生瓜。在我的小心靈中，她是世界上最偉大的一人生產者：一人購料，一人生產，一人販賣。但我們並非這棟房子唯一的房客，屋主又把靠裡邊的一半租與姓謝的一家，記得，共租的謝家一戶並不友善。這幢房子，低矮醜陋，總面積不超過十五坪。兩家共用一個厨房，厠所則在外邊巷底，是一個臭氣冲天的公厠，幾十戶圍著共用。

母親常說，你是在初七的黃昏誕生。我屬牛，以肖牛的人而言，這個時辰誕生還不錯，據說代表回家休息的牛，應是好命的。顯然，母親心中期盼的是一個一生能痛快一點、不必幹得半死的兒子。母親又說，你是媽媽自己接生的，媽媽在產婆來不及中，以早就準備好的刀剪工具剪斷臍帶生下你來。到了長大，我才了解世界上能自己接生的母親並不多，我們眞不能想像那種過程的痛苦與危險，而母親體質之強，生命力之堅靱，超乎我的想像。母親回憶說，你父親代理我到市場賣菜，黃昏還趕不及回來，產婆無人去請，你就哇哇來到世界，睜開小眼啼哭。

根據母親敍述，父親對我出生，欣喜難言。我是他第二個兒子，與大哥相差十二歲，算是他的老來子。對這一對牛，因爲大哥也肖牛，父親覺得有「福」之後，應繼之以「德」。依母親說法，父親似不是經商的料子，一生成少敗多，恰與不識字的母親相反。母親極擅做生意，一生很少差錯，非常類似我大哥的精明強幹。但母親很尊敬父親的爲人，父親讀過漢書（書唸「朱」之台音，意指漢文漢學），用我們現代名詞，是當時的「智識份子」。父親爲人正直不阿、重道義、講原則。母親說，不僅外貌，我性格的基型也非常接近父親。因此，父親爲大哥命名爲「福」，我則命名爲「德」。他似乎正確的預期在他一生失敗之後，將會在他兩個兒子身上實現心中潛存的願望，他的確也猜對了兒子未來的命運。五十年後，他的大兒子是台灣的大商人，爲新竹許氏家族中，數一數二的富有人物，超過他的想像。他的小兒子則是許氏家族二百年來未曾有過的怪物：視社會道德與原則，高於財富，一身是反骨，對不義的壓迫，絲毫不讓。小兒子的一生恐怕也不是他命名的時候，心中所能想像。父親就在生我後八個月，溘然長逝。

一九八八年五月，中央日報大幅登載一篇攻擊台獨的文章，箭頭指向我。文中略言說今有「許曹」氏者忘恩背祖，勸我研讀家譜。爲了使我了解，在文章中引經據典，上溯漢代列朝，爲我詳述「許曹」一系的來龍去脈，證明我乃中國人，中國人那有獨立之理。我必須說，國民黨的文宣打手，一來錯估我的地位，我不過是台灣獨立運動中在黃花崗開第一槍的人，「獨立之父」的帽子，請收回去貴黨的帽子工廠；二來我也不是複姓，並無「許曹」一族。「曹」字是我們新竹許氏一族二百年的族譜輩份排名。許家先民根據一首老掉牙的詩句排列它的順序，它就是：「天子重英豪，文章教爾曹，萬般皆下品，唯有讀書高。」因此，我父親的名字叫許「爾」池。我二男一女名字的中間一字，必以「萬」字代表。我的「曹」字，代表許氏的第十代。我們許氏一族葬在新竹的一、二百年墓碑上，刻有「銀同」二字，「銀同」即同安。新竹人講的文雅台語，就是同安的泉州話。

我到六、七歲，還不知道我是新竹人，而我也從未感覺我是新竹人。我的台語是基隆一帶的漳州腔，而我的親族則操新竹道地的典雅泉州語系。從許氏一族的墓碑判斷，我們是十足的河佬人。但我的血流中，卻摻有另一堅毅民族的血統。我的母親是客家人，但在語言上，她一生從未以客語與我講話，她始終以尊重丈夫的語言，尊重他的兒子。這個個性堅毅的客家女人，以丈夫為主，虔敬祖先。我小時候看到她進出家中的佛友，十之八九為客家人，講的都是客家話。但母親一與我講話，必操河佬話，我偶而試以客語對話，她仍然以台語答覆。結果，我的客語底子並非母親傳授，而是二次大戰避難於竹東的內灣南河客家母舅時，從客家的小朋友玩伴學來的，就此終生不忘。而許氏一系親族中，只有父親是討客家女人的。我小時候每次到新竹，他們都說：那個「客婆」的小兒子回來了。語詞中難免夾帶幾分輕視。早年的河客二族，關係並不融洽。

早年的新竹親戚，特別是與父親親近的最小弟弟七叔，他是經營醬油廠的，住處靠近新竹火車站的鐵路邊。每次我爲母親送東西去，七叔便罵說，那個「客婆」心眞狠，怎麼讓德仔一個人來，他才幾歲。新竹人稱呼人名，它的台語習慣是倒過來，不稱「阿德」，而叫「德仔」。我第一次一個人到新竹時，大約六歲左右。新竹人無法想像一個六歲孩子，敢這樣來去。這種年齡的新竹親戚孩子，大半保護在家。他們無疑有一點吃驚，但想到我們窮，也見怪不怪。我爲了省錢，或實在沒有錢，常設法白坐日本人的台灣鐵路局火車，一個人到新竹，一個人回去。我的方法是，找友善的大人旅客，禮貌的請他讓我跟在他後面入站，碰到車上查票，也請人代言我是他的小孩，從未失敗。我以小時流浪的經驗與膽識，坐火車，請人幫忙，毫無困難。雖然窮，但母親禁止我在新竹隨便接受親戚的賞錢。母親以爲，接受親戚的賞錢會更受輕視，而新竹人賞你一毛錢，常常背後說成兩毛錢。因此，我常常空着肚子，坐四個鐘頭的火車回到基隆。我在六、七歲時，顯然就非常淸楚，什麼叫做「沒錢人」，親戚的奚落和冷漠，是代表什麼。早年刻骨銘心的體會，使我對貧賤的人，深懷同情，使我對財富，反不刻意看重。

新竹城是河佬人的重鎮，但奇怪的是，它的四週卻是客家人的區域。一個是城市族群，一個是農耕民族。兩者在穿着、語言、觀念、食物、生活方式及族群基本個性都不同。河佬人無疑是一商業和城市民族，反應敏捷，善變，較多外來文化、更高的教育與智識，富創造力、性格狡猾、具冒險心態、人情薄、講利害、愛投機、喜享受。反之，客家人基本上是一個農業文化民族，保守、封閉、勤儉、吃苦耐勞，人情味濃、循規蹈矩、不喜浮華，族群凝結力強，較自卑、性格直、較誠實、聰明。客家人在台灣的四百年歷史中，或許由於晚到、人少，(其人口比例在一九四五年的六百萬人中，是一比六)，加上長期受到排擠，河客兩族並不水乳交融。所以客家人在政治上遠交近攻，歷史上傾向於與外來統治者結盟，對抗河佬人。清朝時代如此，日本時代如此，國民黨時代也似無基本變化。這種現象對台灣人的共同命運，眞是內傷。所謂鷸蚌相爭，漁翁得利。所有統治台灣的外來客，都深知兩族的矛盾，無不善用而竊喜。

但在兩族的悲喜劇中，許家的一個分枝，卻脫出傳統，而與客家人譜出生死戀。這齣喜劇，由我父親領銜，迄今已演出二代。不但我的母親是客家人，我大哥的正式夫人，即我的家嫂梅榮是客家人，我的女王也是。這種模式，眞是台灣民族混同歷史的喜劇寫照。我在大學時代無意中唸到美國小說家道格拉斯・米契爾(Dauglas Michel)動人的移民小說《夏威夷》，發現近代河佬客家兩族爲爭生存、求自由，共同奔離中國，移民世界的辛酸歷程中，河客就曾生死與共的結合一起，就曾彼此携手抛棄原鄉的壓迫與桎梏，把希望植根在新的異鄉，一同編織偉大的美夢。在米契爾動人的小說中，一個河佬男主人與一個客家女主人，在十七世紀中葉從厦門乘坐猪仔船，九死一生的移民夏威夷，一起爲白人幫傭。故事的女主人在歷經艱辛中，展現客家女人無與倫比的生命力，哺育八個兒女，勤儉精明，隻手撫育他們長大。縱使丈夫罹患痲瘋，在她冒死照顧仍然死亡後，她依舊堅毅地在異域實現她的夢。在她九十歲漫長的生命裡，成功的看到八個兒女，有夏威夷的州長，有美國聯邦大法官，有議員，有律師，有大商人。這個故事，生動而典型的刻劃出客家女人的百折不撓，勇敢以及執著。這個女主人的許多特徵，也可用來描述我那個不識字、精明幹練、常識豐富、執著信仰、忠於丈夫、又明理又頑固的客家老母。她一生擅於做生意，意志堅強，不知勞苦爲何物。而客家女人的堅毅、聰慧與勇敢，也在我的女王身上發現。

父親與母親的結合機緣，可以用新竹的河佬與四圍客家的交匯環境說明。從母親的斷續敍述及新竹族人的片斷回憶，我們得知這一對平凡夫婦的早期故事。

母親是在竹東鎭進去，深入山胞區域的內灣鄉內，一個名叫「南河」的客家人聚落裏長大，她是村中曾家的一個養女。所謂南河，不過是一條馬路兩旁聚居的百戶人家。這一條大馬路由內灣直通竹東，日本時代在馬路邊，曾建有一條輕便車路，現爲內灣線鐵路所取代。所謂輕便車，就是用人推的有軌四輪車子，載木材、運煤炭，也可一路載人。這個貧窮小村落，一邊依山而居，在馬路兩旁高低不平的狹窄空地種田種菜；另一邊是一條大河，名曰頭前溪，起源於中央山脈，蜿蜒奔經竹東，最後從新竹及竹北的中間流入台灣海峽。南河的客家男人，謀生之計不外是莊稼與推車工；女人則種菜採茶、砍柴燒飯，兼與男人耕作一些看天田。一九四四年我與母親逃避美軍轟炸，抵此暫居期間，對於這裡的窮困，客家男人爲生計所迫做推車工而發生車禍等種種不斷發生的死亡與鼻酸故事，留下揮之不去的悲傷記憶。

母親常說，她的本家不是南河人，而是中壢人。當曾家尚未遷到南河，而居住於中壢時，曾與莊家爲鄰，母親是莊家衆多兒女中的老二。莊家由於食指浩繁，及台灣人對女兒的傳統輕視，便賣與曾家爲養女。這樣，我的母親親戚遂有兩家，一爲南河的曾家，一爲中壢的莊厝。而中壢的莊厝，嚴格而言，亦非純客家，而是河客混合的後裔。中壢人的特徵是同時能操河客兩種語言，但奇怪的是，兩種都講不純，講客家話時有河佬腔，講河佬話時有客家腔，這是典型的文化混合。

這點從中壢自古是河客交匯的經濟市鎮觀察，可以一目了然。河客兩族一定在此長期相處，長期通婚，所以兩種母語同時遺下，同時操用；所以，中壢是唯一河佬人與客家人沒有隔閡的地方。中壢是桃園的河佬族群與楊梅的客家區域二者的交滙，解釋它的歷史起源並不困難。但母親自小賣與曾家，而曾家是道地的客家人，操海陸腔，而非四縣話，所以母親的客家傳統，比中壢母家更濃，是典型的客家風範。我們兄弟爲了紀念母親的出生地，曾把家族的第二大工廠，設在中壢北勢莊厝的故地。

根據母親自己描述，她的養女生涯，似極痛苦，一直到老年，還耿耿於懷。一提起幼年經歷，她眼角老掛著淚滴，要不是特別刻骨，不可能事經幾十年，還老淚縱橫。但母親心中，一生都打一個結，她必須回饋與孝順曾家哺育之恩，這點心願她不斷的做。曾家不僅從嫁出養女得到大聘金，好像養鷄人家養大以後賣到好價錢，還在母親嫁後不斷獲得照拂，一直到它第二代。母親一生的不平凡，還是台灣養女制度少數出頭大的異數。母親常說，她剛能站立的二、三歲，就被打罵做事，吃得比別人少，穿得比別人薄，長年日夜不息做事、挨棍、辱罵，就像一隻台灣牛。她是曾家一頭小母牛，七、八歲就得外出採茶賺錢，別人可以上學，她則去做工。這種虐待、歧視，使她早年外出工作時，以求佛及信佛爲精神泉源，並從佛友的講道故事及佛理，了悟人生智慧。無疑，宗教的信仰使一個目不識丁的聰穎女人，變得善良而堅強，知命達觀，勇敢努力，並降低對自己命運的怨嗟心結，化恨為愛、為慈悲。母親的意志力，可以從十六歲許願吃素，力行至七十八歲的漫長紀錄窺知。

母親大概在十六、七歲時，由於偶然機會進入新竹為人幫傭，所賺的錢，寄回家幫助幼弟及養母。幫傭不久，學會台語，熟悉新竹環境，以累積的小錢，靈機一動，試做小生意。她懂得從客家人的農作區，買到便宜的蔬菜水果，挑著擔子沿新竹市區兜售。她常常停賣水果的地方就是父親工作的水油站，水油就是汽油及煤油古早的名稱。父親一定吃過不少母親的水果，才認識這個幹練精巧的小女人。如果我們以事後的發展評價當時父親的眼光，則他一生後期最正確的選擇，可能是選上母親。母親的性格顯然與父親相反，實際、精明，其做生意的本事，父親顯然望塵莫及。

母親生於一九〇一年，認識父親時，應在一九二一至二二年間，父親則生於一八八四年，時年三十七、八歲。母親嫁給父親時，大媽尚未身故，但已罹病多年，一生未為父親留下後嗣。母親進門前，大媽的日常起居及病體，都由父親親自照料；顯然，父親的續娶母親，有其不得已的苦衷。大媽約死於母親進門後次年。由於大媽無嗣，父親曾抱了他四弟的第二兒子許張崑兄及結拜兄弟的兒子許明傳兄爲養子。所以母親進門時，除了大媽臥病於床外，尚有十歲左右的崑兄，及八歲左右的明傳兄，須要母親照顧。這個狀況，也說明父親未娶母親時，必須身兼數職的窘境。父親不選母親，想來也必須選別人，以支撐搖搖欲墜的家庭。

許家在新竹，無疑是一個大家族，直至一九六〇年代，新竹的地方政治勢力，尚陷於所謂東許西許之爭。居住新竹的人都清楚，所謂東許西許，就是許金德與許振乾的爭霸戰。六〇年代，兩人爲了爭奪台灣省議員，拚鬥了十幾年；兩人同爲國民黨，故其爭非關立場，而是角頭勢力的搶奪。每次選舉，都使新竹地方父老爲之分裂，是典型的國民黨治台分而治之的範例。就我所知，他們表面上是政治勢力的爭霸，但骨子裡眞正的原因，是在保護各自的經濟利益。許振乾握有新竹客運的路權，如無政治撐腰，無以確保長期厚利；許金德握有新竹貨運，同樣需要政治掩護。二人形成新竹的敵對派系，雖同爲許氏一族。

我們父親這一支，與許振乾較親。許振乾與我同輩，同屬「曹」字一代，但他們那一支已放棄以族譜命名；這種現象，也不限於許振乾一支，我父親九個兄弟所衍生的數十個分支，堂兄堂弟，現在只賸我與大哥採用，其餘都各自高興去了。爲了族中兄弟聯誼，從五〇年代到六〇年代，曾以許振乾爲首，組成同輩的兄弟會。我第一次參加是在一九五二年的初中時代，當時召集十三個兄弟，以許本爲最大，年齡近六十，以我爲最小，不過十五歲。這個會一直延續到十幾年後許振乾亡故，才散掉。兄弟會每半年聚餐一次，輪流作東，各以所在地爲歡聚之處。許振乾爲人，撇開政治立場，不失爲一傑出人物，其人相貌堂堂，有英國的紳士風範，演說瀟灑，是領袖的人材，與許金德比，更具才華。但許金德的政治手腕，經濟的縱橫力，尤其運氣，顯然贏過許振乾。振乾兄不死於任何重大事故，卻死於地方親友的喜筵；只因在席上食物中毒，醫生搞錯藥而意外死亡。許振乾的曾祖父，就是我們的曾祖父。

我們這支許氏，父親的一代有六個兄弟、兩個姐妹。依新竹親族與母親的敍述，祖父——我們新竹人叫「安公」，是經營輾米業的。他娶有一妻一妾，大祖母生有一男一女，小祖母有五男一女。大的早逝，而小祖母，我們稱之爲「縛脚安媽」，則是許家有名的傳奇人物。安公死後，縛脚安媽慘淡經營，哺育成羣兒女成人，整個家族即由這位小祖母帶領成功。這個利害無比的祖母，據說極嚴於家教，兒女一有錯失，無不跪着挨打。她一震怒，兒子也好，媳婦也罷，跪倒在地，靜候枴杖與訓斥，她的威嚴母儀，據說沒有一個不聞之喪膽。父親便是這五男一女的長男。由於大祖母先生一男，小祖母在生父親之前，又夭折一男，所以父親在家族的兄弟排行榜是老三，俗稱第三房，我輩堂兄弟均叫他三伯，母親爲三姆。百餘年前的社會，非商人、地主、士紳或官吏階層的婦女不會纏脚，由祖母之纏脚，可以肯定許家是中產以上的商人階級。河佬人雖纏脚，但客家人則未聞有此陋習。

父親生於一八八四年的中秋，如祖父生父親的年齡是在二十歲上下，則祖父即一八六〇年代人物，是清朝道光時代的人。一八九五年台灣割與日本時，父親是十二歲，他遂親眼目睹日本進據台灣的歷史，正與我在一九三七年出生，而於一九四七年十歲時目睹國民黨二二八大屠殺及進佔台灣的經過一樣：我們兩代都親身體驗過台灣歷史悲慘的改朝換代。他看到的是日本人殺台灣人、統治台灣人，我看到的則是中國人殺台灣人、統治台灣人。父子兩人都恐怖的目睹台灣的政治、經濟、文化、語言，遭受殖民政權從根拔起、殘酷扭曲、無情壓迫。根據母親傳敍，父親一生對日本極爲憤怒，終其一生不學日語。

對於父親的一切，我只能從母親的片斷回憶，七叔的簡單敍述中了解。七叔是父親最疼的小弟弟，死於一九六〇年前後；他從小頑皮，常挨祖母修理，父親爲了救他，有時不得不把小弟幹的好事，承擔起來。由於祖母精明，知道老大敦厚、老么頑劣，處罰起來輕重大有不同，父親因此救了七叔好多次大難，讓他終身感激。七叔認爲父親個性耿直，沒有心機，道德意識強烈，是非分明，不好爭。因爲不好爭，兄弟大都以爲三哥懦弱、好欺侮。許家衆兄弟無不在事業上露一手，但只有父親一人不突出，縱然大家公認他最飽學，漢文讀的最深，但畢竟學不能致用，以現代術語講，是書呆子。這在以經商致富爲家族傳統價值的許家，是受人看輕的氣質。據說連祖父母都不放心他的經濟能力，特交待姑媽如果祖母去世的話，暫時保管留給父親的家產。我們從父親迎娶母親入門時已三十七、八歲，仍然受僱於五叔的水油站「吃頭路」的情形，判斷父親不是擅於事業冒險的人。其後父親突興創業之念，帶著母親及新生的大哥往南河開煤礦，終於一敗塗地，顯然又證明他缺欠做生意的個性。開煤礦是他一生的第一個事業，也是最後一個。

七叔與母親都說，父親不是生意料子，但做人卻令人敬仰。他急公好義，不惜對困難中的人伸出援手，如果沒錢，畫個符讓人保平安，他也做。父親另一件讓大家心服的事是他對日本的批評，七叔說，你爸一直說日本要敗，我們都不懂。一九三七以前正是日本國力日漸膨脹的時期，說日本會敗，等於說越戰以前的美國會敗一樣。七叔對我說，他常勸我父親做生意賺錢就好，少管天下事，台灣是無力對抗日本四脚仔的，自保最要緊。但父親死後不過八年，日本卻無條件投降，所以母親及七叔每想到父親的預言，心中都覺不可思議。究竟他依什麼理論斷言日本必敗，我們都不明白，但對父親，大家都清楚他的恨日本，或許因爲太恨而猜中了。七叔曾於生意失敗時，到過基隆我家住過，那時我十六歲，他曾好幾次拉著我的手，說：「德仔，不可像你父親那樣可憐，賺錢最重要，書唸多也不一定有啥路用。你爸說日本敗，日本也敗了，但日本敗了，我們台灣人又換來什麼？阿山比四脚仔更厲害、更會殺、更貪汚、更髒。台灣人無路用，是生來被管的，誰來了都一樣。還是去做生意，不去惹事，他們還少殺我們；我們就是不做順民、不忍，才會招惹二二八。認命，台灣人要認命。我們做順民，三百多年來不是子孫還在嗎？戰不贏的，忍會贏。」這是七叔生前的一段話，我一直沒忘記。

新竹許氏一族，顯然世代以經商爲族人最高鵠的，族中倫理、社會價值，一以經濟成敗爲族人地位高低的標準，因此是勢利的。族內常透過一年一度的掃墓、彼此的婚喪禮儀，而不斷互有來往，維繫表面的親族關係；但兄弟親戚之間，更大的特徵是不斷的妒嫉、相互的炫耀，暴露許氏一族是一心胸狹隘的、格局不高、眼光短淺的一支。這一族人，特別喜歡以同族人的不幸爲取樂的最大來源，彼此很難看到災禍相扶持的場面。台灣人所謂親不如戚、戚不如友、好友不如好「厝邊」的話，極能傳神的形容許氏一族的族性。

這種特徵與我小時候追隨母親接觸客家人社會的印象，大有不同。我發現客家人更有人情味、更知道患難相助。這種比較，使我從小養成好於觀察人情世故的變化。等我進入大學，認識不少外省的同學好友，看到大陸人重視親故、鄉誼、以及任何足以使他們團結在一起的關係，而不惜互相支持、患難與共的現象；看到大陸人重視智識、知道組織，不時以天下爲己任的胸懷；看到大陸智識份子，對自己理念可重如泰山、自己生命可輕如鴻毛的非凡器識；使我體會，統治的人與被統治的人，其差別尚不只武力的有無。許氏一族的族性，依我看，並非許氏一族所專有，而是台灣社會及台灣人的歷史性格之一。自私、死道友不死貧道、不團結、不重智識、商人投機文化、愛吃醋、愛當龍頭、崇拜金錢、貪生怕死。當台獨案爆發，猛烈的衝激台灣人的歷史，激辯於法庭，示威於街頭，我們看到沉默的台灣人更多。而我的族人，無一人敢上法庭旁聽，無一人敢上街頭，無一人願從億萬的龐大財富中拔一毛給歷史。

知道許氏一族的性格，那麼我們對上一代許氏家族的特徵，便容易領會。許氏一族有一特色，我們每次掃墓都會看到並唸到墓碑上每一代男祖宗旁邊的女祖宗數目，很少是一妻，都是兩個以上。我們後代子孫都設法使他們葬在一起，大家的說法是，祖穴碰到桃花，所以每一代都三妻四妾。這種現象，與其歸因於風水，不如歸因於許氏商人階級文化及這一族人的炫耀個性，形成多妻傳統。這個傳統到我這一代的我才斬斷。我底下萬字輩的侄兒，不時開玩笑的譴責曹德叔，破壞了好事。

在我曹字這一代中，形式上算一妻的雖有兩三位，但其實皆爲多妻。優游於花叢之中，愛好美色，是許氏一族最大的文化活動。我們這一輩的十三兄弟會，從我十五歲參加開始，每次聚會後，兄弟最大的餘興節目，就是逛柳巷花街。談到女人，無不口沫橫飛；兄弟的感情，由共遊桃花而增強。這種好色文化，我也難免。不過由於教育的提昇，家中大美人的制衡，我尚能勉強列爲斷僻的一代，這應歸功於女王的管敎。因此，新竹許氏一族，桃花新聞不斷，家庭失和，變成大家茶餘飯後的另一餘興。

以七叔爲典型例子，可以概觀族人多妻婚姻之一。七叔娶了三個妻子，妻子雖多，子嗣卻少。一個大工廠，妻子就是各個部門的工頭，但爭權奪利，充滿內爭心酸。小時我與母親上七叔家，必先聽各個嬸嬸的哭訴，沒有碰過一次大家高興的。七叔死後，沒有子嗣的嬸嬸非常淒涼。多妻的毛病，也呈現在其他各個家庭，許氏一族男人的精力，一半花在賺錢搞事業，一半花在家庭紛爭找女人上。

因此，形式上父親是多妻的一妻一妾，不過，父親的情況卻是上一輩的異數。顯然父親是唯一缺欠商人氣質的人物，他到三十七、八歲仍只有大媽一個妻子，但因大媽無嗣，長年臥病，在祖母暗示下，才決定娶母親過門。如果大媽不罹重病、兩個小養子無人照料，父親既然抱有養子承繼香火，便不太可能再娶母親。因此，父親是兄弟中唯一採一夫一妻制精神的人，稱他爲異數，顯示他不同的道德觀，是有必要的。

母親進門後，替代父親照顧兩個幼兒，看護不久人世的大媽，使父親卸除管家的職務，能全力看顧五叔的水油站。父親的五個兄弟中，以五叔最富有。五叔自小過繼於人，承繼了一大筆遺產，水油站不過是衆多事業之一。所謂水油站，就是日本時代代理美國美孚公司的新竹代銷權，販賣煤油及汽油。父親的工作，等於經理。母親入門後不出二年，即生下大哥許曹福，除帶領三個小孩外，自己也在住家南門的附近，設攤賣水果，一直到父親決定往南河開礦，才舉家遷往竹東的礦區。母親的養母、弟弟，即我的外祖母及曾家母舅，此時都跟著搬到新竹，由母親奉養。這段時間，是父親與母親最幸福的時光，顯然父親已有不少儲蓄，母親又邊做生意，資產漸有累積。後來父親聽信開礦的計畫，決定大展鴻圖，企圖延家族傳統的創業老路，與衆兄弟一般飛黃騰達，邁向人生高峯。然而天不從人願，不過幾年，便完全失敗，從此一蹶不振。

母親說，南河的開礦一敗塗地後，一家三口重又遷回新竹，外祖母與舅舅便回到南河老家自謀發展，無法再贍養。由於父親已生有大哥，崑兄在日本學校畢業後，便常借故回去，後來一去不回；明傳兄在父親的結拜兄弟處，時來時去。重返新竹後，父母親遂陷困境，生計艱辛，全靠母親擺水果攤、搞小吃，並從附近的米穀運輸倉庫掃拾掉落的遺米度日。新竹是一現實社會，許家是一典型的現實家族，而且祖母也已身亡，兄弟各奔前程、各爲妻小，碰面只能做同情狀，背面則冷嘲熱諷、尖酸刻薄。這種家族倫理，對失敗的人，其處罰是多方面的、殘忍的。父親於意志消沉之餘，並無良策，但母親則意志堅強，認爲新竹不可長居。她認爲失敗並不足畏，但新竹的親族氛圍，傷害性的社會關係，懲罰性的族人眼光，會使失敗更失敗；爲了重振家業，避免揶揄，母親主張搬離新竹，前往外鄉發展，有了新環境，才能使父親再起。父親在深受打擊之餘，同意母親見解，遷離故鄉，重起爐灶。母親說，她求佛指引，並以「聽香」結果決定，北方大吉。想到北方，母親說，基隆有她母家的二弟及大哥，並有莊厝族人在開店，我們就去那裡落土，尋求新生。

這就是我出生前二年，一九三五年許氏第三房遷離故里的三人行。母親先在基隆市場附近賣菜，父親做幫手，但不出三年，就在我出生後八個月，父親便在悒悒中病亡。父親遷至基隆後，偶而才會回去新竹看一下，但耿直的個性，使他處處自謙。有一次他從新竹回基隆，中途少了點盤纏，便在台北下車去看崑兄，崑兄此時開始做生意，已經不錯，但俟飯後，父親看到兒子默默無語的情形，便告辭回家，連續步行三十公里，從台北走回基隆，次日清晨抵家，母親一問，責怪了他一頓：豈有養育兒子十幾年，連向他借一塊錢日幣都沒勇氣伸手。母親並對崑兄，久久不諒；無論如何他應該對父親表示，即使他不是父親，也是三伯。許氏一族冷漠的特徵，這又是一例。父親一生喜歡助人，但他生前的感觸、體驗，使他在死亡前，一再交待母親扶育起兩個幼兒，塡補他失敗的一生。

生前的父親，每天清晨五六點起床後，會上基隆港的獅球嶺練他的「仙術」，晚上愛叫他的大兒子，買一瓶米酒豪飲，他的酒量傳給了大哥，道義之心傳給了小兒子，但我們兄弟都沒有繼承父親意志薄弱的一面，我們承繼的是母親百折不撓的個性，不知失敗爲何物。母親常提起父親生前在基隆的一件小事，母親懷孕臨盆前幾天，約好由他一人到市場賣菜，父親面對客人，沒有母親幫忙，竟手足無措，尷尬異常。對於一個知書達禮的小智識份子，父親失敗的心靈深處，是有不少的不平衡。

生一人、逝一人的新竹許氏一支，終於以基隆爲我們的第二故鄉，艱辛走向漫長的奮鬥生涯。

日本統治下的童年

從父親之亡到我五六歲的時期，必是一段影響我小心靈發育及深邃潛意識的歷程。對於生活細節，我記憶並不強，可是，對這段三、五歲的遭遇、哭鬧、飢餓、流浪，對周圍人物的呵護話、哄玩話、恐嚇話、憐愛話，意像卻很清晰。說它依然栩栩如生，並不爲過。

顯然，父親一走，母親傷痛欲絕。留下的是寡婦幼兒，房子是租的，謀生的菜攤是借的。父親匆匆入殮後，就草草送上基隆唯一的公墓「虎仔山」頂，埋在亂葬堆中，做永恒的安息。這與四十二年後母親盛大出殯，我們兄弟護著母親棺柩在自家大樓作七七的情景，不可以道里計。父親入殮那天，新竹的親族，父親的兄弟，只是匆匆一拜，匆匆即走。父親的養子，也是匆匆一拜，匆匆而去。

匆匆之中，父親唯一的小妹，我們的姑媽才囁嚅的說，祖母死時有交代，怕父親爲人忠厚，不善經營，又討客家媳婦，所以交待她代爲保管要留給父親的一筆小錢產，叫她在特別的狀況下才交出。姑媽是祖母在世時唯一得寵人物、財務大臣。這筆錢離祖母去世到父親逝世時已十年。母親一聽，心裡不悅，當場拒絕。她認為以兄妹之情，當我們潦倒於新竹時，姑媽不提，而且一再拒與父親說明何以衆兄弟都承繼到祖母的一草一木，爲什麼只有他沒有。母親說，父親爲人不爭不取，眼雖看到什麼、耳雖風聞什麼，但祖母在世時旣未親口交代，他便無所求。祖母死後姑媽的富裕種種，親族傳聞，難免蛛絲馬跡。這些事情，父親生前一再告訴母親，不可懷疑阿娘。「阿娘」是指祖母。依母親的回憶，按今天的算法，姑媽要交給父親的小錢，不過是新台幣三、五萬元。母親起疑的是，我們在新竹投資南河煤礦的五、六年間，資財何止這份小錢的百倍以上，何以姑媽能預期父親的潦倒，並於潦倒時一言不發，必待父親死亡，才交出祖母的遺言？母親便堅守父親交代，不接受不是我們所有的財物，縱然母親極需要一筆小錢，育幼兒、謀生計。

安葬父親大事以後，母親的第一個重大決定，就是完全自食其力。她找到一個住在鐵路旁礦區裏的阿獅嫂，以月資二塊日幣把我交給她哺育。她就是我一生難忘的奶媽，我叫她「奶母」。母親並讓大哥繼續上瀧川公學校，就是我後來也畢業的南榮國民小學。母親手腕靈活，在搬到對街鐵工廠旁邊的木屋後，早上挑著擔子沿瀧川區的工人地帶販賣自己手做的醬菜，下午則在市區販賣自己手削的水果，黃昏又守候在基隆市場，選購加工原料，自己運回家中，親手整理，堆放進醃菜大桶之中。母親便如此一貫作業，日以繼夜、夜以繼日的艱辛賺錢。慘淡歲月，非我所能想像。

我的童年記憶便從奶母開始，一生中，我從未以母親或「阿母」兩個字叫過任何女人，包括我親生的老母在內。原因是，父親和母親爲了死去的八叔，把我精神上過繼給他做兒子。因此，我必須以八叔的兒女身份叫母親爲「阿姆」，我一生即以「阿姆」二字呼叫母親。同樣，我的大哥也精神上過繼給大祖母的第二個早逝兒子，因此又須以「阿姆」稱呼母親。由於習慣，我的意識中「阿姆」就是母親，母親就是「阿姆」。但是在這段時期，感情上更接近母親的是奶母。幼時，我小心靈中一直強烈認定奶母才是我生命的泉源，奶母是疼愛我、保護我、朝夕與我生活一體的唯一眞實親人。因此，從一歲到五歲，眞正母親是奶母。雖然，稍大時我從奶母對我的哄說與解釋中，從一年必回去與母親住一段期間的待我之情與責罵關心中，尤其從母親不斷提起我是寄在奶母的地方，以便她做生意的重覆語意中，我意識到這個不常看到我、講話更具權威的女人，才是大家叫做「阿母」的人。但在我幼小心靈，只感到她比奶母更有力量，但不覺得她更親暱。這種現象，深刻解釋我幼小時候，母親爲生存而打拚，無法長期親自哺育所產生的親情疏離，是多麼難以彌縫。直到今天，奶媽的母愛形象，老盤旋在生命的深處，而與老母的情意糾纏一起，無法拆開。

在我三到五歲，我清晰的記得，母親每次把我帶回家中，我就自己沿著馬路、小巷、宜蘭綫鐵路、縱貫綫鐵路，一步步找回奶媽的家。爬越鐵路時，我會兩邊觀看有沒有火車，停一下，才用小脚連爬帶跑的越過危險地帶。因爲，在我三歲左右，我曾親眼目睹自己爬過縱貫綫鐵路不久，來自八堵進入基隆的火車，沿高坡度的第二燧道快速地滑向基隆時，速度之快，使隨後爬過的小玩伴，因驚惶而跳越不過，致遭鐵軌絆倒而當場輾斃的血淋淋經驗。我知道，我必須小心地、快速地、越過那段傷心地。每次，一聽遠遠有火車駛近的轟隆聲，我寧可匍伏在鐵路兩旁的草叢裏面，面背鐵軌，待躲過飛砂走石、強風黑煙之後，才設法越過。那個年代，火車是燒煤的，每一次通過，都久久的留下濃煙與如雨煤屑；而每一次自己不告而別，跑回奶母家時，奶母就緊張的問我怎麼越過鐵路。母親第一次曾懷疑我丟掉，但當她找到奶母家發現我時，我清晰的記得母親把我抱進她強有力的臂彎裡，緊緊貼在胸膛，口中不停喊著我的小心肝，佛祖保佑、佛祖保佑。

這件事，母親是說看我大了可以走路，希望省幾塊奶媽錢，並且心中想把我帶在身邊。但事實上，母親必須整天在外照顧生意，不可能照顧到小兒子。由於大哥整天在學校，我的幼年，從一歲到四歲，很少見到他。我簡直一無印象。從這種環境觀察，我的小心靈、我的小天地、我所關愛的親人，自然是奶母。可以說，從一歲到六歲，除一年中短時間與母親間歇的住幾天，也許過年、也許過節、也許母親自認有空帶回以外，我不在奶母家，便自己一個人到處流浪、到處交朋友，碰到欺凌就自己對付、自己擦乾眼淚。這種流浪，使我學會挨餓時如何覓食，尤其奶母身上沒錢時，帶著我沿街從垃圾桶檢破銅爛鐵賣到廢鐵商換錢的方法，我也依樣畫葫蘆。流浪使我膽大，學會跟着無數小伙伴到殯儀館撐旗賺幾文小錢，流浪使我熟悉基隆的每一個地形、每一條街、每一條巷。

回家時，我回去的是奶母的家。但是，所謂奶母的家，其實也不像一個家。它的地點不斷改變。因爲奶媽奶爸及一個小哥哥和我四個人，不斷的搬遷。這個家，永遠是從二房東租來的二、三坪小房間，房子永遠是台灣式瓦蓋木屋，簡陋、潮濕、陰暗，地板都是泥土原色的。從一歲到六歲，我的「家」，永遠是繞著宜蘭綫及縱貫綫鐵道兩旁的工人區、礦工區及貧民區，做不定期性的搬遷。我最好的朋友，少時的玩伴，一定是爸爸在附近礦場掘炭、開輕便煤炭車的工人兒子，一定是爸爸在碼頭、在船塢、在「猪灶」（我們台語的屠宰場）、在商店或工廠做工的兒子們。我無法忘記，每過一段時間，某個鄰居的我的好玩伴，總要聽到、看到他們家發生悲劇。我交往過的無數小玩伴，他們無故遭遇父親活埋礦坑、爸爸壓死在碼頭、母親突然病亡、哥哥在船塢修船掉海……。噩耗傳來，這些左鄰右舍的悲鳴與哭叫聲，令人心酸，並強烈震撼我的小心靈。

有一次，我抱着一個叫「水仔」的小玩伴，他已經哭了一天一夜，爸爸媽媽都一起死在一場工廠爆炸，他和三個兄弟姊妹都呼天搶地，叫爹叫娘。「水仔」跟我一樣四五歲，我想把自己撿到的一個日本玩具送給他、安慰他，這些當然都沒有效果。過了幾天，「水仔」與一個姊姊、兩個哥哥，年齡都不出十歲，通通都浮屍在靜靜流經我們屋後的瀧川河上。也許這種不斷發生的悲劇，使奶爸喜歡搬來搬去，也許別有原因，爲我所不知。但悲劇的震撼，確實強烈的影響了我長大後的社會意識。

奶媽，我不知她的眞名，但大家都叫她「阿獅嫂」，是一個瘦小但動作敏捷的女人，哺育我的時候，已三十歲上下。她的丈夫人稱黃獅，體格壯碩，外形很有美男子味道。我長大後，每次去看美國影星湯尼寇帝斯的影片，就會想起奶爸的臉龐，他的輪廓淸晰，是俊秀中帶粗獷的男人。他每一次把我背上，緩慢地從南榮國小右邊的基隆屠宰場走出，一手提着剛出爐的死猪肉，一手不斷指我，要我抓緊他的背部，以便踱過宜蘭綫鐵路時，他固定的一句話是：「阿德，你大漢甘會記得奶爸嗎？」我的答案，必然是小心靈眞情的一句回話：「奶爸，我會賺錢飼你！」能賺錢、能「飼人」，顯然是我學到的最美麗語言。免除貧窮、免除生存威脅，是貧民區小孩從小就自大人學到的最高價值、最大目標。回家晚上，我會吃到一碗香噴噴的紅燒猪肉糜。這種病死、放進火葬場燒焚的死猪肉，常是殺猪工人的福利，大家從不考慮究竟這種病死燒熟的死猪肉，有無危險。我歷歷在目的是，無數次在涼爽的屋外黃昏，奶媽一口一口的咬碎那些死猪肉、死羊肉，以及從「猪灶」帶回不知名的動物肉，親暱的叫着我的小名，一口一口送進我的嘴巴。奶爸是殺猪工人，顯然在我六歲以前，他一直是做這份工作。奶爸奶母，是日本時代這一帶大貧民窟的典型工人家庭。據說他們來自更貧窮的九份仔，而落脚於此。奶爸的歲數大不了奶母多少，兩人都不識字。其實這一帶的工人那一個識字？能講一兩句破碎的日語，或幾個社會常用日語的人，已經寥寥無幾。艱困與貧窮、生存的壓力、低劣的知識，使這些階層的家族內部人倫，不斷受到扭曲和破壞。其中一個現象是重男輕女，生到女的，就設法賣掉，台灣的養女制度正盛行於那個時代。養女之悲，非筆墨所能形容，我的母親不過是其中一例而已。

奶母生有三女，三個女兒都賣掉，拿到一點小錢，所以跟我們住的只有大我八歲的旺仔一個兒子。也許是旺仔哥哥長我太多，不算玩伴，但他卻常常帶我到我不敢去的地方遊玩。一年中某一時期，宜蘭綫的瀧川河會水淺，好幾次在四、五歲時，我跟着他及幾個伙伴溯流而上，抓蝦、抓魚，其時水清見底，常常碰到水蛇，既怕又愛。瀧川河的最上游有一個大涵洞，連接隧道右轉基隆虎仔山公墓的山上小溪，承接俯衝而下的急湍水流，涵洞陰冷恐怖，人的喊叫聲，可在洞中迴響。這種危險的探索，來自無知的天眞兒童們。後來才知道，每一年都有幾個孩子淹死在此。在家，我常常聽奶爸奶媽嚴厲告誡旺仔，不可帶我到河裡遊玩。我們的秘密探險，當然都在旺仔警告我回家不可洩密的條件下進行。我當然守口如瓶，以免以後有什麼好玩的，他會丟掉我。

也許是因爲奶爸奶媽的不斷叮嚀，旺仔小哥哥從不曾欺侮我，只有幾次動手動脚，被奶爸修理後，即變成我的保護人。我要是從外面哭着回家，給那一個小混蛋打傷時，他總有辦法替我找回公道，並給對方顏色。爲了替我出氣，他也常常遭到圍攻，但他不會在家露出打輸的秘密。我們這一帶的孩子們，白天都看不到父親，只有母親在家；因此一起野遊與打羣架，是大家每天的節目。於是，孩子世界中大魚吃小魚、小魚吃蝦米的現象，也每天進行。我從小生性並不擅打，也不好打，但喜歡並懂得交朋友，因此開打機會較少。旺仔是我小心靈中的英雄，粗野但善良，他跟貧民區大多數的小孩一樣，都不能上學。一能工作，便跟着父親去做工。這個粗獷、勇敢的工人兒子，我小心靈中永遠不忘的保護神，卻在一九四七年三月十三日左右，無辜而悲慘的死於二二八大屠殺，時年十八歲。他的恐怖死狀，震撼了我的一生。

住在瀧川區的童年，尤其三、五歲時，感覺最快樂的是黃昏飯後的一段時光，左鄰右舍的小朋友都一起跑到巷口，在空曠的地方遊戲。大家跳繩子、玩迷藏。雖然工人區的知識水平不高，但耳傳耳、口傳口的台灣童謠，在無雨時的星空下，嘹亮的唱起，非常動人。孩子們不知什麼時候流行起一首日本童謠，歌詞不明其意，歌聲卻婉囀淒美。記得人家一字排開，一邊唱，一邊通過兩人以手形成的拱門。我以羅馬字拼出：

SAKURA, SAKURA, SAYOIMA SORAWA IMASAKI SAKINI
HIRAYO HIRAYO……。

然而孩子們最喜愛唱，我最不能忘記的是昔日不少的台灣童謠，這些文化遺產，今天已成絕響，現在的兒童已不能詠唱這些充滿鄉土文化的東西。我就記憶所及，列二首以資紀念：

(一)

人插花，伊插草，

人抱嬰，伊抱狗，
人未嫁，伊先走，
人坐轎，伊坐糞斗，
人睏眠床，伊睏屎礐仔口！

㈡

天黑黑，袜落雨，
鯽仔魚，袜娶某，
魚擔燈，蝦打鼓，
田蛤扛轎，大腹肚，
田螺夯旗，叫艱苦！

童年，我感覺最害怕的是豪雨與颱風的來臨。瀧川鐵路兩旁的房子，是木做的，屋頂的台灣瓦並非以石灰或水泥黏住的，而是用磚塊一塊塊壓上而已。颱風一到，十間房子有八間屋頂都要洞開，雨水灑進如入無人之境。奶爸奶媽的所有財產，往往不過是兩條棉被和一些破衣服。爲了搶救兩條棉被不致淋濕，常常看到奶爸一個人以簑笠簑衣徹夜保護它們，除了我有一頂簑笠及專爲防水的什麼雨布包裹我的身體外，大家都必須淋著雨躲到房子中其它較不漏水的地方。一間房子，往往同住二、三戶，颱風肆虐、雨水侵入時的悽楚與狼狽，四五十年後的今天，我仍感覺可怖。有時颱風過境兩三天，兩三天中常常就飢寒交迫。每次，聽到強風格格搖撼房子、瓦片飛離的聲響，以及屋樑折斷聲、左鄰右舍喊救聲、嬰兒哭叫聲、挨餓呻吟聲，眼淚都想奪眶而出。那個時代，氣象預報並不進步，沒有雷達可以追踪颱風的行程及速度，所以，颱風之臨，往往等於突襲，非常恐怖。每一次颱風過後，都滿目瘡痍，尤其是我們低窪貧民區，除了斷糧斷炊，十室有八戶進水外，每次颱風，沒有一次不死人，沒有一次不傷人。

從五歲到六歲，我開始一個人到處流浪與闖蕩。起先是奶母帶着我到她工作的地方，她到處去給人家洗衣服，我就跟着她到她工作地方的附近玩耍。奶爸奶母的收入，似乎永遠入不敷出，母親常抱怨奶母總提前拿工錢，且常多借。奶爸奶母是那個社會典型的工人習性，完全不懂儲蓄，賺多少就用多少。左鄰右舍在拜祭請客，他們一定追隨大拜拜，大請特請。顯然奶爸奶母及旺仔小哥哥三人能掙的錢，不如媽媽一人。同樣未受教育，但媽媽的知識、膽識，卻遠遠超過奶母一家人。因此，奶母常常身無分文，她挨餓，我也跟着挨餓，她掙到的錢，顯然大半跑到奶爸的口袋。挨餓時，她常帶我沿街撿破銅爛鐵，然後二人用竹簍子拖到廢鐵商處換幾文錢充飢。這種挨餓，奶母不敢讓奶爸知道，奶爸對她似乎很兇。

媽媽曾說奶母有賭錢習慣，我沒見過，但一個家庭三人有兩人工作，怎會如此窮苦，爲我所不解。

我只覺奶母與我相依爲命，我在外挨餓時，仍不敢跑到母親攤位那邊討錢吃飯。我知道一向母親討錢，她一定把我叫回去，並會責罵奶母讓我挨餓，莫非拿錢不給飯吃。爲了護衛可憐的奶母，我就習慣一餐有、一餐無的生活，有時只對奶母一講晚上我自己回去，便一個人流浪基隆市區，跑到碼頭，看雄偉的日本輪船；跑到菜市場，爲人撿東撿西，換食物吃。在流浪的日子中，我有時會偷偷去看母親，遠遠的看她忙着包東西給客人。我知道什麼時間，她會在什麼地點。通常中午三點以前，她一向把擔子擺在基隆市場附近的瀧川河橋邊，這時人潮最多，無數菜販、小吃販、流動販，都聚集在這裡做生意。但是，這個時間、這個地段，也是日本警察最會干涉、取締最兇的地方。有一次，我突然從遠處看到媽媽的擔子附近出現日警，有人驚叫不好，突然，所有的攤販，有的丟下生計傢伙，四處奔逃，有的拖着菜簍子走，有的只拿着錢袋逃命，有的抱緊魚箱，就地跪下，恐懼的等着日警衝過來。這次，我突然看見日警沿着橋邊及河邊，把一堆堆的菜籃子、一箱箱魚貨，連踢帶掃的打入河中，並以手中的什麼東西揮打奔逃不及的攤販。我驚懼的看到媽媽正收拾東西，以一手禮佛的姿勢舉在胸前，恐懼而又鎮靜的一人站在擔子前面等候兇猛的日警一路打過來。最後，我恐怖的看到日警揮鞭擊向母親身上，我看到母親以手護臉側身挨打。或許母親的醬菜擔子太重，踢不進河裡，另一個日警便抓着母親醬擔的長條形秤垂，喝令母親把擔子挑起到派出所。我目睹母親挑着重擔的孤獨背影，尾隨日警走向今天仁二路對面橋邊的派出所，我幾乎窒息的站在那邊看到這可怖的一幕。

被抓的除了母親以外，都是男的，大家面如土色的走向恐懼。日本時代的派出所，無人不怕，十個人進去，九個不能完膚。我雙脚發軟的遠遠尾隨母親及其他人犯之後，眼淚控制不住的奪眶而出，口中唸着阿姆、阿姆。母親的醬擔擱在派出所外的人行道上，一半東西傾倒。他們一到派出所，就被拖進去。我守候在對街樓房的騎樓下，焦急的觀察。這時集在騎樓下的人羣，一定不只我一人是旁觀者。我聽到身邊幾個女人在爲她們的丈夫及兒子哭泣。從中午一點到下午六點，都看不到半個人出來。我在心焦之餘想到基隆市場對面經營雜貨鋪的「阿某」叔公，請他幫忙。他是我們中壢莊家遠親，母親幾次在我回家時都帶我到市場，在他店中談生意、買雜貨。當我跑到市場對面的「阿某」叔公雜貨店，一進去就看到他在櫃台後面看著我行色匆匆的衝進，我還未開腔叫叔公時，他就叫阿德仔，你知道媽媽的事是不是，我眼淚直淌下來說是。他說你坐在這裡等，不要亂跑，媽媽會沒事的。我除了焦慮與恐懼，只好呆坐那裡，聽從叔公的勸告。

記得夜色快臨的六、七點鐘，我突然看到門口一個女人放下肩上醬擔，往店門口進來，才知道是母親。看到母親又歡喜又害怕，我怕她罵我這麼一個人跑到市場，不在奶媽家，怕她責怪我那麼小，迷路或意外怎麼辦。也許母親剛脫險出來，沒有想那麼多，也許她以為我不知道她今天發生了什麼事，不願露出形跡，只是驚訝的把我抱進懷裡，問我吃了沒有，是不是奶母在附近做事，讓你跑到這裡。隨後，她對叔公講起話，謝謝他託人說項，被罰了一大筆錢，幸虧擔子東西沒有沒收。

再下來，我聽到母親一生有名的雄辯。直到晚年，她仍不時提起這一段話，這段話折服了日警，答應發給媽媽一張流動攤販執照。這段話，媽媽以為他五歲多的小兒子並不全懂，她是在興奮中講給叔公聽的。這段話顯示媽媽膽識過人、聰明靈巧。但是這段話，也悲哀的流露出殖民地人民無比的羞辱與痛苦，必須這樣才能贏取統治者的不罰，以求生存。

母親說，她是透過通譯對日警這樣講的：

「大人，我是一個撫育兩個幼兒的寡婦，丈夫已死五年，我必須靠我自己雙手做醬菜販賣為生。我的小兒都仍幼小，我能撫養他們成人，不僅為我自己，也爲我死去的丈夫。同時，能讓他們健康長大，也是爲日本帝國栽培未來有用的臣民。我的生計一旦斷絕，一家三口無以爲生，會變爲帝國無用之民，一定不是天皇仁民愛物的心意。我無意違反政府規定，但帝國統治台灣不是讓歸順的臣民無以爲生，而是幫助他們在帝國的仁政下欣欣向榮。我是一個目不識丁的女人，但我懂得撫養帝國未來的幼苗及臣民。請給我一條生路，也爲帝國培育一對未來有用男丁，……。」

日警似乎很少碰到一個台灣女人，能講這種道理。高帽之下，態度緩和，於是在拘留五個小時後，答應經過調查，在里長保正證實確如所言後，發一張流動攤販執照給母親。

這個事件強烈衝激我的小心靈，開始明白日本人是統治我們的人。知道媽媽在對日本人敷衍與說謊，就是一種反抗，這個事件啓廸我一生反省台灣人問題。

媽媽說，其他男犯只知跪地求饒，一個一個被打得臉腫嘴歪，日本警察有的用皮靴踢犯人，有的拖到後面灌水。這種善良小販又非小偷，只不過違反規定，便遭如此處罰，殖民統治下的台灣人，眞是猪狗不如。

在這次事件之後，每次無論是我跟着奶母到市區，或是自己一人到處流浪，我常常會情不自禁的猜測母親做生意的地點，跑去看她。她慢慢發現我人小鬼大，發現幾次並非跟着奶母出來，我一人也能到處遊玩。我記得有一年中秋節，中秋節這一天正是父親的忌日，母親把我帶回家，隔天她就休息不做，給我穿上一件乾淨衣服，跟我說，阿德仔，阿姆今天帶你到新竹看叔叔們。這是我一生第一次坐火車，當車子碰碰碰緩慢爬上八堵方向的鐵路大陸坡時，我擠到窗口往下試找自己的家——奶母的家。我看到無數低矮簡陋的台灣民房，第一次從高處看到自己住過的地方，第一次感覺鐵軌下自己常常越過的危險地帶，以及小伙伴輾死的傷心地。

從基隆到新竹，慢車每站必停，我對每站停靠時胸前吊掛販賣箱的站上小販，及販賣箱上看起來令人垂涎欲滴的東西，印象十分深刻。我不敢請媽媽買給我吃，但我眼色不斷盯着母親，失望之餘，我便每站問母親這是什麼地方，母親也一站站的介紹。我第一次看到台北，瞥見所經之地的市街樓房，覺得好大、好新奇、好好玩。車過鶯歌，母親特地叫我觀看右邊山上有名的石頭，她說那就是鶯歌石。我發現從某一個角度看時，它像極了鶯歌。四個小時的路程，我眞是目不轉睛的盯着窗外飛馳的北台灣農村景緻，田野上的鷺絲、水田上的農夫及水牛，一座座飛過的農舍，感到無比興奮。

從中壢以後，我感到上下車的人們開始講客家話，我發現母親竟能用流暢的客語與鄰座剛進來的旅客說話，非常驚訝。我問母親她講的是什麼話，她說是客家話。從中壢起、楊梅、伯公岡（今天的富岡）、山崎、竹北，都是客家人。我第一次感覺客家人不僅語言不同、腔調怪異，而且舉止穿著、面貌表情，都跟我不一樣。

當車子快進入新竹時，我發現這又是一個大城，感到非常好奇。下車後，媽媽拉着我的手，跟着人群走出新竹車站。我發覺新竹很乾淨，有一種說不出的秀氣，街道靜穆，不像基隆的雜亂匆忙。站前景像畧似基隆，有一個廣場，拉着高蹺黃包車的車夫在兜攬生意的情形也跟基隆一樣。

我赤着脚，高興的跟着母親往車站右轉的馬路一直走。沿着滿是倉庫的鐵路線往右拐，越過鐵路平交道，又立刻往左邊的小路走，很快看到一棟工廠式的大房子。媽媽帶我進去時，我發現是一間大辦公室，是我從未見過的一種佈置。我發現母親對着一個四十多歲眼光炯炯、威嚴異常的男人喊了一聲「七叔仔」，我又聽到對方以一種我從未聽過的台語腔調說：「三嫂，妳來啊喔！」母親立刻拉着我，要我叫一聲「七叔」。這是我第一次會見七叔。然後我發現，母親一一與三個七嬸打招呼。我必須一一叫她們一聲七嬸。我發現母親與第三七嬸最好，她住樓上。我們便住進她優雅寬敞的二樓房間，眞是舒適。原來母親這次南下新竹，是與七叔做生意的。這個地方既是七叔的工廠，又是他的家，我第一次看到後面大工廠數十人在工作，碩大無比的大鼎、火爐、和人一樣高的醬菜桶，令我好吃驚。

那一夜我們就住在樓上，那是我住過的最美麗的地方。我發現整樓都舖着榻榻米，整潔、優雅，棉被也是我沒有經驗過的柔軟輕盈。我想像不出有人能如此富有，人間有如此完美的設施。我發覺牆上有一張身著日本戎裝、頭戴日本軍帽的年青人，我不知是誰。但是當夜我看到第三七嬸與母親夜談時，她漸漸泣不成聲。我聽到「曹庭」的名字，跟我名字差一字，然後聽到七嬸說，日本人眞惡毒，在曹庭就讀的學校日夜宣傳忠君愛國，鼓動台灣人參加大東亞戰爭，爲大日本帝國獻身偉大的聖戰。七嬸說，日本鬼子要打自己去打，現在不知什麼原因，也把台灣人拉去死，曹庭是我唯一的命根，只有這麼一個兒子，但他現在滿腦是學校宣傳的大日本帝國天皇陛下，他要投軍從戎，爲日本帝國的偉大獻出自己。然後，我注意到橫牆佈滿一排日本政府贈送的奇奇怪怪布條，上面以漢字兼日本字寫着什麼，後來我了解是光榮入伍、志願從軍之類的廢話。長大以後我似曾相識的又一次看到另一個外來政權在台徵兵，以所謂「反攻復國」的神話宣傳欺騙，形式一模一樣。曹庭是我們新竹許氏家族唯一落入日本殖民帝國宣傳，充當砲灰的悲劇例子。

半年以後，我又一次爲母親奔跑新竹，遞送東西給七叔時，發現工廠內外佈滿了蕭殺布條。我被引上第三七嬸的二樓，即我第一次到新竹住過的漂亮閣樓，跪在曹庭哥哥的靈前祭拜、捻香。小靈堂前放着一個白布包裹的方形骨灰匣。我恐懼的凝視着人死竟變成一匣東西，迷惘的望着白布匣子上懸掛的大幅相片，一個英挺漂亮、容姿煥發的青年，竟然從此不見，只餘骨灰一匣。我不能了解這一切，但小心靈中塞滿七叔一家悲傷的淚水。告別我一生從未認識的堂兄，迷惑並悒悒的返回基隆。

母親聽到這一個消息極爲難過，並說：這對第三七嬸是一大致命打擊。她一有時間要到新竹給他祭拜，並安慰第三七嬸。母親又說，日本人的戰爭，把台灣人也拖下水，會得報應。我又聽母親喃喃自語：「池仔講日本人絕對會敗。」我第一次聽到「池仔」，不知是誰，我問母親「池仔」是誰，母親把我拉過去，擁在懷中，撫摸我的頭說：「這是你死去的老爸！他臨死時說了很多話，他要你好好長大，有一天咱才會出頭天。」母親繼而叮嚀我在外面玩，切不要多講話，日本人正在打仗，說錯了話，會被日本警察抓去派出所打死的。我當然知道日本警察的厲害，小耳朵只在外面聽東聽西，小嘴巴絕不說日本人的壞話。我推算這一段時間，當在一九四三年春天。

自從目睹母親遭受日本警察凌辱的一幕以後，我小心靈開始對異於我們台灣人的日本人，特別在意。我開始注意今天基隆南榮路右轉市區半山上的那幢人稱日本少將的官邸。我每次進市區遊玩一定經過該地，當時這幢高高在上的神祕官邸，山坡下四周沒有其它房子，只有一條寬敞馬路順坡下去。每次看到少將的「黑頭車」與前導的三輪德國式摩托車威風凜凜地駛出駛入，極具震懾殖民地人民的架勢時，小心靈開始恐懼厭惡。我開始發現馬路上經過的日本女人，她們穿着日本和服，脚穿白襪、著日本木屐，高傲神氣的走過。反觀台灣婦女，樸素簡單，碰到日本女人都卑微的閃避而過，心中開始意會自己的族群，是被欺壓的人民。尤其，自從看到母親被揮打的那一幕後，小心靈感到無比的屈辱與震驚，此後在我幼小的血管裡，奔騰着一股無名的反抗血液，渴望與幻想著要把日本仔趕走。從此以後，我常常到街上尋找母親。黃昏時候，母親的醬菜擔，一向停在高砂橋上，橋下就是基隆火車站，我常蹲在母親的菜擔邊，注意日本警察是不是又來追抓母親，心中既害怕又警戒。總想一有事情，可以趕緊跑到市場的「阿某」叔公處求救。由於母親有了一張小「許可證」，這種恐怖鏡頭終於不再出現，但是，其他無照小販依然不斷被抓被打的情況，每到市區就常碰到。憤怒與不平之感，不斷在小心靈中翻騰。

看我已能常常跑去找她，母親知道我已經長大了，且似乎很懂事，便常順便在黃昏時帶我回家，問我奶母在市區工作的地方，先繞過去告訴她要帶我回去。實在說，回家比住奶母處寂寞，因爲，通常母親一回去，在稍微爲我料理一下吃飯洗澡後，便立刻去做她的工作。忙時，我也開始做做小事情，踩踩芥菜、倒倒廢料，然後才到外面遊玩。回到母親處，附近的小朋友又必須一一重新認識。我們遊玩最好的地方，不是馬路邊，便是隔壁鐵工廠的騎樓下。一直到我讀小學一年級以前，回家後的玩伴，便是附近必須重新結交的小遊伴。這時離我上日本小學，大概還有一年。

就在這段時間，我認識了隔壁大樓鐵工廠老闆的小兒子，我們一起玩耍後，他常會帶我爬上他家四樓的鋼筋水泥屋頂。有一次我爬上去時，發現他的爸爸與瀧川派出所的日本警察一起說話，有說有笑，似在談論什麼。我一看這位日本警察，就是我們管區無人不怕的「大塊頭」日本狗警察，心裡一驚，回頭便跑。我的小主人立刻追下來把我叫上去，他說，怕什麼，警察先生是我家的好朋友，不用害怕。我跟他上去後，第一次靠近而靜靜觀看他們父子與日本警察有說有笑，我聽不懂他們的話，但體會得出日本警察是他們好友的光采及揚揚得意之態。我發覺他父親對日警的口氣極爲卑恭，說沒幾句，頭就點一下。這位本管區有名的兇煞，日本仔狗，雖然令我吃驚他何以沒有平常的耀武揚威，但他談話時仍然語氣高昂、談話中從不像我朋友的父親那樣不斷點頭，顯然，兩者不是平等的朋友。縱然如此，這卻是我第一次看到台灣人能從容的與日本警察有說有笑，這也是我第一次在恐懼中放下戒心，在玩伴的幫助下，近距離的看清日警。

日警讓我印象最深刻的是他們佩掛的日本刀。在我小心靈中，這把刀又權威又神祕，我似乎認爲日本人能管我們，就是他們有那把刀，而我們沒有。其次讓我難忘的是日本警察的長統大皮靴。我很少看到街上的台灣人穿皮靴，他們這種裝備令我感覺日本人是強大的，我們是軟弱的。我曾在這幢大樓的騎樓下與馬路邊，被這個惡警以大皮靴踢過好幾次，並滾到馬路邊的排水溝裡變成落湯雞。我發現他似不注意我是被他踢過的台灣小孩，他似乎以爲我是這家人的朋友，並未對我投以敵視的眼光。往後有幾次我們同在這個屋頂上，有一次我發覺我的小朋友摸他的日本刀，我吃驚的看他第一次以示威性的姿態抽出那把刀，模擬一下日本漫畫及海報上宣揚的日本皇軍如何追殺喪膽的支那兵的鏡頭。看到那把白皚皚的閃亮刀身出鞘入鞘的情狀，令我極爲震懾。我的小玩伴又敬仰又高興的與日警及其父親戲笑，我則默不作語，笑不出聲。

從鐵工廠的老闆與日警的關係，到我每天看到日警在轄區中吆喝一般台灣人做什麼與不許做什麼，以及天天有人敍說今天又抓誰進去派出所修理的街坊傳說，我發現台灣人在日警眼中有兩種：一種是鐵工廠樓上的關係，一種是馬路上一般台灣人被日警任意踐踏的關係。二次大戰日本戰敗，我回到基隆時，聽到小朋友流傳的第一個故事，就是這個大塊頭日本惡警被台灣人剝光衣服，吊在派出所後山的大樹上幾天幾夜，活活被打死的興奮故事。

母親由於過於忙碌，在打聽出可以時，便在我七歲時提早替我報讀瀧川公學校。記得就在進小學的前半年，社會氣氛漸趨緊張，不斷聽到小遊伴的家人、街坊人們談起大東亞戰爭，家裡常常有里長保正之類定期送來的「看板」，規定一家家傳閱，顯然，所謂「看板」，就是政令宣傳。同時街頭巷尾，佈滿日本政府的宣傳海報與漫畫，報導日本皇軍在支那戰場的輝煌戰績，日本海軍在東南亞區域、在太平洋對美作戰的無敵消息。我開始看到左鄰右舍大人滿臉憂愁的表情，他家阿水仔會不會被抽兵、隔壁金滿嫂的丈夫要不要抽籤參加義務工。日本政府在宣傳勝利的背後，似乎知道日本的軍事逆轉，開始準備備戰。因此，台灣逐漸實施抽調民伕趕築工事、趕挖防空壕，這些工事均由百姓自掏腰包、自備糧食義務勞動。我到處聽到暗底下的怨嘆、氣憤、恐懼，但是除了聽天由命，台灣人只有求神保佑一途。

一九四三年七、八月，我首次上日本小學。瀧川公學校就是今天的南榮國民學校，是八堵進入基隆第二隧道右轉山坡上的一幢巍峨建築。這幢日人建設的小學，是當時瀧川區所有台灣人上的公學校；日本人讀的小學，則另外在今天稱為仁愛國小的高級校區。兩所小學，恰為一山之隔。我們小時候就跟高年級的台灣學生，到後山小溪流爬登山嶺，從山嶺俯瞰而下，一眼就看到日本人讀的仁愛國小。日本小孩，也常從他們的後山爬登山嶺，兩邊會師的地方，就是台灣學生與日本學生互相格鬥的戰場。我曾親眼目睹一次五、六年級的台灣學生，在山嶺修理日本高年級生的鏡頭，七、八個被打下山坡的日本學生，呼天搶地躲入草叢，我的小心靈其時眞是興奮莫名。似乎我們的一肚子悶氣，都從打贏日本小孩的戰爭中討了回來。

第一次進日本小學，看到日本老師在組織我們、分配我們教室、命令我們站在操場上舉行儀式，聽到他們大部份用日語、小部份用台語來招呼我們時，我第一個印象就覺得，學校好嚴肅、環境好冷酷，對我這個自由慣了、流浪慣了的小心靈而言，不啻一大打擊。但第一次與那麼多小朋友一起坐在教室，分課本、聽講話、學唱歌、讀字母，經驗新鮮，又覺無比興奮。

我們分配到的教室不是那棟三層大樓大校舍，而是在前面右邊的L型木造普通教室。我上課的地方靠近校門口的山坡路，坐在教室，往校區看，是學校的大操場，往後看則是一片小空地，空地再過去就是山坡，山坡下就是大馬路。座落在小空地上最起眼的建築，是一間由四個柱子搭起的中空亭子，亭子中間的地板高出地面，這便是學校的柔道場。上課後不久，特別在我們下課時，可以看到許多學生在日本柔道老師的監督下，喊着讓人心驚的聲音，摔起跤而「打起架」，引起我們新生的好奇。尤其看到摔傷的學生，竟用塩巴擦傷口，我完全看呆了。另外，我印象非常深刻的是日本的柔道老師，其體格之壯碩、粗大，走路時的架勢，表情的無畏，教導學生時把學生當蘿蔔一樣摔在地下，好像對敵人的動作，令我吃驚。日本人的尙武精神，其國之強大，莫非來自這種訓練？

上了半學期，感到日本教育最令人驚懼的一樣東西，是低年級必須絕對服從高年級。五年級在馬路上碰到六年級，必須敬禮，否則當場吃巴掌；我就常常看到高年級的學生，藉故打低年級生。這種凌虐，每天不停的進行，在下課、在操場、在回家的路上，比較懦弱的，常跪地求饒、叫爹叫娘。長大後我才知道，這便是日本人的階級制度，日本人的軍國主義教育，當時，這些東西曾帶給我小心靈極大的不安、極大的恐懼和無比的厭惡。我覺得，人怎麼可以這樣對待人。

頭一學期有件事令我難忘，那就是日本人的精神訓話。我們的稚年理解力，當然聽不太懂他們在講什麼，但已經有力感覺到。長大後受國民黨的黨化教育時，發現模式與本質都雷同，始知極權教育的手段有其一致性。日本人這時面臨戰爭，必須灌輸帝國必勝信念，必須加強殖民地臣民效忠天皇、獻身帝國的一套統治宣傳。我們不時聽到皇民化的名詞，天皇神武的神話，日本帝國無敵的頌詞。特別每個禮拜一，全校學生都集中於大禮堂，舉行嚴肅無比的儀式，由日本校長做又長又臭的訓話。訓話前的一幕是向禮堂上佈置神祕的天皇神龕，鞠躬、默禱、唸唸有詞，甚莊敬不可侵犯。這種宗教式的神祕崇拜，是一切神話統治馴服人民心靈的有力手段。

記得日本小學不過上了一個學期，小小的一年級生，就曾集體排隊到今天信二路的基隆中正公園山上，向基隆日本神社叩拜二次。望着神祕的神社建築，日本祭司唸唸有詞，大家須表無限屈服、集體輸誠。今天回想，做爲被統治人民對歷史的沉思，感到不過形式略爲不同，台灣人民必須對一波波的新統治者，對其新花招、新神話、新謊言，提供一代代的台灣人幼小心靈，供新的統治者隨意塗抹粉刷，信仰其新的謊言、新的歷史宗教、新的政治祭司，學習歷史主人的語言，向不同的主人叫萬歲。

第一學期終了前後，從學校到社會，逐漸瀰漫備戰氣氛。每家每戶都必須準備一種預防敵機轟炸的棉製三角帽，帽沿垂肩。記得第一次聽到空襲警報演習，那種長嘯急鳴的警報聲，初聞，叫人驚怖恐慌。在學校，也實行空襲演習，如何就地躲避，如何奔進各地都有的防空山洞。此時，瀧川區馬路旁的沿山地帶，都挖有一個一個防空壕，就是躲避敵機空襲之用。但對敵機是何東西，大家一無所知。小朋友從大人聽來的流傳消息，都說日本帝國無敵，敵機會來，豈非笑話。但是也有祕密的耳語，傳說日本海軍吃了敗戰，日本商船遭到敵人潛水艇魚雷擊沉、死人無數的路邊社謠言。

第二學期開始，尤其晚上，我們住處外的縱貫線馬路，開始常常有一長隊一長隊運兵車經過。不久，似乎是初夏時候，時爲一九四四年，我們第一次聽到空襲警報。那一天母親很早就做生意回來，我未上學，左鄰右舍及附近的防空安全人員大叫疏散，敵機臨境！母親匆匆把平時準備好的防空帽替我帶上，捻着棉被衣服乾糧，帶着我匆匆往後山逃避。我們躲在山腰的竹叢下，視線剛好可以看到半個基隆。只見平時活跳的城市，一下子整個死寂下來。經過一段苦悶的守候，希望沒事回家，突然瞥見幾朶白雲的左下邊發出銀白色的閃光，幾十架美國飛機整齊的飛臨。這是我第一次看到盟軍的飛機，飛得又高，其聲如遠地發出的不停雷鳴，我既害怕，又興奮。隨後不久，突聞日本的防空炮火咚咚的反擊，天空中爆出一朶朶煙霧，煞是好看。緊跟着我們看到日本飛機上空追逐，透過隔壁大人們的議論紛紛，發現日本飛機好像飛不上敵機的高度，但突聞下邊一起躲避的日本保正里長一夥人，在日本的飛機俯衝、敵機群漸漸飛走、炮火却斷續的射擊中，跳起來高呼日本萬歲、日本萬歲。如此一來，大家以爲日本戰勝，敵機喪膽而逃。不久，空襲警報解除，大家鬆了一口氣，紛紛奔回各自家裡。這是第一次的空襲。事後證明，盟軍飛機只是示威性的飛臨，目標還不是基隆。但是，這樣的虛幌一招，已嚴重的警告港都的市民：戰爭的火焰，已經逼臨。日本無敵神話，不攻自破。自此而後，街頭巷尾，人人心中擔心的就是戰爭、就是空襲。人們開始疏散，有往鄉下、有往南部，有的無處可逃，乾脆聽天由命。

這段期間，從謠言的不斷流傳及日本人下令大量強徵十八、二十歲年齡的台灣人入伍的緊張，開始嗅出不祥之兆。哥哥亦於此時從花蓮回來，被徵入伍。看到母親噙着淚水，叮嚀大哥軍中小心謹愼，我第一次印象深刻的看到大哥鎭靜聰明的對母親答話。他帶着簡單的行李，一個人滿有信心的去台北松山軍管區報到。他果然聰慧敏捷，母親談他在新兵營充擔訓練班長，不必下部隊。此時基隆到處是流言，日本人的收音機廣播的是夸夸其言，每天勝利、皇軍到處無敵的一套，但市井流傳的却是誰家親屬海上觸雷陣亡的恐怖消息。最令人震撼的是，基隆市場傳出鯊魚肚中竟然發現有人體肢骨、小孩殘骸的駭人消息。這種流言證實海戰慘烈，台灣附近海面船沉人亡一定頻頻發生，否則鯊魚肚中豈有人類的殘骸？

一九四四年七八月，即我升唸二年級後不久，盟軍飛機第一次眞的炸基隆。市區與碼頭都挨了炸彈，聽到死人慘狀的描述，看到市區中頭一幢被炸毀的樓房，大家都觸目驚心。母親已不再猶疑，把家中大桶小桶的生產工具，整頓排好，準備迅速停業。在幫忙母親準備細軟時，我發現母親擁有成袋成袋的日本銅板，顯示她是有儲蓄的。母親並準備好很多日本的布疋要帶走，在我小學二年級開學不到兩個月時，鎖緊房門，帶着我離開她營生六、七年的地方，乘着擁擠的火車逃離基隆。我們第一次避難的地方是中壢北勢母親的莊厝，住在鄉下二舅的家中，這是我第一次體會鄉村的田園生活。

甫從都市遷入鄉村第一個強烈感覺是，鄉村是一個寧謐、寂靜，充滿泥土芳香、家禽臭味、竹林嘶嘶、稻葉飛舞、池塘水鴨肥鵝遨飛的遁世天地。從基隆繁華嘈雜的港都、車水馬龍之地，一下躲入鄉下與世隔絕的綠色世界，感覺離戰爭很遠，飛機炸不到，心理遂有安全之感。母親把我留在村中母舅家，一人經常背着布疋到處做她的戰時生意，我則很快溶入村中世界，發覺不必上日本小學，守學校的鬼規矩，似乎一下找回幼時的自由放浪。

天天吃飽後，就與母舅家孩子、莊厝的一大群小朋友，挖蕃薯、煮野食，從一個村莊越過一個村莊，到處野遊。我遂突然發現，鄉下的生活，比都市更快樂，在大自然的天地中，到處都是神祕與奇異。昨天草堆中的枯木，今晨會長出漂亮的毛菇，稻田旁清澈的小溪，充滿魚蝦、蝌蚪、小蛇，大家一起抓玩，眞是有味。幾個月中，我就學會村中小朋友自得其樂的一切祕訣：玩會出聲的竹筒大陀螺、找蚯蚓、釣小魚，跟着莊厝農民割稻、拾穗，同享農民收成時煮的各種點心，幾乎忘記這是戰時逃難。

直到有一天，以前從未飛臨的敵機，突然開始轟炸我們附近的日軍軍事設施。幾天就聽到一次遠遠的轟炸聲，非常恐怖。而且每天抬頭一看，從東而西，不斷發現高不可攀的美國B—二九轟炸機，閃亮的成群飛臨。起初它們只轟炸龍潭附近的軍事目標，但是不久後便開始俯衝掃射我們村莊民家。記得有天下午，風和日麗，悠然從遠處傳來巨大飛機引擎的震耳聲，那種聲音非常駭人，我正在村中井邊與小玩伴汲水洗澡，聽到不祥聲音後，大家本能地趕快奔逃躲避，我立刻挨近房子的邊牆，匍匐在地，而後聽到震耳的飛機臨村飛進，離地幾百公尺的對着我們掃射，我甚至從地上移動的飛機黑影，感覺美國飛機在來回俯衝攻擊，我聽到樹林、莊中房屋牆壁遭到子彈掃射時的嘶叫穿打聲。這是一次從未有過的駭怖經驗，令人心膽俱裂。敵機攻擊後，村中所有大人都趕快出來尋找自己的小孩，急於知道有無傷亡。我從地上戰慄的爬起後，很快發覺井邊逃避不及的兩個小玩件，匍匐於地，血流滿地的死於無情的戰爭魔手下。父母的哭聲，開始震動這座和平村莊，代替離去的殺人機器聲。這是村人的血及淚，我開始質問戰爭。

母親風聞村中挨炸，很快趕回，認爲這個地帶不能久留。在我害了幾十天的兇猛瘧疾後，她決心離開中壢的北勢莊厝，往東疏散。母親的目標是遁入竹東的內地橫山南河曾家母舅處，如此偏僻地方，想敵機應該無飛去轟炸的道理。母親帶着我沿關西大馬路走進內地，經一個地名叫「鹹菜罋」的地方，進入南河。母親背着細軟布疋，我則赤着脚，沿日本人興建的碎石大馬路，越龍潭、關西，走向內地。這一帶都是客家人的區域，茶園、菓園、紅色泥土、貧瘠田畦、窮酸農舍、畸零稻田、起伏山巒，所有這些都在我們母子一步步緩慢的步行中映入眼簾。

我覺得母親特具本領的是，每到一處都有寺廟與佛友相迎相接，足見她平時交遊之廣、佛友之多。我們每到一地就住在寺廟，不住寺廟就住佛友家中。這種關係，一方是信仰的社會熱情，一方又是經濟關係，母親透過佛友師父，處處做生意，非常吃得開。同時，七、八年在基隆辛勤努力的經營，已有所積蓄，看她一袋袋沉甸甸的日本銅錢，甚至在她三十五年後去逝時，仍留在身邊做爲早年艱辛的紀念品，足見她過人的一面。她善於交遊，交遊的人士都是善良的佛門信徒，危急之時，四海爲家，成爲一般人難以擁有的社會網，的確給我很深刻的印象。

母親熱心佛門捐獻，每到一地，遇見不幸事故，無論識與不識，都熱心捐助的深刻愛心，影響我對社會不幸無法置身度外，促成我強烈道德意識的成長。這種意識最初起源於奶母的勞動階層社會的苦難體會，繼而從母親的關懷激發同情與愛心，繼而想對不平與不幸追問原因，繼而對壓迫性的日本權威，對戰爭機器的無差別殺戮，感覺憤怒。

另外，這次跟母親走入農村避難的所聞所見，更引起我小心靈的另一種震撼。我發現我跟母親住過的農友，無不勤奮與善良，但生活的艱困與貧窮，使我很難想像。他們是生存於饑餓邊緣的人，我聽到他們都自稱佃農，土地十之八九租自地主，田是看天的田，付出的是固定的高比率田租，上次的田租還欠地主，今年的田租又到期，我只聽到母親的農友不斷心酸的敍述，而無法理解。跟他們吃飯，有時覺得還不如我在奶母家及左鄰右舍的基隆礦工。飯中看不到米，都是蕃薯籤，菜中無油，苦澀無味。他們衣著粗糙，農舍中除了生產工具，竹造的破床，污黑的棉被，大都空無一物。成群的小孩，看起來都是飢餓的臉色，現在又碰到戰事，日本人征糧征兵，農民更是一片愁雲。母親離開時，總在能力範圍內，多付一點錢，我看到母親淌下鼻酸的同情之淚，我有時也跟着流出淚來。

一九四四年年底，我與母親走抵南河的曾家母舅處。母舅有草房一幢，依山而立，側臨大馬路，大馬路的另一邊，便是頭前溪大河。馬路的沿邊鋪有一條輕便車道，不斷有一輛輛人工推送的四輪台車，或載人或載貨物駛過。我在母舅家的客家村落平安的住了半年，雖然每隔幾天都看到高飛的隆隆美國飛機成群結隊的在天際飛過，也不斷從新竹及竹東回來的人，耳聞各地轟炸的情形，但是炸彈從不曾丟到這個毫無軍事目標的窮鄉僻壤裏來。這眞是一個戰爭恐怖襲擊不到的地方。

除了幾次跟母親捻着布疋包裹，前往關西一帶做生意外，我大部份都在南河度過另一種山地生活。我與南河村的客家小朋友打成一片，很快學會流利的客語，跟他們到大河捉魚，跟他們進入山區採桑砍柴，跟他們進入山胞的前哨站——內灣鄉。進到內灣，可以看到更多的山地族。當第一次看到他們臉上奇異的黥面，男女都抽長筒煙，聽到他們講聽不懂的咕嚕咕嚕語言，極爲好奇。而所謂內灣，也不過是比南河更整齊的一條街而已，大半也是客家人爲多，但已看到山地人的聚落，四十年前如此，今天如何則不得而知。

能以另一種語言與另一族群的小朋友一起生活與玩耍，我發現那是另一種不同感覺的世界。客語腔調比較高昂，觀念習慣的表達異於我們，他們有他們的語言優美處。客家人的笑話，河佬人不能領會，因爲它只能以其語言曲出其妙，反之亦然。但兩相比較，我仍覺客語雖較單純易學，但它是種保守的語言，缺乏河佬話的豐富性、現代文化性、外來詞彙的融合性。這當然跟兩個民族在台灣的人口組成、社會組織、活動力、文化創造力、政治力、城市化與否有關。但客家人的樸實、勤勉耐勞，客家人的人情味、團結力，令我印象深刻。我覺得客家小朋友，一樣很聰明，但玩的方式、文化水平，很多異於我們城市人。我沒有聽過客家小朋友像我們一樣唱民謠，但常聽他們的採茶姑娘唱一種特殊韻味的客家採茶歌，我母親就會唱。一般而言，客家小孩的遊戲內容，遠不及我們城市人的豐富多彩。在南河的一段避難生活，給我的大禮是暢順的操講第二種語言。語言就是文化的容器，懂得它，使我們心胸更寬，更能欣賞多元化的價值，並使人更聰明，因爲聰明來自比較。

雖然戰爭還在進行，但一九四五年夏天，母親却帶着我離開南河，往竹東、北埔，而後去頭份、苗栗及獅頭山一帶做生意。因此，整個獅頭山的名刹我沒有一處沒住過。印象最深的是水濂洞，它是在洞窟中築成的第一座原始寺廟，整個洞窟只有一尊大佛，洞外溪水從山澗不斷瀉下，宛如世外桃源。我們在獅頭山，住的都是簡單竹床，吃的都是粗茶淡飯，聽的都是客語論述的佛經佛理，我漸漸聽膩，希望母親再去別的地方。

雖然佛門弟子不聞人間事，但也避不開戰爭。佛家喜談刼數，我終於聽到較具知識的師父縱論世界大事，也許佛門深鎖，不怕日本密探進入，故較能眞實與開朗的談論政治，而這是我第一次聽大人論天下事。一個叫明光法師的住持，首次提到戰爭。他說天下刼數將過，日本難逃敗亡的驚人之語，他說歐洲德、義已敗，日本更爲孤立，蘇聯軍力必然東向與美國合力擊敗日本。我第一次聽到許多世界名人名字，像什麼美國的羅斯福、中國的蔣介石、蘇聯的史達林、日本東條首相等等。他說日本人隱瞞太平洋戰爭海軍戰敗的祕密，日本現在顯然已無招架之功，也無還手之力。而且冉度奪回菲律賓的美軍，正準備進攻台灣、琉球，甚至日本本土。大家求佛保佑的是，希望台灣不成爲美軍攻打的戰場，以免台灣生靈塗炭，台灣人慘遭戰爭的最後屠殺。明光法師的說法最後證實頗爲接近歷史。

不久，母親帶着我與一、二佛友，又從獅頭山的佛寺步往竹東的北埔方向，一邊作生意，一邊沿途拜訪人小廟寺與佛友。所經之地都是荒山野外，倒也不必擔心盟軍飛機。但是沿途馬路，每隔五百公尺左右，即有一個大坑，坑上鋪有竹網，網上滿佈碎石，大人解釋是戰車坑，是預備美軍戰車登陸，讓它掉下的陷阱。

我發現所經之地方，無不有日本備戰設施，一種特殊防空油漆顏色，到處塗在保護物的外面。所經之地，聽到的都是戰局的吃緊，城市、工廠、軍事目標、甚至民房，到處被猛烈炸毀的消息。每次聽到別人敍述著親人、或親身挨炸的慘況，每次聽到別人講述家破人亡數不盡的故事，都感毛骨悚然，無比恐懼。沿途並聽到敵軍即將登陸台灣的傳言。母親一路上不斷祈禱，到了寺廟，不斷禮佛，祈求和平降臨，也特別祈求佛祖保佑大哥平安。母親說，最後的消息是大哥已被調入部隊、駐防於蘇澳，其它一無所知。

大家眞的恐懼美軍的登陸，台灣每天面臨轟炸，只有我們在僻遠山區，能夠只聞轟炸的消息，不必目睹恐怖的景象。此時物質極度缺乏，所有重要資源，都被日本抽去支援戰爭，什麼東西都盛行配給，只有我們躲入自給自足的農村地區，過著接近原始式的自給生活，能夠免於極度的不便。但匱乏的景象，愈來愈嚴重。沒有肥皀，鄉下人就用樹子，但是沒有鹽巴與糖，就不一定有適當代用品。沒有衛生紙，竹仔片可以刮屁股；但是沒有火柴，就必須在固定地方保持火種。那個時代，我不知道所謂現代醫藥；我害病，母親自己就是醫生，她懂得無數草藥，什麼病吃什麼草。我在路上一中暑，她就以古老方法抓筋，採路旁山邊的青草，就地用石子搥出青草汁吃下。我非常厭惡這些草藥的苦澀味道，但不吃不行，母親有時在我昏迷時，硬著心腸扒開我的嘴巴灌下。就這樣，我們沿途住一段走一段，總有許多地方可以安身。但不知道要走到什麼時候，因為不知戰爭何時結束。

八月中旬的一個早晨，我們住在北埔山中的一座小寺廟，突然有一個師父自外回來，傳佈一項消息，說日本無條件投降，戰爭結束了，台灣人要自由了。我看到母親及眾多佛友，大家又驚又喜，簡直無法相信這是眞的，師父說消息千眞萬確，昨夜有人親聆收音機廣播，日本天皇宣布投降，要求各地日本軍隊放下武器。師父說，許多日本人聽到消息，嚎啕痛哭。

聽到消息的這一天黃昏，佛堂中的一個佛友從外奔進，叫大家到外面看天邊的奇異景象，說天上出現龍，我跟母親及大夥跑到寺外空地，一齊往天際望去，果然看到晴空無雲中，中間形成一條龍形的長條雲，平時不覺是龍的雲彩，今天沒有人懷疑那不是龍。大家紛紛說，太平的世紀到了，和平與幸福已經呈現在天際，很快將飛臨人間，安居樂業，即將到來。

這一興奮消息，幾天之中很快教母親決定離開。母親的第一個決定是趕往中壢，中壢母舅處存有母親的寄存物。母親便拜別朝夕相處的佛友，與我日夜步行到中壢，沿途看到戰爭所留下的殘垣斷骸，到處彈痕累累，令人觸目驚心。

到了中壢，看到人群充滿興奮，但是社會疲憊，到處都缺乏物資，大家均在設法如何生活。但有一點感覺與戰前不同，人民呈現活躍，日本人開始藏頭露尾，露出戰敗的眼神，恐懼報復。社會秩序雖不太亂，但漸漸失去日本控制時的嚴謹。人們對未來充滿幻想，街上流行中國來的歌曲，大家嘴巴也開始談自由與民主，尤其是「自由」，各做各的解釋，非常美麗。自由經商、自由選擇、自由戀愛、自由旅行、自由吃飯，大家只知未來好，台灣將成為自由樂土，日本人要滾蛋了。

但藏在大家極端夢想底下的，是現實生活的困苦。生產沒有恢復，到處沒有東西。焦急中，母親跑了一趟台北，發現台北缺米，她便每天擠火車揹著米到台北販賣，晚上回中壢。我則與中壢的親戚孩子，打造小箱子，裝著零食、餅乾、冰淇淋之類的東西，每天到中壢火車站叫賣。火車一停，便進入火車站向旅客兜售，時間一久，膽子一大，乾脆把小箱子綁在身上，跳上南來北往的火車，跑到車上做生意。向南賣到楊梅、又乘北上的火車賣到桃園，碰到南下火車，又賣回中壢。有一次，我在中壢的月台上看到南下車廂的窗口伸出兩個人頭向我急買東西，但車子快開動，我很快把所要的東西遞送上去，告訴多少錢，但東西拿進去後，縮進去的頭竟然不再出來。我追著火車喊著先生丟下錢，但沒有回應。身上的箱子使我無法跳上速度漸快的火車，我吃驚地呆在月台，目送不誠實的客人，眼淚旋即奪眶而出，感嘆今天全部白做了，不賺反賠，感覺受欺的無限心酸。

母親見我所賺不多，改而要我與她揹米上台北。她揹五十台斤，我揹二十台斤。二十台斤對我而言並不輕，但在母親的協助下，車上善心人士托一下、拉一把，每天也完成中壢、台北跑一趟的任務。我們一抵台北，習慣由後站出去，母親一出站便帶我直奔圓環。這時台北滿目瘡痍，圓環旁的重慶北路到鐵路一段，整個形成違章建築，人們到處在傾圮的樓房空地上，搭建臨時東西，住的住、做生意的做生意。許張崑兄與他的二太太即住在這裡，母親首先把米賣給他們。由於缺貨，價錢上漲，所以非常容易脫手，常常是明天才能運到的東西，今天就先賣光了。

揹米生涯中，最驚險的是擠火車。戰後鐵路車廂不夠，由於戰火破壞，許多車廂由貨車改裝代用，彈簧僵硬、聲音震耳，旅客進出由中間貨車大門上下，擁擠時，人都手握車門鐵栓及鐵鍊，半身飄在車外，極爲危險。我就親眼看到有人在火車疾馳中，鬆手掉下鐵軌，生死不明。由於中壢是中間站，所以往北的車子時常客滿，這時，只好先把東西塞進去，然後人吊在車門外。我一個禮拜一定有一、兩次必須吊在車門外，迎著強風，臉上飛打著火車噴出的煤屑，有時不小心，口一張開，煤屑就吃進肚裡。

進入台北，感到消息既多又靈通。聽說中國政府已派陳儀長官來接收台灣。

台北街上開始看到大陸來台的外省人，穿著我們覺得很土的中山裝，口袋特別大。我也看到中國軍人遊走街上，感覺與日本軍人大不一樣，形像大都猥褻，眼神迷濛，似非世界四強之一的軍人，而且常常與百姓發生糾紛。我每天由台北後車站出來，起先看到軍人與百姓因爲買東西對罵，大家不懂北京話，但「媽你個屄」的世界語，大家很快知道其意。其後漸漸看到拿東西不付錢的，要求付錢就開罵與打架的鏡頭，我不斷看到路人在搖頭。他們似乎對台灣的很多東西不懂，不懂又語言不通，誤會愈來愈深。大家覺得這些軍人非常不懂禮貌，非常粗魯，我們開始看到有些生意人拒與軍人打交道：「你講我聽無，不賣就不賣」。在揹米上台北的半年中，什麼東西都開始缺貨，物價一步步上揚。我們聽說有人一大早跑到三重埔的大橋，去搶從南部運到的貨物。這種現象我們不懂，只覺得米價漸漸的貴，我揹的米銷路奇佳。只怕沒有貨，不怕沒人要。

一九四六年春，我九歲，母親告訴我，大哥退役後，人在花蓮，準備很快回基隆跟我們會回。不久我們就放棄揹米的生意，跟著母親回基隆。我們在木屋隔壁的鐵工廠隔鄰二樓租到一房暫居。回到了基隆，看到景象全非，港區被炸，碼頭千瘡百孔，倉庫都沒有屋頂，中心繁華區域，少有幾棟樓房是完整的。彈痕累累，東倒西歪。

我聽到母親與大哥決定從老本行開始幹起。他們租到近市區的南榮路口，以前日本少將邸下的一棟樓房的一樓，開始製造醬菜、豆油、醃瓜，利用騎樓做門市部，以房間及天井爲生產工廠，自己做、自己賣。但是，萬事起頭難，起步艱辛，大家生活很苦。我不得已，就跟附近的新朋友設法找箱子，請他的木匠哥哥做了二個擦皮靴工具箱，從我中壢賺到的小錢買牙刷，買大陸牌子的靴油，與朋友跑到基隆火車站開始擦皮靴。我每天可以擦好幾十雙，賺到錢就小心存起來。但是當我看到那個在火車站討錢、身綁嬰兒的生病女丐，我每天總會不忍地分幾個錢給她，我不能忍受她們可憐的處境、飢餓的眼神。我擦皮靴，一直擦到被母親發現，經與大哥商量，認爲無論如何艱苦，必須讓我上學。日本時代，母親一人獨挑擔子時，尚能讓大哥讀完小學，唸了二年漢書，才送他到花蓮跟四叔當學徒送醬油。我必須唸書才有希望。這個決定，結束我歷時半年的擦皮靴生涯，並於一九四六年秋天，重回瀧川、現在稱南榮國小插班爲三年級生。

擦皮靴的歲月，我經歷了另一種社會體驗。火車站是各色人等的必經之地，我擦過戰敗的日本人皮靴，擦過新到的外省人皮靴。台灣人會講價錢，但講好價錢一定付，可是碰到過中國軍官、中國軍人，比劃好了的價錢，擦完後丟下的錢常不是講好的數目。如果跟他提醒，或以手比劃這樣才對，經常遭到白眼，或脚一蹬，揚長而去。不然常會聽到一句「媽的，還不夠啊！」擦皮靴時，又可以看出客人的文化、社會地位、嘴臉及心態。戰敗的日本人都謙虛、有禮，付錢又點頭。新到的中國人則呈現昂首與神氣，付錢時用丟的，丟到地上，似乎是丟給乞丐。普通擦皮靴，一脚擱在我們的擦箱上，一脚自然擺在旁邊。但大陸人非常奇怪，有時一脚擱在我的擦箱上讓我作業，另一脚竟擱到旁邊的柱子上，其形不雅，無以復加。普通人尤可說，但常常是軍人，有時竟然一脚讓我擦，其餘全身臥倒長椅上做周公夢。我常常擦到穿中山裝的，這些人態度之猥褻、面貌之蠻橫、眼神之狂傲，即使我小小的年齡，也體會得出這是與日本警察同類的統治者嘴臉，令人厭惡。

顯然我們不是他們眼中的同胞，我們是他們接收的日本遺產或要來統治的殖民地人民，因此，來台灣的這一批陳儀人馬，到處遭受台灣人的側目。我在火車站，看到這種人坐火車，從不知排隊爲何物，一上車就衝向隊伍前面擠上去。買車票也是跑到前面，把別人擠到旁邊。我在擦皮靴中，發現日本人要走了，但來了一批比日本人更無紀律、文化更低的野蠻人。火車站的朋友們，每天都流傳中國人的笑話。他們不懂自來水，不懂脚踏車，又衝進民屋拿東西，隨便進商店要食物。大家慢慢開始輕視，覺得日本人有優點，雖然戰敗，卻敗而不紊；中國人戰勝，到台灣讓我們一看，卻是勝而無體。整個文化水準，似乎遠低於台灣人。這眞是「乞丐變頭家」。

在火車站擦皮靴，因爲靠近碼頭，我遂意外的遇到拖板車的旺仔哥哥。他好高興，看到我，抱著我跳起來。他告訴我空襲時與奶爸奶母逃到八堵的暖暖一帶避難，戰爭一結束，就跑回基隆發了一筆小財。他在碼頭送貨，並告訴我家裡地址，要我回去玩。旺仔哥哥是我小時候的英雄與保護者，二、三年沒看到他，沒有奶爸奶母的消息，一聽他們平安，心裡就覺得好像自己的父母平安一樣。我答應一有時間，就去看他們，並告訴他我住的地方。擦皮靴的一段日子中，我跟他回去看了幾次奶爸奶母，他們的境遇有很大的改善，心裡高興了一陣子，但到了我上學後，我就沒有機會去看他們。直到二二八事件發生，我再回去時，是去尋找旺仔哥哥的屍體，去送別我童年的英雄。

恐怖的噩夢二二八

重回日本人叫瀧川公學校的南榮國民小學，發現以前就讀的普通教室，即柔道亭前面的一排L型平房，早成平地。雖然又高又大巍峨的學校建築，似乎無損，而升旗台左右一字挑開，令人印象深刻如南國熱帶浪漫的椰子樹，依然矗立，展現她們修長的身軀，迎風點頭。但戰爭的痕跡，窗戶的破損、鋼筋水泥牆上的彈痕，仍然斑斑可見。校區左側的大禮堂，以前被日本校長每星期集合向日本天皇膜拜的地方，整個的屋蓋不見，只賸四片牆面，殘骸碎瓦，亂成一堆，令人恍如經過一場惡夢。旗杆上，昨天是白底紅太陽旗，現在則飄飛着紅底白太陽旗，代表一個新的統治朝代，又臨台灣。

昨天朝會，立正敬禮，唱着「君……」日本國歌，注目冉冉上升的國旗，是白底的東西，校長的訓話，是台灣人要學的「國語」。

今天朝會，立正敬禮，唱着「三民主義……」中國國歌，注目冉冉上升的國旗，是紅底的商標，校長的訓話，換成另一種語言，是台灣人要學的「新國語」。

對我而言，短短的兩年中，舊主人的語言還未精通，新主人的語言已到，現在要放棄あいうえお，背誦ㄅㄆㄇ。

對一個十歲的台灣兒童而言，文化上我要嘗試操講四種語言，我父親的母語、我母親的母語、日本舊主人的「母語」、中國新主人的「母語」。日本人雖然一波一波的離開，但日語並沒有離開，新聞報紙還以日語印刷，社會各個角落，仍以日語爲溝通工具，懂得中文的人不多，大家才在開始學。對我而言，日語雖然快要無用，但社會仍通行無阻，雖不必專精，但不能不懂。尤其回家，所有受教育的人，表達重要的名詞與觀念，都以習慣的日語表示，就像今天我的女兒，表達重要名詞與觀念，竟無法以台語說出，必須假借統治者的語言。這種現象，對習焉不察的現代年輕人，認爲很自然，以爲台語是方言，國語才有能力表達。這跟日本時代受日本教育的台灣青年，以爲日語才能表達觀念的現象，前後輝映。證明台灣人受奴役的，不僅是物理權力，且是文化權力。

一個人只有在歷史靑黃不接時最能窺悉歷史的眞面目。聽過日本人對我們的訓話，領教過日本人的宣傳，看過日本統治者如何對待我們，叫我們記住日本人的嘴臉；再領教從「祖國」來的人如何對待我們，如何訓話，並如何叫我們立正聽新的宣傳、看新主人的嘴臉。從歷史的這一頁，翻到歷史的另一頁，在震撼的比較下，我們偷看到歷史的眞實。

只有從統治者的換手、語言的強迫改學，才意識到我們是一群由歷史主人的左手，交予歷史主人右手的弱者群，我們像學校裡迎風搖曳的椰子樹，隨風而擺，迎風而倒。

上學雖然改變了我的生活，我不必再去工作，不必去擦皮靴或什麼的，但一回家，晚上總不忘與舊時工作的小朋友一起玩，聽他們講講火車站的最新新聞。這時，家裡的生意有了幫手，大哥請到他小學的同學張金德兄來協助，因此，張氏的年輕朋友們也常到家裡「開講」。他們都以七成日語、三成台語的流行混合語交談，我大致聽得懂，不懂也半問半猜。

談的都是社會最新消息，大家似乎不斷咒罵經濟的失控，物價一天天飛漲。一般人奇怪的是，台灣是一年熟、三年足的產米區，爲什麼會欠米，米價會漲？現在不但米缺價昂，其他物資也是不應缺而缺，百物價格都在三級跳，人民日漸感受到生活艱苦。光復已經一年多，不但不能迅速恢復戰前的穩定，狀況反而愈來愈壞。日人經營的公共衛生、公用事業、交通、郵電、治安，凡中國人接管的，沒有一個能上軌道。社會開始大量流傳中國官員貪污的消息，從基隆港不斷運走台灣物資的傳聞，不脛而走。從大人的談話中，發現他們對局勢起疑，對中國在台政府開始不信任，對來台的外省接收人員，由熱情而冷淡，由希望而失望，由尊敬而輕視，覺得這批中國人眞差勁，他們中山裝的大口袋，原來是設計來裝台灣錢的。一個強烈的回憶是，日本統治雖然高壓無情，但台灣人極少聽聞「貪污」這種名詞。日本人有效率、乾淨、紀律嚴明，現在大家感到社會反其道而行。來了一批中國人，大家只要回憶起他們登陸基隆碼頭的一幕，就使人冷了半截，軍紀敗壞、軍容不整，其後橫行台灣社會。基隆市內不斷發生糾紛，不斷鬧笑話，我這個擦皮靴的，也看到不少。大家尤其感到，到台灣的接收人員，口氣、嘴臉、神態、舉止，是戰勝者的面目、征服者的雄姿。這種感覺，日漸瀰漫基隆。一種不祥之感、厭惡及卑視，逐漸散佈。仍然工作於基隆火車站的擦靴朋友，過不幾天就講一些新鮮事給我聽。大家都不知道日益惡化的經濟、物價逐漸飛漲的日子怎麼活下去，只感覺周圍人們瀰漫着一種不安和無奈，悲觀氣氛，逐漸形成。

這一年的年終過年，大家都覺得是一個難過的新年，百物騰貴，民心浮動。擦靴的朋友，名叫「山發」的好友及幾位火車站伙伴，告訴我他們也漲價，但生意愈做愈差，賺不夠吃飯錢，想轉業改做別的。

一九四七年二月二十八日晚上，聽張金德及他的一群朋友，激奮的敍說台北發生重大事故，傳說公賣局緝煙警察毆打女香煙販，開槍打死台灣人，群衆包圍公賣局，包圍警察局，許多抗議群衆被射殺，台北迄今陷入暴動的驚人大消息。聽他們說，基隆民衆一聽說這種不平事件，到處「幹」聲，紛紛表示抗議與聲援。晚上已經風聞基隆開始騷動，不安與不祥的感覺，隨夜幕而加深，家裡有收音機的，都擠滿了聽消息的人。當夜，我帶着無名的恐懼入眠。

隨後好幾天，基隆捲入了報復的怒濤之中，商店全部停市，學校停課。我被母親大哥禁止外出，只能從家人的傳敍與議論，張氏職員及其朋友進出店門的報導，得知台灣人組織自衛隊、保衛團。從店門口往外注意南榮路，只見一片騷亂景象。駛過的卡車傳來反政府的談話，傳來一羣青年吆喝攻打的嘶叫聲，昂奮的軍歌高唱聲，打倒陳儀、阿山滾蛋聲。這個城市似乎突然一夜之間變成暴怒的野獸，想撕裂鎖在身上的歷史鐵鍊，想衝出歷史的樊籠，把受壓迫者蓄積的歷史怒火，燒向自由之路。外省人與台灣人，一夜之間勢同仇敵。狂怒之潮，吞噬掉許多統治人物罪有應得的性命，同時也把無辜的人不能辨別的捲入歷史火焰之中。我爲家裡購物進市區時目睹的追打，心中震駭而心軟。心中實在祈求暴亂快點結束，社會不平趕快平息。不久，從廣播、從報紙、從馬路傳來和平處理的消息。基隆市面上，從戰後以來，第一次看不到中國軍警，看不到大陸內地人，看到的是自動維持秩序的武裝青年，他們從警察局與軍事區域奪到武器。

和平處理的消息傳開後，市面謠傳陳儀政府已經讓步，準備答應台灣人合理的政治要求。我聽不懂張金德及他們一群朋友爭論中的台灣人合理要求是什麼，只覺得他們好像取得了勝利，或快要取得勝利。我好幾個晚上發現他們把奪得的武器彈藥，搬來搬去，好像勝利已臨，可以藏而不用。從歷史的事後聰明分析，這些激於義憤的戰後一代台灣人，證明只是歷史的幼稚生。他們達到了歷史缺口的狂怒，短暫的逼迫統治的惡勢力後退一、兩步，而完全不明白歷史的奸詐、對手的陰狠，中國的政治鬥爭技術，證明不是這憤怒的一代所能對抗。

和平處理的消息，導致市面漸趨平靜，狂風暫停。一種虛假的勝利感、和平已贏取的幻象、台灣人已出頭天的氣氛，滲透到張氏這一群朋友之中。一九四七年三月八日，就在沒有戒備中，就在人們浸淫於和平解決的喜悅中，突然聽說中國軍隊登陸基隆港。我們一下目睹一個正規軍與一群激於義憤的烏合之衆對抗的歷史結局，而與其說這是一支正規軍，不如說是一支行刑隊，他們奉令執行徹底而野蠻的報復與屠殺。

我不知道什麼時間軍隊登陸，但聽到風聲，家裡準備緊閉店門，防止意外的下午，便聽到南榮市區方向傳來可怖的槍聲、人群奔逃嘶叫聲、軍隊對行人吆喝站立聲、不斷的雙方向射擊聲。從店門的縫隙看出去，看到軍隊舉槍對任何起疑的人物，無論大人小孩一律射殺的恐怖鏡頭。我軟躺在門邊，趕快爬進後面臥房，一聲不響的掩臥在被褥中，母親、大哥也躲到後面天井的醬菜倉庫。直到黃昏，我們仍然不停的聽到外面恐怖的槍聲、機關槍聲、抓人的命令聲、喊寃枉的呼救聲，子彈甚至都打到店內，樓房外牆柱子也感到軍隊槍托的碰撞聲。直到深夜，整個市區戒嚴，平常晚上必然聽到的盲人按摩的幽怨吹笛聲、行人聲、馬路卡車聲，一下戛然而止，化爲死城。

第二天，恐怖加劇，街上任何人物移動、任何抗拒，當場射殺。我們聽到附近軍隊衝進巷子、民房，搜捕嫌疑人物。我們偷偷看到馬路上一批批青年在槍尖下押向市區，看到一輛輛軍用卡車載著面露恐懼的青年駛向市區。我們看到馬路邊從昨天躺臥到現在，今天又增多的一具具屍體。我看到比戰爭時期被轟炸、被飛機射殺的場面，更驚怖百倍的鏡頭：射殺一個人就像踩死一隻螞蟻一樣。我們整天都活在極度的恐懼中，不知這些野蠻軍隊，會不會衝進我們店裡搜捕。我看到媽媽從未如此害怕過，只看她不斷唸大悲咒、唸阿彌陀佛。我們最怕大哥發生意外，他是鎮壓軍隊懷疑的對象。此時，任何二十幾歲的台灣人，只要踏出門口，休想活着回來。歷史，原來是用武力來決定，公義，原來要靠武力來審判，顯示人類歷史是殘酷無比的遊戲。

直到第四、五天，公開的恐怖屠殺才漸漸不見，主力軍隊南移，市區從全面戒嚴轉爲局部戒嚴，人們懷着極度恐懼勉強出門辦事，商店局部開門做點買賣。但是搜捕的風聲沒有停止，人們繼續失踪。張氏的朋友中留學日本的簡姓青年被抓，他的母親與媽媽是好朋友，我看到簡姓的母親半夜到我們這裡放聲大哭，她們商量如何救人。幾天後，我聽說他母親以幾十兩黃金買通軍官，九死一生的救回兒子。我所聽聞的失踪台灣人中，只聽到這一個用黃金買回來，其餘的都永遠失踪，只有少部份尋到屍體，旺仔哥哥是少數找到屍體的一個。

局勢轉穩，人們可以出門的第五天，我跑到市場買東西，順便懷着憂念心情，轉入過橋的基隆公園找到奶爸奶母，看看旺仔哥哥平安與否。一進門，便看到夫婦倆紅腫着大眼睛，喊我一聲阿德，拉我進去坐下。奶母哭着說，戒嚴的第二天早晨，旺仔爲了巷口的板車沒有放好，衝出去拉板車時，突然被巷口的軍隊抓走，他們聽到旺仔大叫，他是工人，是拉車的。等奶爸聽到有人喊旺仔被捕而衝出去時，旺仔已被五、六個軍人以槍尖押上附近載滿犯人的卡車，急駛而去。旺仔已經失踪四天。我聽完後，人整個呆住，覺得好像自已被捕一樣，我突然跟奶母一起哭起來，知道兇多吉少。旺仔哥哥是我小心靈敬愛的人物，如今死多生少，叫人心如刀割。奶母說旺仔從二二八那天到被抓，都沒有參加街頭抗議，都忙於跟奶爸搬運貨物，閒時在家裡修理東西。如此無辜青年，現在竟然變成歷史報復的祭品。

正在哭泣中，巷口的鄰居有人跑進來說，基隆火車站前的淺水碼頭，撈起幾百具屍體，很多人跑去認屍。聽到這個消息，奶爸奶母就衝出去，我也追隨在後，善心的鄰人也有跟着去幫尋的。當我們過馬路直抵港濱時，看到如此橫佈的屍體，聞到發出來的屍臭，人人都被眼前展顯的人間悲慘景象，徹底震嚇。若非尋覓親人之情克服恐懼，無人能忍心多看一眼。我們一個屍體一個屍體的尋找，記住奶爸告訴我旺仔哥哥穿什麼衣服，繫什麼腰帶。每一個屍體，都是雙手反綁，手腕之間以鐵線穿透人手骨肉而後纏繞。人們可以想像他們死前的恐怖嘶叫、掙扎、絕望、痛苦。但是再看他們的嘴巴，每一個屍體的口中都塞着一團布，他們死前連叫喊的機會也沒有。屍體臉部，由於浸泡幾天，腫脹、變形、眼球突現，似乎充滿悲憤。尋屍之間，心亂如麻，而尋到屍體的家屬的凄絕哭叫聲，令人更如萬箭穿心，不忍聽聞。最後，終由奶爸從旺仔特殊的皮帶認出自己的兒子，看到他泡水的屍首、痛楚的表情、塞滿布團的扭曲嘴巴、全身佈滿彈痕，大家不禁猝然放聲大哭。但是，我在痛哭中瞥見他的眼球，是所有屍體中我所看過的最詳和與勇敢的一對，我蹲下去靠近他的臉部，熱淚一滴一滴的掉在他的臉上，我哽咽地對他說：「我永遠會記住你，討回你的公道！你要安息，保佑爸爸媽媽！」

當天黃昏之前，運回的旺仔屍體在奶爸顫動的雙手下，以虎頭鉗剪斷貫穿手心的鐵線，躺在他最後睡過的床上，讓他哀慟悲絕、聲聲呼喚他小名的奶母，擦拭掉最後的污垢。在他老母雙手撫柔下，他的臉部似呈較少痛苦，蜂巢式的全身彈痕，除了脖子仍看得到以外，其它都在輓穿的衣服下，不再讓人傷心的看到。他在衆鄰居幫忙、臨時釘成的四片木箱棺木中，草草得到最後安息。

事件過後，我從其他玩伴、擦靴朋友們、舊居的鄰人、張氏職員及其一夥參與事件的無數談話中，發現眞正參與的人反而跑得快、死得少。我親眼目睹的幾個事件參與者，買回生命的買回生命，閃過刼難的閃過刼難，反而犧牲的是自以爲沒事的路人，死的是完全無辜的小市民，喪失生命的是必須在外謀生、必須跑出跑入的勞動工人。我的童年英雄旺仔哥哥，就是歷史不義的巨掌，不分青紅皀白的屠殺下，最血淋淋的獻祭。

旺仔哥哥的悲慘命運、恐怖死亡，使我一生捲入台灣歷史，思考社會正義，追尋台灣人擺脫歷史悲劇的可能性。日後的大學訓練及爆發的道德力量，使我傳自父親的是非分明感、不能容忍不義持續的社會感，使我傳自母親的堅毅意志力，形成無懼強權震懾、威脅、鎮壓的個性。一生秉持吾思其對，雖千萬人吾往矣的強大道德意識及強大歷史動力。

台灣歷史一時激怒形成的巨流所衝潰的自由缺口，終又被更殘忍的歷史力量杜塞、塡平、撲滅。台灣的歷史河道，又向另一方向表面死寂地流往戰後國際勢力掘出的夾縫，河床則埋著歷史屍骨、埋著台灣人民的心酸悲淚、埋著政治黑牢不斷進出的台灣精英的道德屍首，人民力量驅往經濟開發，以遺忘命運殘酷的現實，而走向利益追求。四十年的歷史河床底下，只勝幾道微弱洪流，呼喚人民恢復膽識、找回歷史自我，呼喚勿忘先民大無畏的自由精神，走向民主與獨立。

狂風暴雨之後，目睹殘忍屠殺而膽裂心碎的人民，自此噤若寒蟬。我的周遭除了祕密的私人交談，聽聞何人不幸的遭遇，何家繼續被捕失踪外，一種無名恐怖籠罩着臺灣人社會。我的母親大哥，都禁止、告誡我不許提二二八事件，不准講任何有關人事。一直任職於我家，擔任外務、會計以至經理的張金德兄，他們的一群朋友迅速各奔前程，從未再聞他們敢公開提起往事。金德兄病死於一九七〇年前後，我於一九七五年第一次政治受難出獄後，才得知他的去世。在基隆市義一路居住期間，我們幾達三年共居二樓後房，此人及其一群友人曾親身捲入基隆的抗議歷史漩渦，沒有他第一手的經歷，我無法捕捉到基隆區的片斷歷史，以及全臺傳聞；沒有他，我對事件的感覺將侷限於親眼所見的鏡頭，無法激動心靈、反省歷史，無法驅使我被商業家族文化濃厚薰陶下，重私利、輕公義、帝力與我何哉的許氏一族兩百年心態，而轉向注目歷史社會問題，研究不平；並於二二八事件發生後九年，獨自決定考入臺灣社會視爲危險、叫人疑懼的臺灣大學政治系。

在無言的恐懼中，重新上學。但覺學校裏大陸老師愈來愈多，學校對學生的管理、訓話、民族精神宣傳、大陸抗戰歌曲，教唱得特別兇，包括每天要上校區大樓四樓頂的運動場，唱「義勇軍進行曲」，一邊唱，一邊繞着頂樓做行軍式的前進。不久此曲突然不唱，直到長大後，始知此曲變成中華人民共和國的國歌。

擔任我們的級任老師直至我們畢業的，是剛從師範學校正科班畢業的臺灣老師江寶成先生。這批老師是在青黃不接的朝代更迭中，能以中文擔任小學教育的第一批速成品，但他們的北京語發音、ㄅㄆㄇ訓練，遠遠強過從大陸派來的外省老師。記得歷史、地理大半由大陸老師擔任，但其國語的調調五花八門，又沉重、又難聽。這些外省老師，儒雅者不多，粗俗者衆。這種說法，並非我故意汚蔑，而是一個目睹時代變遷、朝代換班的十歲孩子直覺的比較與反應。我初進日本小學，體會到的日本教員，給我深刻印象的是他們言教身教的一致性，爲人師表的風範禮節，儀態莊重，講話溫柔，循循善誘，而學校整然有序。雖然殖民地教育有其歧視性，軍閥教育有其惡質性、奴化性，及日本人流露的統治優越性，但日本人組織下的教育機器，卻更精緻、更進步、更有力。

同是日人留下的巍峨校舍，相同的校區，我唸他們一年級時，校園整齊美觀、四圍林木葱鬱、校舍四周一無髒亂；等我重回同一硬體設備的校園，換上另一面國旗，校區呈現的是另一種面貌，開始髒亂、林木不修。而校長，更不像日本人給人的威嚴風範。老師大半儀表不整、口齒不清、動作粗俗，斥罵學生像打架。尤其從大陸調來的教師，似乎是來自落後國家動亂社會的人物，完全缺乏儒雅氣質，並且大都彎腰駝背，走路都不像老師。教課、講話，特別令人驚異的是他們流露出與日本人雷同的優越心態，好像歐洲人向非洲土族傳教。講到中國之大、之強、之美，歷史之久、之長、之悠，臺灣眞是他們眼中的蠻荒之地，我們是一蠻族。我們對這些雖然所知不多，沒有異議，但小心靈中感覺得出這些口齒不清的老師，態度傲慢，他們對臺灣之小、臺灣之落伍，語帶輕蔑。我覺得日本人是令人敬畏地輕蔑我們，他們用日本語；現在新來的中國人則是令人不能敬畏地輕蔑我們，他們用北京話。這些中國人不斷告訴我們中國爲世界四強之一，但他們對出現於臺灣的世界文化，卻一無所知，並把他們的無知掩飾在對日本文化遺毒的攻擊與禁止上。

記得我們那時非常喜歡玩棒球，下了課，大家就拿起球棒，當投手的當投手，當捕手的當捕手，擊的擊、跑的跑。這是孩子們極喜愛的運動，但中國老師卻出面干涉、並禁止，認爲這是日本人的運動，不可玩。顯示這批大陸教職員，是到臺灣來做政治清潔隊員的，而非夠格的教育工作者。他們幾代孤陋寡聞，竟連棒球都沒見過，他們也不翻翻運動史的記載，棒球並非日本人的發明，而是他們的偉大盟邦美國人的玩藝兒。他們爲了急於刷洗臺灣人的日本遺毒，不惜糗事一籮筐。使我們小小年齡的臺灣學生覺得，莫非他們是從落後國家派到進步地區的反宣傳員，他們不知己短，僅知自己臉長。

直到畢業，在所有的中國老師中，我只對一位印象不忘，他是最謙虛的一位，最像老師的老師，他在我畢業留言上以毛筆寫下幾句贈言，其中之一是：「知錯能改，善莫大焉」，並說：「你們是國家未來的主人翁，要努力讀書，知錯能改，個人、國家才會進步。我們跟先進文明國家比，太落伍了。」我只有碰到過這麼一個有自知之明，或願在臺灣學生面前自承國家落伍的中國人。他在聊天中，還講到臺灣有很多地方遠比大陸他的故鄉進步，這是我唯一聽到與課堂上歷史地理老師吹牛的相反談法。我的感覺是，這個老師講話眞誠，他希望他的學生要知己知彼，要有自我批評精神。落後並不可恥，只有馬不知臉長，自我掩飾，死不認錯才可恥。

其實不必多說，只要看看寄宿在學校的許多中國老師，不知衛生為何物，即可一葉知秋。我們偶而有事進入他們的房間，看到他們的髒亂，並對他們一邊走路一邊吐痰，或者上課隨便咳嗽、飛箭一吐的生活細節，感到這些中國老師，無法跟日本人比。這種完全缺乏現代教養、毫無資格誇耀自己偉大的人，如何叫我們這些經歷朝代更迭的孩子信服？他們也許以為我們年幼無知，認為口唱民族精神，就可清洗臺灣兒童心靈，但至少我是第一個起疑的臺灣學生。

小學時代中，還能記住的人物是一直擔任我們級任教師的江寶成老師。據他說，我們是他的第一個處女班。畢業幾達四十年，我們仍有往來，畢竟小學時代的人生最純、感情最眞。他在南榮國小一直執鞭至今，是一位堅守教育崗位的戰後第一代臺灣本地老師。對於他，我有一種無名的緬懷、感情的依戀，尊之為小學啓蒙的教育者。歲月離得愈遠，感覺愈親切，愈想回去與他談談小時軼聞。

他的太太活潑而美麗，也是我們當時的音樂老師。我們在小學時代中，看着他們戀愛，從三角之爭而發展成愛侶、從愛侶而變夫婦的歷程。從某方面看，不僅僅教我們學業，也示範我們男女如何相愛及追求。當時年齡雖小，但心中對男女之事已懂不少。尤其是我，幼年到處流浪，生活於人與人之間難於遮掩的貧民地帶，很小就知道男女的性愛，知道生命從何方式達成。當我第一次聽到、看到時，其聲令我吃驚，其男女相擁之姿令我迷惑，並覺難爲情。就在奶母的無數遷徙中，就從同屋而居的工人家庭、礦工家庭、以及流浪在外時友伴的傳說和地下教育中，我知道這些神祕戲劇的生命含意，但直到小學時代看到老師的眞正兩情相悅、眉目傳情、互相體貼時，我才慢慢了解男女除了肉體結合外，他們精神上也可顯示一種順引與美妙。

我從十二歲開始即從體內冉冉湧出一股生命衝力，對異性日感興趣。當我們讀六年級時，男生開始喜歡跑進女生教室捉弄她們，開始喜歡看漂亮的女生。小學時代，我們這一班中最大膽、最調皮的孩子王就是謝兆楨，謝氏比我們大二、三歲，我們看到他搞起寫情書、尾隨愛班漂亮女生回家的動作，覺得又新奇、又難爲情。

但是，我覺得江老師與葉老師的戀愛，給我們很好的教育。因爲，我們那個時代尚是男女風氣非常保守的時代，男孩子與女孩子絕不敢大膽的在街上手牽手走在一起，男女之間充滿神祕與鴻溝，媒妁之言依然盛行，自由戀愛只是一句新名詞，而不知眞正自由戀愛是什麼東西。所以，江、葉老師的戀愛史，對我們而言，是邁向未來人生的一種身教。他倆或許不知道這也會影響他們的學生，且是有價值的影響。在過去，女人社會地位低微，男孩子自小學就輕視女性，我們在口號上開始喊自由戀愛，但實際上並未到達那種社會水準。在江老師身上，我們看到如何愛女性，並如何尊重女性的良好例子。

江老師雖然使我難忘，但對我的思想並無啓蒙。雖然，他是二二八歷史恐怖震懾下的經歷者，但我從未由他口中或暗示中，感觸到時代悲劇的信息。他只是臺灣人沉默一代的無數範例之一，他不與命運對壘，不與無可奈何碰觸，對於歷史，冷淡之、遺忘之、閃避之。而做爲新朝代的教育工作者，他必然更忌諱與學生觸及危及生命職業的話題。

不過，如拆去兒童對舊日師長的純眞緬懷，而眞實回憶當時的讀書狀況，我認爲小學一段歲月是折磨、壓迫、焦慮的歷程。江老師有其優點，但其缺點，卻讓我們久久難以忘懷。他是極認眞的教學者，但初出師範執教鞭，似乎深染日本人修理學生的嚴厲作風，爲了教出大家好成績，他不但白天教，連夜裡也逼迫大家補習。我們一有錯誤，作業一趕不上，或一有遲到，巴掌馬上當場給你。我吃過的巴掌滋味是，打下去時，人會立感金星四迸。老師出力奇重無比，他不但以巴掌，也以竹條、罰跪、長時罰站、厲聲斥責等方式教育學生，這對小心靈造成一定的傷害，使讀書變成恐懼的產物。我覺得小學生活非常緊張、痛苦、刻板，必與江老師初期的教學作風有關。畢業時，我雖以第四名成績離開南榮國小，但我自認並不傑出，對讀書極感勉強。由於幼時我愛自由，喜流浪，獨立性強，所以非常厭惡強迫。尤其幼時對日本警察，對日本小學威權，自始卽深感不悅，所以對江老師的嚴厲教學、動輒體罰，同樣產生深刻的反抗心理。

進入初中以後，我即厭倦讀書，成績低落，顯然跟小學經驗有關。我仍然認爲，能眞正了解個別兒童心理，而循循善誘，激其好奇心，導以獎賞，是兒童發揮潛力的最大力量。這點從我國小三年級時，大哥問我學業，並說了一句我如拿到前五名，進而考上中學，就送我一輛脚踏車爲懸賞所產生的巨大衝力，證明激勵絕對贏過壓迫。這種健康刺激，誘出兒童的想像力，企圖贏到心中渴愛的獎品，達成親人的期望，使我五年級上學期仍然是二十幾名的中等成績，逐漸超前，直至畢業時追到第四名。那輛小脚踏車雖然沒有拿到，但心理上的衝激，使我一生難忘。那個時代，一輛脚踏車等於今天大家心中渴望一輛汽車的價値，那個時代，仍然是赤脚上學的時代，一年只有一套過年新衣，大哥雖然畫了一個大空餠給我，我卻把空餠當美麗的目標，證明獎勵勝過逼迫。

厭惡權威、抗拒壓迫，是我小學時代揮之不去的心理。我老幻想何時不必唸書，回到幼時自由的天地，與無盡的玩伴，不斷結交新的朋友，共遊海濱，到處流浪。這種經驗，畢竟一去不返，沉重的學業就像那個時代臺灣馬路上踴踴而行的赤牛拖着的沉重貨物，你不前進，老師的牛鞭就會揮下，家裡的人就會以木棍往你小屁股上刺一下。抵抗這種壓力，既然無望，只好與同學做集體搗蛋，從破壞江老師的夜間補習中，獲得心理上短暫的滿足。領導這種破壞的，便是班上的孩子王謝兆楨。

小學同學中給我印象最深刻的人物，因此是謝兆楨。他書是唸不好，因而挨打機會比我多，但他點子多，鬼主意每天都有。他不僅捉弄看不順眼的男女同學，老師他也設法捉弄。尤其爲了對抗江老師，明知葉老師是江老師的愛侶，便常從她下手，有時讓葉老師裙子後面掛東西，有時讓她風琴彈不起來，有時讓她找不到上課粉筆，甚至東西不見，如此讓她急死。甚至有一次，他設法以沙石掩蓋住校舍門前的坑洞，誘使葉老師跌個大月餅。這還不夠，找小蛇、捉小蟲，放到葉老師擔任的女生班，讓她們師生擠成一團，驚叫飛奔，上不成課。

謝氏人長得矯捷，極善於打架，打架時兼能心戰及智取。我看過的對手中，沒有幾人是他的敵手。所謂對手，是指全校學生，甚至，我看過他對抗它校學生，衝突起來，也很少失敗。他的頭長得特別大，眼神猛鋭、有威力，講話舉止，很有臺灣社會老大的架式與口吻，頗具領袖之風。所以，大家在後面叫他大頭仔。

這人所以令我佩服，部份是由於在他身上發現自己沒有、而意欲擁有的特質。

從另一角度看，由於我當時無力對抗環境壓力，無力抒發幼年潛存於心底的社會不平感，故而移情於一個敢挑戰老師威權的象徵人物。雖非正式抗爭，至少也能智取的人物，是我欽佩謝氏的少年心理。雖然，小學時代歲月中，他的惡質調皮大於良質搗蛋，欺凌別人大於替人打抱不平，但在幾次我們一起的遭遇中，他也表現出他的見義勇爲。我們有一次在回家路上碰到三個小混混圍攻搶刼小學生，我喊了一句眞可惡，他即迅速丟掉書包，把我拉進去打三個惡少。我不過抵擋一個，他卻三兩下摔倒其中之一，回拳迅速打倒另外一個，並幫我打倒第三個，令我久久難忘這次善舉。

我無疑從此人的智勇中，學到對抗精神，學到臨危不亂，學到無畏的一面。我的個性本不善打，小時甚至被日人的威脅嚇倒，被二二八嚇呆，被大哥打怕，被江老師的巴掌鎮住，被左鄰右舍及學校強悍的孩子凌辱，因此，一遇到對抗，膽戰心驚，老感自己不行。但在畢業前，從與謝氏日漸增長的友誼中，感染抵抗氣質，磨練勇氣，漸漸覺得堅靱意志的重要。並從謝氏面對強大對手圍攻而不亂，面對更大敵手對抗時，由於顯示更無懼、更勇敢、更無視犧牲，而獲得意料之外的勝利中，體驗出人與人的強弱，不一定在外表的胳臂大小，而在意志。十五年後我外派金門爲六十八師第三營第七連的第三排排長，曾面臨一次生死危機，這一氣質使我轉危為安，應謝謝這位小學同學傳遞給我臺灣人的殊異勇氣。

謝氏死於一九八五年，我是少數赴喪的小學好友。可惜此人一生風評不佳，一九六五年曾在我經營的公司任職一、兩年，個性不穩，成人後只停留在小時的小智小勇，僅會投機取巧，而無大將之風。離職後向我要求，我曾私下助其一筆資金創業，不意向我誇耀及引我參觀的「業務」，竟是擁有三十名應召女郎的謝公館，使我大為尷尬，極度失望。一九七五年我出獄後至其死亡的十年間，他不斷到我公司找我，需索金錢，胡言亂語，後來無意中讓我發現，他竟是國民黨情治單位的外圍線民，以同學之便，刺探我的行動，兼事敲詐。我大怒之餘，對他下我一生中最大的馬威，怒斥他一、兩小時，轟出大門。他雖極力否認，表示絕無可能出賣有恩於他的老同學，並不斷半夜三更打電話向我賠不是，但終其死亡，我未再讓他踏進我的門檻一步。

一九四九年初，我家事業漸有起色，並從南榮路口租借的店面，遷到購有五年居住權的仁四路平房，半樓為住家，樓下為生意場地。這一年，臺灣開始湧入大陸難民，敗退來臺的國民黨軍隊，無處可住，基隆全市的市區店門口，都變成敗軍的臨時軍營房。我家門口躺滿軍人，只賸一條通道，其餘佈滿軍毯臥鋪、行軍裝備、步槍刺刀、一箱箱彈藥，二十幾個軍人擠睡在門口騎樓的下面。馬路邊的水溝，變成每天起火燒飯的地方。不僅我們一家，左鄰右舍，只要有騎樓的地方，都進佔。

我第一次看到與二二八登陸基隆屠殺的同類大量中國軍人，出現在我們左右，這次且與我們住在一起。我第一個反應是恐懼，但看到他們極力表示善意，而且發現他們非常沮喪、憂悒與不安，並不時缺東缺西、缺水缺火、求我們方便，這時我才慢慢知道大陸戰敗，他們是撤退來台的部隊。看到他們的狼狽狀，顯與戰後接收台灣的國民黨軍及登陸基隆喊殺喊砍的二二八行刑隊，是有不同。他們裝備似乎較整齊，紀律也較好，但是給人一種可憐感覺，眞是敗陣之軍，不足言勇。雖然大都講話粗魯，動作舉止，令人極不習慣，但駐紮的軍官管束很嚴，其中一、兩位上尉，從個別而言，是有教養的。大家住久以後，我聽到他們含蓄的提起家鄉親人、戰場失利、共匪可怕等等簡單話語，聽他們說還要再打回去。他們可沒料到，這個島嶼竟是他們一生老死之地，他們永遠不可能再打回去。

但是，駐紮在學校的軍隊，則是非常髒亂的一支。他們佔滿四分之一操場，部份更進駐校區一樓教室，學校操場到處是他們的汚穢物，東西亂丟，學校排水溝塞滿他們的殘菜賸飯。做爲教育之地的學校，這是極大的諷刺，這種軍隊，沒有人會尊敬。我記得就在同一個四分之一操場上，曾住過將撤退回國的日本人，他們於一九四六年末在此集中待遣。其時日人非常狼狽，每人帶着行李，男人婦女小孩擠成一堆，他們是日本百姓及解除戎裝的軍人。可是，日本人整然有序，不亂就是不亂，幾個月的可憐集中，乾淨、整潔，低頭默默離開。反觀一支正規中國軍隊，竟在學校撒野，他們會敗，必有道理。

鑑於大陸局勢惡化，大家明顯感覺不安與緊張。大陸人不斷的由基隆上岸，台幣不斷貶值，物價又騰貴，大家覺得生活日益艱困。湧入台灣的無數新難民，找到空地就隨地搭建違章建築，我們已漸感到社會比以前混雜。原住民的居住環境，原就尚未從戰爭破壞中復建，新湧到的避難人，更增環境的混亂，台灣人的違建，大陸人的違建，公共衛生幾乎蕩然不存。我從戰前的基隆，看到戰後四年的基隆，它變得幾乎面目全非。盟軍轟炸後留下的坑坑洞洞殘垣斷壁，尚未除去，社會又新增雜亂、貧困。

以前在街上、學校、機關，看到的是少數日本統治者，有組織且生活條件一切優於我們的日本移民，他們分佈於基隆市區的特殊日本人區域。但現在，看到的是一批批兵荒馬亂，整個素質遠低於日本的中國統治者，佔據並執行日人的統治地位。但中國人形象猥瑣、效率低落、又窮又酸，統治者的態度由日本人的殖民高傲與強悍，變成中國人的陰沉、苛細、伸手要錢、擅於繞圈子打太極拳。

由於家裡部份業務改營船舶供應品生意，必須每天進出海關與官員打交道，而時時傳出了與中國官員打交道時特有的麻煩、陋規、苛擾現象，令天才知道如何爲此現象命名，它應稱爲：「中國貪污文化」。長大後我親身介入無數商業活動，非與這部統治機器的無數經濟控制齒輪接觸不可，始知中國人的貪污藝術，博大精深，許多高階層的索賄手段，完全不是低級稅捐人員、管區警察的原始紅包形式可比。如果有人愚蠢到以直接方式送錢送賄，你還可能吃不完兜着走，汚辱其人格，傷其「良心」、「道德」。中國人這套精緻的貪汚文化，把台灣商人鍛鍊成舉世無匹的巴結者、手腕高明的送賄者。他們精於取悅貪得無厭的各層權力關卡，賄賂就像給機器潤滑一樣。台灣人以血汗掙得的錢，潤滑國民黨統治集團的大小螺絲，而使台灣的經濟引擎得以順利運轉，開抵四十年後國民黨自譽「領導有方」的經濟奇蹟。

在這個統治集團言過其實的自我吹噓中，忘記坦白承認他們的「貪污文化」，亦有偉大的貢獻。台灣人如不對苛擾送紅包，統治的重要螺絲，休想自動爲你轉動。不僅它不盡其轉動的統治責任，更會置你於死地。這種歷史的公正批評，任何經歷台灣戰後四十年經濟發展的艱辛建設者、企業家、經營者，均能百分之百證實與體會我的評語。國民黨今天的宣傳化粧師，欲誤導台灣人民四十年艱辛成果爲其統治成功的功勞，要大家去看「讓我們走過歷史」，他們忘記應讓台灣新生的一代去看看成功的後面是「貪汚」所貢獻的歷史滑行，是「搾取」與「剝削」的偉大成就。歷史的無情諷刺是：「貪汚文化」的受益人，反被宣傳爲被搾取者台灣勞苦人民的恩人。

一九四九年國民黨在大陸的統治完全崩潰，我們看到從基隆港不斷上岸的大陸敗退軍民，經過我們的身邊流入台灣各地。我少時印象中抵岸的大陸人，眞如喪家之犬，全部愁容滿面；初到異地，舉止迷惑，就像我們今天報上看到的世界各地難民形象。就在那年，開始聽到反共政治宣傳的高倍數傳佈，市區的重要地點、空牆上，到處出現政治標語；反攻大陸口號於焉誕生，由學校、由廣播、由報紙、由街坊，日漸增強。破獲匪諜、槍斃匪諜的消息，尤其加強報導。防諜、抓諜開始風聲鶴唳，彷彿人人身邊都是匪諜。

政治瘋狂動員的第一批受害人是學生，尤其是小學生。我們除了準備升學考試，課業沉重以外，經常動不動就操練遊行，全班趕唱政治歌曲，練習呼口號，聲音不大，不准休息，口號不夠響亮，不准停止。當時基隆市長是謝貫一，每次慶典要我們久久站在基隆市政府的馬路廣場。所謂「廣場」，包括義一路馬路與市府對面台灣銀行及土地銀行的前庭。在炎陽下，一站數小時，或在基隆有名的霪雨中立正恭聆臭長的致詞；然後在老師的指揮下，強迫遊行基隆市區幾個鐘頭，沿路還得聽老師命令呼口號，不少可憐的同學都喊到喉嚨沙啞，走到臉色發青，我都沙啞幾次，幾乎昏厥。而學校老師最不人道的是，遊行完以後竟不在市區就地解散，還趕着我們這支精疲力竭的小隊伍，走回三、四公里外，遠離市區中心的南榮國校。大家在回家的路上，都不禁以大人的台灣罵，「幹」個不停，可見我們的深惡痛絕。就在這一年，大家聽到蔣介石奔抵台灣，大陸已整個爲共產黨征服，我們雖不知其詳，但完全感覺得出局勢的緊張、社會氣壓的低沉，顯示出山雨欲來風滿樓的氣氛。

一九五〇年我畢業於南榮國小。能夠畢業，似乎是我心底永不可能完成，而終於完成的夢。畢業典禮那天，唱着驪歌，想到從今後必須離開這裡的師長同學，離開這裡的一草一木，隨着歌聲我也不期然的潸然淚下。看到同屆畢業的女生，隔着我們男生隊伍，哭得更悽惻、更傷心，我那一刻猛然的感到畢業之夢已經來臨，人生的路子，又可轉轍。雖然未來如何並不清楚，但脫離小學夢魘般的壓迫歲月，脫離我心底極爲厭惡的高壓小學教育陰影，我有一種來日我才明白的出獄感。我是天生的自由者、流浪的愛好者、威權的反抗者，不僅我自己珍惜這種價值，我也爲別人的壓迫，感同身受。這種心理成長，形成我未來的堅固性格之一。

江老師依照計畫，把他一手調教出的第一批產品——我們這一屆準備投考的同學，帶去參加中學聯考，我們的第一志願是省立基隆中學。考完後，又趕去台北參加各種考試，包括私立學校的考試，以免一校不中，後退無路。大致說來，由於家境有所不逮、放棄升學的不說，準備升學的人，成績中上的佔多數，尤其十名之內的同學，江老師認爲考進基中的機率很大。我以第四名畢業，自己也幻想可以進入。但是一上戰場，我發現自己慌忙中頻頻出錯，知道大事不妙。放榜後，我名落基隆中學孫山之外，正當我又挫折又失望之時，卻收到台北私立開南商工的考中通知。說眞的，以當時各校的優劣評價，一級學校是指台北建中、成中、附中，其次是基隆中學，這些均爲省立，是大家爭逐進入的對象。至於開南，既是私立，又屬職業學校，當然不是將來有志進軍大學的人願意屈讀的目標。所以，社會一般看法，都把私立職業學校貶爲公立學校淘汰後的糟粕學校。知道這種流行看法，無疑深深刺傷我的自尊。尤其令我尷尬的是，畢業時排名在我之後的幾位同學，竟都考進基中，使我眞正感到無地自容。這一比較，使我內心極感屈辱，忽然從畢業時的自信高峯，掉進自卑的泥沼。這一錯覺，扭曲了我進入青春期的個性成長，滯緩及打亂了我少年期的平衡。開南的這三年，變成我青少年時期最掙扎的一個階段。我那時覺得，既然命運如此，就唸商吧，我們家族不都是商人嗎？

衝突的少年歲月

進入開南的那一年秋天，我們家遷到了基隆市義一路八十四號。這次遷徙，象徵大哥領導下的家族事業，走向穩固，這是父親死後的家族史上擁有自己樓房的第一次。母親與大哥認爲能以合理價錢，幸運的買到一棟大馬路邊住家兼店面的好樓房，值得慶幸。他們同時看到我考上了台北的開南，也爲我高興。雖然，母親與大哥並不了解我心裡不平衡，而在全家喜氣洋溢的氣氛中，我們忘了外面低沉局勢的衝擊。

這一年的中秋夜，在拜完父親的忌日後，母子三人坐在新購樓房二樓後廂的涼台欄杆邊，吃著月餅，沉緬於家族往事，聽母親追憶日本時代父親的軼聞，述說新竹許氏親族的冷酷，這些回憶，常常燃起我們的奮鬥意志。到了深夜，母親走後，大哥留我講話，他的眼神與態度，使我首次感覺他是以長大的我與我談話。他說，以前我們是新竹許家最被人瞧不起的一支，父親因而離鄉背井，病死異鄉，我們承繼父親之辱，兄弟二人難道能不相依爲命，奮鬥打出我們的天下？現在母親與大哥努力做生意，支持你唸書，現在你也讀商了，應該好好的唸，讓我們有一天兄弟同心協力，創造了不起的事業，以慰父親在天之靈。大哥的這一席話，使我潸然淚下，並使我一生念念不忘爲家族盡一份責任。我衷心承諾，直信守至一九七九年母親去世，才解除少年時代的誓約。

迷惑中，我在心底告訴自己，就做商人吧！

而且，自己的能力，不也只能考上商業學校嗎？

一九五〇年九月開始，我每天五點起床，帶著母親給我做的簡單便當，步行十五分鐘趕到基隆火車站，常在晨霧籠罩及霪雨霏霏中，搭乘第一班開往台北的火車，前往開南唸書，我決心當商人。

開南商工位於濟南路與林森南路口，越過林森南路，便是台大法學院的操場，斜對面就是成功中學。正門則面對一棟陰森建築，佈滿鐵絲窗戶，只見臨馬路的三邊建有崗哨，這個不祥的醜陋建築，就是警備總部的軍法處及軍法看守所。開南周圍的這個三角地帶，不意是我生命中的三角習題。我怎麼猜也猜不到七年後我會進入隔壁的台大法學院唸書，成爲最激進的學生；我更料不到，十八年後我會與對面這棟鬼影幢幢的黑機關做政治鬥爭，成爲政治犯。

一進開南，我才發現這是一間管理怪異的學校，管理學生，彷彿管理軍人，對付學生，好像對付犯人。或許，開南自認所收學生大概都是次級品、流氓、太保之類，所以管教特別嚴苛。但是，事後回想，更不可告人的因素是政治力的開始介入。依我讀開南的經驗，同學之中固然不乏調皮搗蛋的，但並不如何惡質，學生大都善良溫馴，只是功課素質一般略遜於省立中學，學生心態較自卑而已。

開南的前身是日本時代的台北商職，出過不少商界傑出人物，尤其銀行界的中級幹部，開南校友可說佈滿台灣商界。開南的怪異管理，顯然是危疑震盪的統治勢力在敗退台灣後，企圖控制台灣教育機構的手段之一。制服是軍事式的制服，帽子是軍事式的帽子，胸前學號姓名，也是軍事式的佈置。後來發現，其他學校也是一樣。但是，比較其他學校學生的待遇，開南的內部管理，無疑更無人性、更苛刻。對我這個自小厭惡威權的人，實感遇到剋星。我不久就感到，我好像從壓迫性的「小學火鼎」，跳入鎭壓性的「中學油鍋」。

學生一早進入學校，到下午五點放學爲止，禁出校門一步，連害病都要留在校內。開南的朝會，特別煩瑣，訓導長及教官的廢話，特別臭長，幾達集體淫虐境界。當時有名的訓導長姓洪，鷹眼鈎鼻，好像一頭飢餓的老虎，一天不吃幾個學生，不過癮。他規定如麻、禁令如毛，每次從訓導處出巡，無論是突檢學生，或暗訪教室，都要痛斥及出手摔打幾個學生。我們私下稱之爲「史大林」，因爲史大林是當時政治宣傳的最大魔頭，「自由」的敵人。反之，開南的校長陳友諒，卻是一個儒雅之士，演講訓話雖不高明，但不囉唆，尚有循循善導之風，畧爲乾涸死殭的環境，灑幾滴雨露。

開南設有三科：土木、機械、商業。商科學生最多，而商科最重視的是珠算與簿記。依我經驗，商科初中部的教師，也是這種專業教師較具水準，其他均是鴉鴉烏。初中部的課程，英、數、國文、歷史、地理、商業概論，甚至美術勞作及生理衛生都有，依這些課程訓練出來的學生，大概在外只能充擔小店員。但是，觀察實際教學，老師的一般素質、教學成效均低，很多老師濫芋充數，上課照本宣科，毫無敬業精神。大都一下課，頭一甩就走了，能讓學生多親近、多請益的不多。此外，台灣教育方式呆板，課程分佈形式多於實際，對於受教成效的有無，置之不理。大家只求考試通過，甚至搞到老師與學生都下不了台時，彼此作弊並放水，由老師告訴學生試題答案，以達及格的也有。我在開南學三年初中英文，畢業時竟然不懂發音，不能講一句，只知二十六個字母，是這種荒唐教學的例證。依理講，英文是我的第五種語言，只有更輕易，沒有更難的道理，但是我的英文底子卻栽在這間學校的手裡。同樣三年，我在延平補校時代，單憑高度自習及空中廣播的幫助，即超過一般高中生，並可閱讀英文原書，使我大學聯考的成績，高達八十五分以上。

敍述開南片斷，有助於我分析自己這段受教階段廣泛受挫的部份因素，而非全部。開南給我的傷害，不僅全面使我視學校課程爲枯燥無味、一無興趣，並因崩潰的成績引致崩潰的信心。開南給我的傷害，更根本的因素是那種非人性的斯巴達校風，它是枯死學生心靈的環境。

這間學校的另一特色，是參加政治遊行特別賣勁。開南的三年，常常操兵演練各種大小慶典，非常傷元氣。遊行慶典之前，起碼一個禮拜不得安寧，而且不少服裝配件，還得要求學生自掏腰包。台灣統治集團善於犧牲學生，製造總統府廣場的擁護鏡頭，原來是蠻便宜的。我第一次看到蔣介石，就是在被迫參加的雙十國慶及總統復職典禮上。回憶我們全身制服，每次必須呆若木雞的站立三、四小時，恭聆大梟雄的空洞講話，還聲嘶力竭的高呼萬歲、萬歲、萬萬歲，眞是吃力、疲勞、厭倦。第一次看到蔣介石時，我們的隊伍剛好靠近閱兵台的前方，所以特別清楚。起先由於受課本、報紙、學校的偉大宣傳影響，心中尚有幾分敬畏，但是當我第一次聽他演講，看他出場，對他喊萬歲以後，心中直覺的感到不高興。這一人物就是我幼時看過的日本主人嘴臉，其威臨萬民的架勢，孤冷如大理石；每次演講，不僅我們聽不懂他的口音，就算拿著文告對照，除了殺伐、斥罵共產頭目爲匪外，便是「一年準備、兩年反攻、三年掃蕩、五年成功」的空頭支票。初中時我每次痛苦地從大典禮折磨回來以後，一直不解爲什麼要動員那麼龐大的人群，在那邊做集體歇斯底里式的政治狂呼，喊萬歲、搞遊行。這些直覺式的迷惑、反感，不僅我具有，凡參加的開南同學，無不於結束後埋怨不停，並在教官背後，「幹」它幾下。這種秀的偉大作用，當然不是初中生可以明白，必待我到大學研究政治，了解群衆運動的本質、手段、心理操縱後，才能理解。

在開南唸到二、三年級的時候，學校開始雷厲的推行國語運動，在校內如被抓到講一句台語，便挨斥罵、記過、處罰。我雖然什麼功課都差，但語言卻不賴，自信國語刮刮叫，腔圓音正，可以捲北京的舌頭音。有一天降旗典禮完後，我拿著書包跑向校門，追趕一位忘記自己東西的同學，以爲放學無所謂，脫口以台語喊話時，適被經過門口的教官聽到，我立刻被叫去訓導處，寫下班級學號姓名，當場被摑了兩個巴掌，代替記過。這兩個巴掌打得我金星亂迸，非常不服的瞪著教官抗議：旣已放學，豈有違規？他看我不服，竟再補我一掌，說不許講方言就是不許講方言，沒有放學不放學，脚在校內就是違規。這三掌，只因放學時說了一句母話，極度刺傷我少年的心靈。這天回家的火車上，我又慢慢回憶起日本時代的小學經驗，清楚的記得一個高年級生在校內講台灣話而被日本老師摑一巴掌的鏡頭，今天我卻被中國教官打了三下。我第一次直覺的反問幾個問題，台灣話如此低劣嗎？蔣介石講的是國語嗎？爲什麼台灣話不是國語？開南的師生百分之九十五是台灣人，講自己的話反而要挨打？日本人與中國人，都不高興我們講自己的語言，是什麼道理？這個大問題，當然也不是一個受辱的初中學生簡單的小腦筋可以回答，可是，卻強有力的暗示，我們是被壓迫的族群。這三個巴掌，激使我終生關切台灣的語言，捍衛它、研究它，並企圖爲一個沒有字母的民族，創造字母。

一九八七年六月，「台灣文化促進會」採納並發佈我的設計，爲台語文字化找到歷史性的可行方案。這套歷經二十年摸索發展的台語字母系統，以獨特的方式精良的表記台語的「音」「調」二種元素，可輕易拚成方塊的漢字形式，以解決台語之中無數有音無字、一字數音的讀白困難，並可表記合音字、擬聲字、新音字，也可輕易拚出衆多的台語外來語，而與漢字混合寫出台灣話，類似日語的漢和混寫系統。這套字母系統，更可輕易拆開，以直式書寫、橫式書寫，注出漢字的台語唸法，擔負類似ㄅㄆㄇ的功能。這種既可橫寫、又可直寫，進入電腦且能組成漢式方塊字的拚音文字，或許是世界文字系統中絕無僅有的一種，而爲無比困難的台語文字化問題，從事歷史性的技術突破。不久以後，依這套字母系統編纂的台語大字典、外來語字典，依這套字母注音的唐詩宋詞、古文漢語，將會出現，並正式揭開台灣文化獨立運動，促使台灣文學家能以母語寫出文學。

開南的學生時代，是我成長過程的第一個衝突時代。我既不適應學校的教育方式，但又無力逃避，每天坐著火車上學，好像到監獄受刑。開南的三年，我的成績從未進入全班的前三十名。記得擔任我們三年導師的似是林文泉，我不能確定這個導師的名字我是否記錯，多少證明這個衝突時期，我對開南師長的疏離。我對林老師，只記得他是三十歲上下，面貌清削，講話帶娘娘腔的中國人。他喜歡跟他喜歡的學生攀談，記得他最喜歡的是本班的美男子葉國柱，我與他從不來電。我既非一個好學生，也不認爲他是一個好的教育工作者，我記不得他講過一句讓我心靈激動的話。在那個大陸人跑到台灣的逃命時代，多少人是混飯吃的，多少人是眞正的教育者，很令人懷疑。他擔任我們導師，不明白他導我們什麼，我以爲他的角色更像獄中的獄卒，他是一個講話略帶尖酸的人，我想他不記得我，正像我不大記得他一樣。

由於我極端厭惡學校的一切，而又無力逃避，我遂在精神與心靈上尋找童年式的自由、童年式的流浪。我開始捨棄學校的課本而讀自己喜歡的東西，凡學校禁止的，我就喜歡看。於是與同學利用中午休息，躲在學校牆底下的大樹，刺激的看黃色小說。我的快樂時光是在回家的火車上，利用一個鐘頭讀我的世界文學、中國文學。閱讀之多、之快，連我自己都吃驚，不僅文學我唸的津津有味，我幾乎什麼書都看，天文、地理、歷史、哲學、政治、思想、傳記，不懂也看。只要不是學校八股的，我都感興趣。我把家裡給我的零用錢，都花在買書，並經常在回家的路上繞到基隆愛三路的一家書局，站著瀏覽書架上的書本與雜誌。這種反學校教育的衝動，使我感覺自由，並使我在不知不覺中，成爲常識最豐富的開南學生。表面看，我是班上不起眼的人，成績平平；但反過來看，我的廣泛常識使我連老師都看扁，何況一般同學。因此，我是一個沈默多、而偶然出驚人之語的學生，個性怪異，在校總是悶悶不樂。

我知道自己的內心充滿衝突，不僅內心衝突，身心更衝突。我進入青春期的體內，只覺每一天都在火山爆炸。我不知道別人如何，但我自己卻感極難對付自己，這種生理現象難以啓口，也沒有人能給你答案。雖然我知道不少，但知道是一回事，如何平衡自己是一回事。那個時代，並沒有今天的年輕人舞會、MTV雅座，沒有男女的正式社交，觀念保守、規範虛僞，使男女交往變成羞恥。這種壓抑的社會，也使我產生反彈。課外的書唸得愈多，對現實的秩序愈覺得荒謬；愈覺荒謬，愈想撕破它的禁忌。那個時代，男孩子與女孩子只要在大街上對談一下，都會引人側目。火車上的男女學生，即使相熟，也很少敢坐在一起，這眞是一個人騙人、人壓人的社會。不過又能奈何？無可奈何，我又返回童年式的浪漫追求，起先幻想自由，而後卻因機緣，突破社會忌諱，陷入一場畸異的初戀。

一九五二年夏天，我認識了美麗的「哈路」。

是初二的夏天，我習慣在暑假中幫助家裡做生意，有時送貨，踩著那個時代發明的三輪貨車，送氧氣鋼瓶到基隆的各地客戶，遠至和平島；有時協助登帳，跑到台肥基隆一廠的氧氣生產工廠，洗鋼瓶、打鋼字、寫店號。事畢，最大的樂趣是跑到基隆海水浴場游泳。我從小就會、而且擅游，這時，我已能一口氣游過基隆港，再從對岸紅燈塔折回，往返兩、三千公尺，旣冒險，又刺激。足見這時我發育之好、體力之強。那時金德兄常跟我一起去游泳，我們二人幾乎朝夕相處，晚上同住二樓後廂。金德兄那時已升到業務經理，但同處一室，無所不談，兩個大小男人，除了內心祕密，沒有祕密，他仍獨身，偶而會把女朋友偷偷帶回來。爲了怕母親發現，我幫忙關起後廂的門，這層義舉，使他非常感激，因此，我問他有關男女的事情，他會一五一十的告訴我，談述他的經驗，有次甚至讓我半夜過去臨床了解神祕的過程，因爲我們只隔著一層日本式紙門。但我對他帶回的輕浮女友、程度甚低的對象，不具好感，因此並未同喝一鍋湯。

這天，我們一起去游泳。那是一個美麗的黃昏，基隆的夏日黃昏，通常不到七點，太陽是不會西沉的，因此，四、五點游泳是最涼爽的時刻。我看到基隆港內波平浪靜，非常靜謐，仍有數百人散佈在海灘與淺水地方戲水。一般而言，水愈深，人愈少。我習慣游出人多的淺水處，往跳水架游去。這天我就一下游到跳水架的紅線區，但離跳水架五十公尺的地方，突然左邊有人呼救，而且是一個女人的緊急求救聲，我側頭一看，發現一個女的載浮載沉，於是急游過去，立刻發現是水中游泳常見的抽筋。我很快抓住她的右臂，穩住她的浮力，讓她不能動彈的腿部不因亂動而痛苦，並能依靠我的力量游到木架。快到木架，金德兄也趕到幫忙。這時，附近游客很少，我如果不恰恰游到那個地方，這位女士，無論她如何擅游，都會遭遇生命危險。我們到了跳水塔的木架，她抓住大木頭，才脫離了驚恐。我定睛一看，原來是一個二十多歲的少女，初看，覺得很動人。

因爲這一救，我們遂變成朋友。她叫「哈路」，「哈路」就是「春子」的日語小名。「哈路」常說，沒有「托固」，她那一天一定要去餵鯊魚的。「托固」是我日語的「德」字發音。「哈路」是一個天生的美麗女人，二十四、五歲，她是一個活潑、口齒伶俐、善體人意，而且深具教養的女人，母親死於盟軍轟炸，父親死於恐怖的二二八，只賸她與弟妹三人，由她一手扶養。她能讀到日本中學，顯示她原來的家境，並不普通。日本時代，一個女孩子能唸到中學，萬不得其一。「哈路」對父親的死，尤其悲痛，他們是台北人，父親在二二八抗議中，被軍警的鎮壓機槍射中而亡。因爲父親是日本學校的老師，曾留學日本，具有高教育背景，因此「哈路」的日語，幾與日本人一樣婉轉優美。父親慘死後，「哈路」帶着弟妹，搬到基隆海水浴場的半山腰，狠下心以酒女生涯養活弟妹。她已忘記委屈，只求生存，她的心是辛酸而寂寞的，她正賣出一切、換取生存。由於她的出色美貌，在台北酒家是有名的，因此很輕易就使生活改善，但她在風塵中始終保持冷靜，賺了一陣就躲回基隆的家裡，避免歡場糾纏。因此，有時間就自己孤單的到家裡附近的海水浴場游泳。

不知何故，認識以後，她一直叫我上她家遊玩，她對我早熟的腦筋、奇怪的思想，很注意。她把我當弟弟看待，老用姊姊的口氣，開我的玩笑、吃我的豆腐。她問我很多事情，唸什麼學校、未來希望、家裡狀況。我表示我決心做商人，她說，你這樣笨笨傻傻，講話呑呑吐吐的男人，那有商人靈活的舌頭？商人而不懂女人，就像海軍不會游泳一樣，那天一定要栽在女人手裡。她說，爲使你成功，姊姊恐怕要給你調教調教。她這種爽朗的個性、能言善道的戲言，擊破我掙扎中的少男心，很快迷上她。她的懾人美麗，使我循着她的眼神，陷入熱戀，使處於反抗爆發年代的我，甩掉社會規範，進入人生的第一次瘋狂。

「哈路」雖入風塵，但卻無汚泥之味，始終保持淸新氣質。我有時會講些流行的道德高調，勸她見好就收，但她顯然比我更淸楚，而她的想法，有時更出乎我的料想之外，甚至震驚。她對人性顯然另有深刻的觀察與體會，想法灑脫，見解完全不是那個時代的女人有的。她有極爲前進的男女觀念，是現代女權解放思想的一支，但她卻從不做超時代的幻想，她必須屈從現實的命運，善用女人的武器生存。她明白自己是時代的弱者、被蹂躪者，故必須變成最善於掌握男人的強者，視美麗同時是目的、同時是工具。她知道她不可能在風月場中找到感情，她碰到我這怪誕的「幼齒」，把一個成熟女人的激越與柔情，澆在嫩枝上，她顯然努力要保留她內心的純潔與白由，她一面以身體抵擋生存的壓迫，一面以身體奪回她的快樂與尊嚴。這是一個既冷靜又狂熱的女人，她是我一生尊敬的女人，尊敬中還有矛盾的戀情，一種不可能實現的奇異感情。精神上，她是給我智慧啓發的異性姊姊，肉體上，卻是我性的啓蒙者，反抗社會的最佳伴侶。她讓我眞正窺到一個成熟女人肉體的無比美麗，一個成熟女人令人蝕骨的纏綿、狂野與毀滅性的一面。但她卻不曾毀滅我，不但不毀滅，卻促使我轉變人生，阻止我差一點放棄學業。她是我除了女王之外，能眞正撼動我心靈的女人，且是我一生所見最艷麗的美人。

一九五四年冬天，我們相熟後第三年，「哈路」決定帶着弟妹，前往日本。她嫁給了日本人，從此失去信息，也不知她的生死下落。這個出奇美麗而動人的姊姊，就像基隆港灣的海浪，在我生命的初期湧上，迅即退落，留下徘徊難忘的泡沫。

一九五三年夏天，我以吊車尾的成績，畢業於開南。很多同學都準備直升開南高中部，而且也有不少考上理想的學校，但是有更多的同學進入社會謀生與創業。台灣的局勢漸漸穩定，美國早在韓戰爆發時就派第七艦隊巡邏台灣海峽，一九五三年韓戰結束，同年，國民黨政府大肆宣傳，大事祝賀史大林魔頭死亡的消息，好像那時宣傳的鐵幕就要崩潰，毛澤東傀儡政權就要跨台。國民黨政府一天到晚喊反攻，我們慢慢體會中國人「喊架」的意思，就是打架用喊的，不是用打的。

畢業前，我決心不再唸書，這次畢業比小學畢業更像解放。開南的師生、那個具特色的大門、L型的日式二層辦公大樓、土木機械工廠建築、校內我曾經踩過的一草一木，以及後面又髒又貴、但又愛吃的餐飲部，我似乎都沒有太大的留戀。此後，除了林聰明同學曾在我公司任職過，開南同學從無來往，我好像不曾就讀於這間學校。畢業以後三十五年，也不曾回去懷舊，我在台大法學院三年，最接近開南時，都覺得非常陌生，只知道校舍更高，我們以前靠林森南路上課的一排日式平房教室，都變成毫無個性的三層大樓，我顯然與開南無緣。

畢業後回到家，我每天工作，踩着送貨三輪車、記我的帳、刷我的氧氣鋼瓶，一個禮拜到「哈路」的家見兩、三次。黃昏時，不會忘記我熱愛的游泳。同是小學同學，又同時畢業於開南、不同班的林文枝，是我天天游泳的好伴侶，他後來不幸死於車禍。但每次從和平島載空瓶回家時，我力氣太小，越不過和平橋，全身汗濕淋淋的拉不上馬路大斜坡；每次通過基隆海水浴場，踩過「哈路」住的山腰平房的巷口時，我老想，放棄學業對嗎？這些智識，只是踩車子的智識，能做大商人嗎？「哈路」看到我踩三輪車，會怎麼想？

果然在一個禮拜天的上午，我送貨經過海水浴場，「哈路」正走下馬路，往海水浴場時，一眼瞥見我滿頭大汗的拉着一車氧氣瓶往社寮方向前進，她叫了一聲「托固」，我停車望着她苦笑，說：「哈路，我送貨去。」她似帶憐憫地點點頭，像姊姊關心弟弟一樣，用她的浴巾擦去我滿臉汗水。她說晚上在家不出勤，你來吧，我煮東西給你吃。這天黃昏，我趕去吃她的晚飯，她問我畢業後考上什麼學校、做何計畫，我說，做商人啦，何必唸那些討厭的書。她聽完我的話，靜靜的看着我，然後講了影響我一生決定的話。她說，「托固」，原始時代男人靠臂力，憑拳頭，求生存，爭天下，文明時代的男人靠什麼的啊？靠臂力嗎？像你踩三輪車嗎？當然，勞動並不可恥，但是沒有大用，你必須唸書，而且必須去唸大學，大家都說你成績差，唸不來，你的「哈路」的看法卻相反，你是極聰慧的男人。她說，她從未見過像我這樣的年齡，能想那麼深的問題。她以爲我是才華遲到型的男人，愈老愈有成就，愈大愈有看頭。她說，不唸書，你只是普通的小商人，你不可能越過某一條線。你不唸書，我也不高興做你的「哈路」，這種不長進的男人，做你情人也沒有光采。

我那一夜回來，心中思潮起伏，輾轉反側，除了自尊受創，愈想她的話，愈覺有理。但我怎麼去唸？高中高職的招考都已過去，我的功課沒有一門像樣，就算跟人一起投考，上榜機會也恐怕比小學時投考初中更慘不忍睹。我覺得毫無信心。暑期快過，學校又紛紛開學，而大海茫茫無處容身的心境，使我心灰意冷。我仍然繼續踩我的三輪車，刷我的鋼瓶，記我的帳，看我的「哈路」。在「哈路」洶湧的情海裡，忘掉世界。

到了九月，大哥也不贊成我輟學，我便溫習功課，研究報考兩間學校。一個是剛開業的基隆光隆補習學校，座落在今天基隆中正公園的後山，它的教室就在廟內，使我大吃一驚，心想，如果在這裡唸，我的心會破碎。考完後，我又匆匆趕到台北，報考座落在師大附中旁的延平補習學校。延平在這裡買了一塊校地，蓋了一棟十間教室的兩層樓房，做爲校舍，樓房新蓋，連牆上白洋灰都是新刷的。我心虛，自忖初中商科班畢業，不敢報考高中部，仍考高商部。但事後探聽，到延平上補校的，比開南的素質更低，我還算不錯。由此可見，我們的程度都是谷地生，而我是谷地中的小土堆。但從延平補校的沙漠中，畢竟冒出後來成名的康寧祥先生，他是慢我一屆的高中部學生，但在學校，我們則不相識。

延平補校原址是借用西門國小的教室，開夜間班。我唸開南的時候，家兄就選讀夜間部的法律課程，每天晚上坐夜車上台北唸延平，深夜又坐末班車回到基隆，以補失學及法律常識之不足，其程度等於爲社會青年提供大學課程智識，極有意義。我在家曾問大哥，大學究竟教什麼，他說大學是最有系統的傳授人類各種高深智識，不但傳授，也研究。這句簡單的介紹，使我印象深刻。當然，大哥的介紹並不充分，大學的更根本精神，是培養人類自由獨立思考的能力，所有智識與道德的發展，來自這一根本精神。家兄是台灣戰後四十年來無數艱辛奮鬥成功的第一代企業家，我想起家兄奮鬥不忘進修的堅毅求知意志例子，證明第一代的人對建設台灣經濟的成功，沒有僥倖。

從這一角度觀察，延平補校也擔負了對社會失學青年充電與補救的可貴角色。尤其延平是由一群留學日本的台灣菁英，忍辱負重默默從事教育的艱辛成功例子。這群由朱昭陽校長領導的東京帝大優秀台灣前輩創辦的台灣人學校，在台灣戰後恐怖的政治陰影下，眞是如履薄冰，戰戰兢兢。在我唸高中時，我們都親聞張海淸老師被國民黨特務抓去訊問的恐怖消息，也親眼看他臉色鐵青的回到學校的情形。這群台灣教育工作者，對改朝換代後的北京國語運用能力是差了一點，表達吃虧，不僅吃虧，並受國民黨思想特務的高度懷疑。他們心頭之凝重，歷史驚悸之深，連我們天眞的學生都嗅得出這群凄凉的台灣教育者，是活在朝不保夕的中國新殖民政權的文化霸權刀鋒下。每次重要集會，我們學生站在長滿蔓草的操場上，右側是一棟孤零零的兩層學校建築，左側遠處則是壯觀雄偉的師大附中，看着朱校長以生硬的北京話，在荒凉的農田背景中，一句一句對學生講話。至今我仍清晰的記得他高碩的學者身軀，在寂寞的風中顫顫而言的面貌。他們眞是默默的耕耘者，傳遞着台灣人氣如游絲的薪火。

延平這時分成白天班及夜間班，白天班分成高中部及高商部，我們就是第一屆高商部學生。我們補校不上整天，只上半天，從下午一點上到下午五點，沒有軍訓、沒有昇降旗、沒有集體淫虐、沒有正規學校無孔不入的救國團，不必參與慶典的遊街示衆、不必搞政治週記、沒有教官、沒有政治作文比賽，是我所知台灣教育機構中少數幾處絕無僅有不受國民黨污染的地方。正因爲它的性質是補校，故能逃過當道注意，學生又因程度泛泛，不受太大重視，故能免除一切干預，管理遂趨於自然，校風走向自由。我們可以說上課即來，下課即走，除了輪流打掃教室，絕無課外活動、課外管理這類東西。沒有這類監控學生行爲的機構，延平的學生並未出現開南訓導當局描繪的爲非作歹、風聲鶴唳的太保活動。可以說，延平的特色正好與開南完全相反，一個是視學生如盜賊，虎視眈眈、窮追猛打，規定如麻、禁令如毛，動不動就集體侮辱，全校吃排頭；一個是視學生如朋友，在校如師生、離校如朋友，禁令不苛、約法三章而已。另一重要不同點是，開南大，好像大市場，老師的學生關係，比較近似顧客交易，情誼淡薄；延平小，師生距離近。而兩校更大的差異是，延平學生的水平雖低，但除了學生自覺自卑以外，延平的老師從來不曾輕視學生，認爲他們是他校淘汰的次級品。我所以對開南不能原諒，就在開南的部份混蛋老師、無知的訓導人員，竟不知學生的尊嚴爲何物，好對進入開南的學生訓話，揶揄者有之、諷刺者有之、辱罵者有之。尤其，延平的老師非常敬業，雖然他們心中非常清楚，我們可能朽木不可雕。

同時延平也沒有語言禁令，說什麼講台語就處罰；沒有禁令，學生也不特別刻意講台語，反而能夠自然融合。同學中就有三、五位外省學生，他們在課餘時間，在自然中學會台語，使他們未來生存於台灣人的社會中，因爲懂台語而受益終生，降低民族的衝突。國民黨狂妄的語言政策，不僅今天使外省第二代深受其害，並且必將埋下語言仇恨，引爆台灣文化獨立運動。本來，一個多語民族社會就應採雙語政策，台灣統治集團，竟然師法文化滅種政策，企圖以政治力推行佔台灣人口百分之十五的語言，強迫百分之八十五的人屈從。這種文化霸權，在政治力尚能屈辱別人時，它會風行；在政治力走向歷史墳墓時，它會招禍。斯里蘭卡的歷史錯誤——語言悲劇，值得今天台灣人民深思。

因爲這樣，延平呈現的柔性校風，對我而言，恰似一顆麥種從嚴霜的沙石地帶移植到肥沃泥土，很快抽芽。雖然我剛進去時，仍無法排除落入補校學生行列的羞恥，無法克服學業失敗的自卑意識，但上不了幾天課，漸漸發現延平對我一無拘束，並第一次感到沒有威脅，發現自己的神經不會綳緊，沒有緊急集合、沒有戰鼓，沒有聽到升旗的催促曲、沒有令人心神麻木的國歌，沒有虛僞儀式、沒有反共抗俄、沒有叫萬歲的歇斯底里聲，沒有人對你一天到晚唸道德經、沒有訓導人員在講台上的胡言亂語、沒有教官的釘梢；只有老師在課堂上對我們這群水平不高的學生賣力地反覆講解，只有上課即來、下課即走的同學。我發現我找到童年夢的另一自由形態，並覺自己讀書的時間突然大增，我發現學校的商業課程太輕易，有必要利用充沛的時間重新打基礎。除了大量讀課外東西，我從古人與外人的傳記中，學懂如何讀書。因此，自由開始在我心中點燃奮鬥的動力，我開始啓動生命的潛能，喚起希望，我開始從谷底向上攀升。學校的成績非但一路領先，三年都名列前矛，而且最重要的是，我發動了生命的第一次自我教育，不但學好商業課程，並下決心進軍大學，自己唸、自己拼。

對於一個補校的「高中牛」，考大學是艱困無比的挑戰；對於一個教育內容完全不同、目的迥異的補校「高商生」而言，考大學更是瘋狂的決定。聽到的人，無不一笑置之。也難怪，不要說補校裡夢想投考大學的高中生，素質更好的普通中學、專以應付大專聯考爲鵠的的明星高中生，誰又不戰戰兢兢？

尤其唸過高商課程的人都熟悉，商業課程是針對商業活動而設計的職業知識，它不是用來準備投考大學的。商科課程中的國文、數學、英文、歷史、地理，基礎設計都不如高中生，商科學生重視的是商業英文、會計、商業地理、珠算、商業概論等等東西。如果大專聯考是三千公尺決賽，高中生是一天到晚練跑的選手，而意欲參加決賽的商科生，是身上多加二十公斤背包妄想爭奪的人。我唸延平的最好同學秦義順，高一下學期風聞到我的計劃，便說，老許莫非吃錯藥，異想天開。

說異想天開，一點都不誇大。英文除了二十六個字母外，全部都不懂；東大畢業的羅馬法高手宋老師，跑到我們班上測試我們的英文程度，臉都發黑。爲了激起我們唸英文的興趣，他除了告訴我們努力的方法外，並不辭辛苦的以他日式發音，一句一句給我們講解「魯賓遜漂流記」。這更糟糕，簡單的英文都困難，文學小說，更叫人望而卻步。

我遂體認自己的基礎必須另行打起，學校不可能滿足我的需求。我決定從增強英文及中文開始，因爲語文不是三、兩天背誦與理解的東西，語文必須長期訓練，所以我除了萬國音標學自我北一女快畢業的姪女許清眉，乘她來基隆的幾天給我解釋如何發音、以及英文字典如何使用以外，我從背誦英文單字開始，利用每天坐火車的兩小時，一天強記二十個單字。不從文章背單字，而從字典背單字，這是世界最笨的方法，可是就是因爲太笨，我下力必猛，並迅速鍛鍊記憶單字的獨家祕方。我並從偶然聽到的趙麗蓮英文廣播教學中，發現了我的空中老師，我買她的空中英語文摘，每天晚上回家在固定時段聽她的英文講解、單字發音、文法分析、英文結構。我每星期背一篇英文文摘的短文，背到滾瓜爛熟，以便腦筋熟練英語句型。英語文摘的內容有深有淺，我由淺往深唸，經過一年的摸索研讀，我發現英文程度大進，單字愈記愈多，愈多愈容易；等我找到美國進口的一本原版單字記誦法《Words Made Easy》後，才發現英文單字係由拉丁文的根部、語首、語尾組成，這使我背誦英文最吃力的怪字，變成最容易記憶的現象。我估計不到兩年，能牢記的英文字彙必在一萬以上，越過當時高中生三年唸完的梁實秋遠東高級英文，越過復興版的高中英文；當我高二看到別校同學唸的是以上兩種教材，而買回去自己看時，除了孤僻的成語、特殊語法外，根本難不倒我。到了高三，我可以輕易閱讀英文讀者文摘、英文小說，並把 Dale Carege 的《如何交友及影響他人》(How To Wir Friends And Influence People) 一書翻唸三遍，使我對待人之道、人性弱點之理解，第一次由英文直接進入腦袋，不再借助中文翻譯。而且，龐大的英文字彙，使我第一次嘗試看美國時代雜誌，發現吃力的地方不是英文文字本身，而是內容之理解。

高三時，教我們商業英文的是台大法律系畢業的陳老師，同時他也擔任我們的導師，我幾次考倒他的英文，並把擔任高中部的賴老師，問得支吾其詞、答不出來。應該說，在字彙方面、英文閱讀能力上，我可能在某點上已超過延平老師。我事後發現，延平時代自己奠下的英文基礎，使我進入大學後，不必操心外語，而可以輕易閱讀大量政治、經濟、歷史、社會學、人類學、哲學的重要著作。當我從大一下學期開始，興奮的在校總區圖書館閱讀柏拉圖的對話錄時，政治系的大部份同學，仍在搞大一英文。後來留學美國、轉到經濟系的外省同學劉本傑，被英文搞得焦頭爛額時，我就曾一度跨刀相助。不過，我的英文卻有一大弱點，就是不能開口，這也是我大一通不過免修的原因。但不能開口是那個時代大家的通病，以我聯考英文成績排名法學院第十五名的成績，上課時面對外國老師時，前十四名中能開口暢答的只有北一女的兩、三個。

第二個決心增強的是中文，我買回高中國文標準課本，集中研讀文言文，反覆背誦精彩古文，記誦古詩古詞，買回注有ㄅㄆㄇ的古文選，憑其註解，企圖搞懂古文，然後熟讀現代名家的白話文。當我讀到梁啓超的有力混合文體時，印象非常深刻，我特從牯嶺街的舊書攤買到一部梁啓超全集，不僅對其文體着迷，更對其磅礴流暢妙筆下博古通今的宏論傾倒。我也買到一部不全的胡適全集、郭沫若的詩集、茅盾的小說、巴金的小說、周作人的作品，以及牯嶺街舊書攤的人告訴我的許多「禁書」。我無力購買很多高價的禁書，只能有多少錢、買多少貨，因爲是禁書，所以才感刺激，唸得特別細心。因此到了高三，我對中國五四時代火辣的對罵、各派文章，已大爲熟悉。起碼跟關在學校限讀國民黨欽定東西的一般高中生比起來，我是曠野遊俠，「見」多「識」廣。牯嶺街後來更是我大學四年中搜讀社會主義、共產主義作品的重要來源，並且也是我深一層研究各派、分析中國歷史的資料提供地。

本來我勤讀中國名家文章，目的在增強中文，參加大學聯考，但是唸得文章愈多，思想愈起變化，因爲所有這些五四以降的東西，不管論說、思想、歷史評論、小說、詩詞，無論他們的觀點是左派、右派、復古派、超越派，其中心問題是在如何搞強中國。面對西方幾乎瓦解的中國社會、中國文化，當面對崛起的東西強權威脅時，如何不被呑併？面對西方各種不同的意識形態，如何借而解決中國問題，是走共產主義，還是資本主義？我不知不覺的日益捲入中國的「思想內戰」，並對中國近代的屈辱歷史、喪權辱國的創傷，中國數千年來偉大的地位、廣大的疆域，歷代天朝文治武力的聲威、中國的悠久文化、日本侵華的血淚歷史，開始感同身受，感情與思想日益浸淫於中國民族興衰；並第一次不信國民黨對毛澤東的醜化宣傳，認爲中共出兵韓戰，成功地以平手對抗世界第一強國美國，是中華民族再度崛起世界的歷史分水嶺。我在心中認爲，毛澤東是洗刷中國近代屈辱歷史，眞正使中國獨立的民族英雄。我開始以爲，台灣人是中國人，台灣是中國的一部份。

我是中國人

——參加五二四事件，攻擊美國大使館

為了磨利中文之刀，意外地廣泛讀到中國近代作品，但是不是眞正廣泛，自己並不知道，但總廣泛於一般無知的中學生。這種意外取得的祕密智識、反官方的看法，這種從某書獲得的「眞理」與快感，增強我對中國歷史的認同，並恥笑自己過去的無知。

為了發抒自己洶湧澎湃的新觀點，熱愛偉大的中國，追隨與模仿五四先驅，我開始寫日記，記下讀書的心得，以日記代作文。一下刻意師法梁啓超的文體，文白並存，磨練精練句子；一下覺得胡適的流暢白話，更能體認未來文章的歷史趨勢；一下着迷於陳獨秀的千軍萬馬、力掃天下的筆力；一下感覺魯迅的筆風更尖銳、更深刻。我每天夜裡總要花一個鐘頭，寫我的感想、練我的文筆。起初我寫不好心中簡單的想法，組織不起恰當文句，但經過日積月累的嘗試，知道不可一步登天。想做「大作家」，必須寫下一天中自己最熟悉的事件，由白描而分析，

由感想而談論，寫反省的記錄，寫自己白天的錯事，寫懺悔，寫自己的齷齪想法，寫懷念「哈路」的洶湧情感，罵自己打手槍，罵自己虛僞，記下自己做的善擧；然後慢慢無所不寫，從以前一天塡不完一頁日記的潦潦幾句，到後來的長篇大論，欲罷不能。由於寫日記的習慣，我發覺我的中文表達力愈來愈流暢，文句組織力愈來愈精練，思想力愈來愈進步。我愈來愈發覺，不用中文寫出，不用中文說出，無法恰當精確的刻劃表現自己複雜的想法、細緻的感情，不用中文無法表達自己的美麗心思，我也開始認爲台語是種低劣語言、一種方言，如果不是這樣，爲什麼我無法以台灣話說出我日趨細密的觀念、愈來愈豐富的心思？

從高二下開始，我倒轉過來以前的習慣，碰到同學、友人，開始改講北京話；如果必須全講台語，我也像今天的台北青少年、我的寶貝女兒一樣，必須夾雜很多中文詞彙才能說出。我開始感到講「國語」才有優越感，我覺得我比那些北京話不流利、社會上不會應用「國語」的台灣人，高一等；我覺得開南時代爲講方言而被摑打三個巴掌，應該原諒教官，並認爲三個巴掌不夠，應打六個巴掌，恥辱不深、覺悟不快，我似乎恥於生爲台灣人。

高三上時，我們的國文由黃得時老師擔任。黃老師走路略有障礙，一拐一拐的，身體矮壯，臉形寬大，祥和中略帶冷峻，聲音宏亮。他令我意外的是，爲了許多同學不瞭解文言文，爲了解釋淸楚，他忽然改以台語講解文言文。這是我第一次聽到以母語唸出漢文，抑揚頓挫，非常奇異與親切。我遂第一次發覺所有那些艱深古文及字彙，在黃老師的鏘鏘誦讀中，每一個字都能用我們的母語正確發出。黃老師有時以北京話先唸一遍，然後以台語唸出，我覺得台語的音調甚至比北京音更山巒起伏、波湧浪捲。由於大家喜歡，幾位外省同學也不介意，黃老師遂在文言文及古詩古詞部份，以北京語及台語雙聲帶教授，但用台語講解的時間更多。

我常在下課時請教黃老師古文疑義，並問他何以用台語也能讀出古文，而且聽起來別有風味？他看了我一眼，或許訝異竟有一個學生會問這個問題，我首次看到他咧嘴一笑，他說，所謂台語是台灣最大族群所採用的語言，俗稱河佬話，或官方叫做閩南語的語言，是漢民族最古老的一支，可能還是漢唐中古的官方語言、統治語言，就跟現在叫「國語」的北京話處於一般地位。他說，古詩古詞古文中的古字彙，很多都留在台語裡面，變成我們日常語言，台語的「才調」、「新婦」、「鼎」、「好勢」、「起厝」的「起」，說「行」不說「走」，以及無數詞彙，只能在台語中找到。讀古文而經由北京話，就像英國人學拉丁文，規定要經由法文講解一樣怪異、一樣可笑。他說，下節我們讀到唐詩，你會看到它更像是用我們的語言寫出來的詩，而非荒腔走調的北京話。果然，當我們讀到白居易的《長恨歌》，杜秋娘的《金縷衣》、王維的《涼州詞》、孟浩然的《春曉》、賈島的《尋隱者不遇》，甚至宋朝蘇軾的《春夜》，台語的韻脚都整然有序，非北京語的脫線可比。黃得時老師的這一啓發，使我對台語的無知頓有所悟，台語、北京語跟古文化的關係，黃老師說，就像「大某」「細姨」。「大某」無權、失勢，「細姨」得寵、新鮮。就研究與承繼漢民族的古文明而言，台語是長子，最具繼承權、最有資格。這席話，使我振聾啓瞶，心中一驚，並對開南的三個巴掌，再度反省。

爲了記住黃老師的古文台語發音，我無意中想到以英文發音的羅馬字與ㄅㄆㄇ字母混合，自訂唸法，注在古文詩詞的漢字旁邊，幫我記住發音，雖不精確理想，但差強人意。其時我並不知道台語的韻母組合，也不明白究竟有幾個聲調，只憑自己的感覺設計出自己想出的音調符號，企圖記下漢字台語唸法。這套粗糙設計的怪異符號，幫我奠下台語漢字的基礎，使我此後，不但文言文能以台語唸出，而且所有漢字均能於問明、或從後來買到的羅馬字厦門音字典中獲悉讀音，最後並創造出一套怪異符號，歷經改良與修正，成功的設計出精良的台語字母系統，使台語文字化夢想，展現歷史性的、本土性的可能。

黃老師的啓發，雖然修正了我輕視台語的傾向，糾正我的看法，並埋下有朝一日回頭研究它的種子；但我中文進步之加速，使我無心、也無力去分心台語問題。

從高二開始，我開始讀學校的三民主義課程，唸它，因為大學聯考必考。我認為，對歷史、地理、三民主義這種可以背誦的東西，多唸、多理解，應該可以拿到分數；而以英文、國文、史地及三民主義分數補救我最差的數學，只要數學不拿鴨蛋，我就有希望。但是一唸三民主義，慢慢了解它的主張，卻逐漸引起我的注意與興趣。本來被迫而唸，這時反過來想深究它，想深究它，因為它引發我將它與牯嶺街的東西比較的興趣。比較後的粗糙印象，感到孫文思想「博大精深」，能把中國現代問題化為三大系列，條陳出他美麗的見解。不過，為什麼以三民主義武裝的國民黨會敗給孫文駁斥的共產主義？

政府現正大力宣揚實行三民主義，但三民主義中的民族主義，目的即在求國族的崛起於世界，毛澤東能以東亞病夫的軍隊跟美國強權在韓國戰成平手，這是不是三民主義想要的目標？三民主義中的民權主義，更是迷人，人民是主人，政府是僕人，人民是乘客，政府是司機，但是威顫顫君臨於總統府台頂不斷對我們訓話的人，似乎不像僕人，也不像司機，而更像主人，更像帶槍的乘客。我們如何解釋這種現象？民主政治就是我們現在所看到的，還是別的？但是，我邊唸邊想，無論三民主義也好，共產主義也好，就像世界上的宗教一樣，都在引人爲善。三民主義與共產主義，無論那個成功，都在引中國於富強，都在救中國，都在想如何使屈辱的中國強大。我愈唸三民主義，愈覺我們「中國人」，必須趕快脫胎換骨，振作復興。

我開始認爲自己是一個中國民族主義者，並認爲不管三民主義或共產主義，但願兩個牌子，有一個會成功；就像不管基督教或佛教，只要有一個可以引人上天堂，我們都不排斥。我漸漸又強烈認爲台灣人是中國人，台灣是中國的一部份，我們應爲全中國人的偉大富強而努力。孫文是偉大的，任何使中國恢復歷史上的強盛，聲威遠播，臣伏四鄰的中國人，都是偉大的。我們不容再受別人欺凌、別國侵略。因此每次唸歷史，唸到滿清的慘敗、割地求饒，每次心頭都感無比心酸，憤怒油然而起，怒髮因而衝冠。

誰說國民黨的教育不成功？縱然我的一些想法未與官方完全一致、高中還未畢業，一個最不受黨化教育污染的延平補校學生，卻從牯嶺街的禁書，以爲自己讀出與官方宣傳歧異的觀念，就深信之。這豈不就是統治集團千萬百計要我們擁抱的東西？

這個民族主義立場，使我放下書包，於一九五七年五月二十四日，參與攻擊美國大使館，扯下美國國旗，又攻擊美國新聞處，提供國民黨教育成功的一個鮮活樣板。三民主義教育是成功的，它就在我的身上發出威力。使一個不懂史實的台灣青年，化成一條火牛。

當時我着魔似的瘋狂唸書，既要讀好學校商業課程，又要開足馬力唸英文、搞國文、背高中史地。不僅如此，每天又得提早上台北，到各大汽車零件批發商找店裡顧客托購的汽車零件，以便於下午五點放學時趕去提貨，利用學生超低價的火車月票，運回零件。因爲從一九五三年開始，我家生意又擴增汽車零件銷售業務，而汽車零件多如牛毛，有豐田系統的、日產系統的、美國通用系統的、福特系統的，要是樣樣都買回店中陳列，不僅積壓資金，小店也會壓垮，所以最好的妙計就是：常銷品排在店裡展示櫃，其他貴重的、少交易的，由我每天買回銷售。今天有名的大企業台灣玻璃公司董事長林玉嘉先生，當時便是汽車零件的大進口商之一。他的店座落在許昌街，我還記得每一次跟他殺價，他都不減，商場作風強硬，可是有些東西，只有他才進口，不買他的也不行。但是座落在長安西路的衆多大批發商，則大多好商量，在我貨比三家不吃虧的戰術下，他們都知道我行情靈通，希望我不必多跑，便宜給我就是。由於日夜用功，我進延平的第二年，就發現自己近視了，我從初中練成的壯健身體，至此開始弱化，這個初中時代打好基礎的強壯體魄，雖然支撐我到進入大學，但已元氣大損，形瘦影枯。

一九五三年暑假，我比較有時間去看「哈路」，看了「哈路」，身心常更平衡，我特別喜歡她那種日本教養，活潑中不失節制，狂野中不失柔婉。

一九五四年暑假，我在延平已讀了一年，功課、家中生意，特別是晚上帶汽車零件回家，使我每天回到基隆的時間已經不早，我看「哈路」的時間也不多。這年夏天，我趁暑假的三、四個月不去台北拿貨時，就留在基隆啃書，尤其英文啃得厲害。黃昏我就去海水浴場游泳，等於去看「哈路」。她整個夏天都很少出去，我每次到海水浴場，她一個人早已在游泳。我還不知道，這是最後一個夏天。我與「哈路」幾乎天天一起在故鄉的沙灘戲水，游完泳，約六點半，就到她家中吃晚飯。從海水浴場走到她半山腰的平房，不過十分鐘。這間台式的小屋子，是她向一個遠親租下的，有籬笆，有小花圃，清幽簡樸；三房一廳中，右邊是妹妹杏子及弟弟慶雄的房間，二人均考上初中。我對客廳中「哈路」父親留下的大量日文書籍，最覺興趣。一大半都是文學，這些，都變成「哈路」的珍愛遺產，她不出去，就在家看那些唸不完的日本書，幾乎有二、三千册，「哈路」是我見過的最愛唸書的女人，思想清晰，非常有分析力。

這年夏天，她看到我，就說我精神迥異往昔，叫我用功要有方法，學業就像長距離賽跑，不可求速，先打好紮實基礎。我很奇怪，整個夏天她都深居簡出，不知在準備什麼，對我非常好。她那個如日本女星若尾文子的容貌，此時顯得特別美麗，一對明亮黠慧的眼睛，流波嫵媚，每次接觸到，都覺全身顫動，不能自持。當我納悶時，她告訴我，十二月時，她將帶弟妹到日本。

無意中，我翻閱她的日本書時，瞥見一封日本寄來的信，一個戰前自台灣遣返的日本人後藤，是她中學時代的情人，經過八年的尋找，他們連絡上了，後藤要求她到日本。「哈路」知道我看過，便把父母生前安排的婚事敍述一遍。「哈路」一說完，不禁低頭掉下晶瑩的淚珠。「哈路」說，台灣畢竟是她的傷心地，母炸死父射殺，而且也不能耽誤我的前途，我們年齡好像姐弟，當我壯年時，她將衰老。我突然感到一陣重擊，喉頭哽咽，知道人生如夢，我懷疑的，畢竟來臨。

十二月初，一個微冷的星期天，「哈路」帶著弟妹，從基隆坐船到日本，我一大早去看她，瞧她一切都準備好，父親的書籍也裝成幾大箱，準備運去。她很溫柔的握着我的手，然後，突然把我擁入懷裡，緊緊不放，她一直說，「托固」，你將來會有成就，但一定要考上大學，「哈路」將會很高興。在傷心欲絕之中，我好像偎在母親懷裡的孩子，泣不成聲，恍惚間，我抬頭凝視「哈路」美麗的臉，禁不住擁吻她，擁吻那將去的夢！

我首次感到，離別是如此的痛苦，一種扯裂心靈的感覺，一種淒絕。

終於，郵輪後面鼓起的浪花，一簇簇消失在旭日東昇的基隆海面。回憶，就像昨夜的夢，不斷的遠颺、不斷的朦朧，絢爛的夏日西陽、美麗的黃昏，海水浴場的沙灘上，再也沒有「哈路」的足痕。曾經湧上的愛的潮水，又無情的退落！

「哈路」走後，我一直覺得喪失了什麼，精神始終不易集中，課業進步的速度，也有緩慢的現象。我逐漸發覺這兩年來的精神支撐，驅動我奮鬥的神秘力量，是來自這個動人的女人。這一時期，我不可能從家裡獲得鼓舞，母親無法理解我，她只能求佛保佑我；她不知道唸書是什麼，只知道我應該唸，母親也不可能了解少男的內心衝突，奇異的遭遇、翻騰的思想。大哥或許有資格，但事業與家庭，自顧不暇。母親爲他選定的漂亮嫂子，進門不到一年，便婆媳水火不容，使一向平靜的家裡，變成洶湧的大海。大哥懊惱之極，只好與這位活潑、天眞又貌美的妻子，於生下我的小姪女美慈後，宣告仳離。我自己在苦惱中，也曾極力安慰這位受傷的素梅嫂，她只大我二歲。大哥經過這番婚姻折磨，也無心注意我的一切，只能注意我負責的汽車零件有無帶回。所以，我無法從家裡取得精神支援，我的支援顯然來自「哈路」，來自她的有用見解，又鼓勵、又威脅。碰到心底困惑、沮喪、憤怒時，「哈路」總會細細分析，令我心服，但是，當我思想愈來愈複雜，矛盾愈來愈多時，她卻離我而去。

她剛離開時，似不覺嚴重，但幾個月後，我卻日感心亂如麻，身心漸覺失去平衡。我日漸想念她。我發現自己上課時，感到「哈路」的美麗容貌會顯現在葉姓女同學的臉上。葉同學是外省女孩子，人長得秀氣、靈氣，而夾帶外省少女的某種嗔傲。我自己不解的是，上課時只要看她的側面、後肩柔髮，「哈路」好像就在那裡，我的心就平靜下來。過了一個學期，我發覺沒有看到她時，我人會恍惚、會忐忑不安，會整個心神晃動不止，好像魂不守舍。對於這點，我非常吃驚，我問自己莫非愛上她？我覺得葉同學愈來愈吸引我，我似乎陷入一種單戀症，症狀愈來愈嚴重。我常在放學時，不自覺的希望與她同乘零號公車回去，看到我，她常輕輕禮貌一笑，但神態冷漠。我覺得，無論從那一點看，她都沒有「哈路」的美麗影子，沒有「哈路」那種絕代風華與動人魅力。我終於了解，我陷入的是對「哈路」替身的深度移情，並發現這種怪戀非常不易自拔，非常痛苦。有時我又分不清她究竟是我的「哈路」，還是葉同學。我的學業日漸停滯，心緒如絲如麻。直到有一天，就在畢業前的一個月，放學後，我隨著她後面走向東門公車站時，在巷口等候著她的男朋友，忽然走向她，把她擁入懷抱，兩人如膠似漆。那個時代，當街擁吻，不僅少見，而且危險，有時惹人攻擊。這個鏡頭突然使我一震，彷彿看到「哈路」擁吻別的男人，頓感心碎欲絕，這種心碎，終於強烈象徵「哈路」已經死亡。似乎由此一震，我才痛苦的清醒回來，想到畢業，想到即將面臨的大學聯考。

我終於決心斬斷心中的結，忘掉過去。

一九五六年六月，我畢業於延平補習學校，隨之參加資格檢定考試，以取得高級中學畢業資格，並憑此資格證明，報考大學。

考前我自己的實力估計，進大學的希望是一半一半。高三的最後一年，我並無重大進步。紛擾的心緒、疲憊的心靈，很多計劃與進度都原地踏步。縱然如此，我仍認爲我有一些實力。這年聯考，是我國小畢業升初中的「滑鐵盧」戰役後，六年以來首次參與的大考，我雖是不起眼的補校畢業生，但我並無開南時代的病態自卑。

考完以後，我知道我必須爲高三的停滯付出代價，我的成績將在生死邊緣。放榜時，我已不緊張，也不急於找號外以確定自己究竟考上了沒有。我對生死邊緣的事情，一向沒有興趣，要就完蛋，要就考上自己理想的大學，我對吊車尾的現象，一生不悅。

放榜後第二天早報，果然找不到自己的名字，我陷入沉思、心酸。三年的努力，就讓它盡付東流嗎？我能否再起，或放棄幻想大學，眞的幹商人去？我慢慢的想，如果「哈路」慢一點離開，高三或不致陷入混亂，但是，假定歸假定，難道她還在，就不會發生難測的事嗎？我勸自己不應爲失敗找藉口，敗軍之將、沒話說，應該趁機會再想一想。

幾星期後，我收到聯考的成績單，發現自己的總成績，已抵聯考最低錄取標準，何以不被錄取？經查問，才知我係同等學歷生，同分時吃虧。我認爲這是荒謬的規定，但也沒有興趣去抗辯這些。事後回想，那次若能分發到學校，也不會進台大，不進台大，或許沒有來日生命中的翻江倒海。如此，個人綿延二十五年的獨立鬥爭，會發生嗎？

我母親說，這就是命。她常愛說我「鐵齒」，大概，跟信念不能脫勾的人、堅持理想的人，都「鐵齒」。

畢業這一年，我家的氧氣生意，試圖伸展到台北。起先由絨嫂在錦州街的鐵路巷子內，租一間二樓，以抽籤買到一具電話做爲營業工具，以巷口空地爲鋼瓶堆積場。我考場戰敗，剛好上生意戰場，因此開始協助拓展生意，跑外務、登帳、送貨。有人手就少做，請不到雇工，就自己「和尙兼撞鐘」，踩起三輪貨車，把貨送出去。

當我每次把貨送到士林的士林電機廠，回程時踩著重兩百公斤的鋼瓶，橫越圓山的坡路時，我覺得自己的體力已不如初中時代，不到路的頂端一半，便要下車用手拉上，有時即使以手拉拔，車子非但不上，反會滑退，驚險異常。就在氣喘如牛的抵達路的頂端時，我心底悲傷的憶起「哈路」的話，她反對我停在三輪車的水準，她曾威脅我必須上大學。現在我沒有威脅了，又回到三輪車的坐墊上，只有在艱苦拖到坡頂上時，我才辛酸的想起同樣痛苦的爬上基隆和平島橋墩時的困苦，而感到生命是苦澁的、折磨的。

於是我決心再嘗試明年的聯考。夏天過後，我與大哥商量決心唸書。大學畢業後，家裡不是有更好的人材幫同創業嗎？我這一番話，大哥也表贊同，並同意我上補習班加油一下，增強我的實力。

我跑了一下，就選一家座落於忠孝東路及林森南路口的建國補習班。當時的建國補習班很小，尙非後來混大了的建國補習班，而是創業期的、寒酸期的小補習班。創辦人鍾主任，給人一種靈秀與冷靜的強烈印象，據說他原是鐵路局的工程師，曾爲友人子弟補習數學，感到大有可爲，才開創建國補習班。當時補習班所租的房子不大，十來張長條桌椅，一塊黑板，就幹起後來財源滾滾、億萬財富的補習班大企業。數學就由他親身講授，而我最需要補習的就是數學。聽他講解數學，我眞是眼界大開。鍾主任無疑是數學授課天才，他講代數、三角，根本不要資料，一個定理跟著一個定理，所有數學上的重要例證，都像自來水一樣一道道輕易的流出，講解明晰、析理清楚，由淺而深、由深而淺，數學在此人手中，眞像小棉團，隨意揉捏。我第一次痛感優秀老師的無比重要性，聽他的數學後，數學不但不可怕，反覺它極啓人思力。後來我唸邏輯才了解，數學根本就是邏輯最純粹的邏輯就是數學。

鍾主任爲了生意，鼓其如簧之舌，勸大家不要單補一門，應該整個複習，考場如戰場，在第一流老師的充電下，每門都加強，勝算才可期。果然，在重金之下，我感到補習班聘到的老師，完全跟我經驗過的正規學校老師不一樣，個個善教，了解學生需要，反覆的講，反覆的考。這些來自建中、附中以及各校爲錢而來的老師，個個經驗豐富無比，完全跟我自己關門自修不同，確實有兩把刷子。我考慮以後，也認爲應該整個的複習，而且所增學費，不如想像的吃力。我自己從這次大學聯考寄來的成績單上看到，語言科目仍最強，國英二科都在七十五分以上，所以，我不必擔心這二門，大可把精力擺在其他幾科上面。雖然，我認爲再過一年，這兩門只會更佳，不會差。對於過去三年英文所下的功夫，我覺得沒有白費，中文也不賴。

這次補習，意外碰到小學好友何希淳，他從初中到高中都唸省立基隆中學，這次聯考，他也吃排頭，頗出我意料之外。何兄不僅是我小學同學，同時也是我居住南榮路口時的隔壁鄰居，此人幼貧，父親長年不在，所以小時我一有零錢看漫畫，一定請他一起去享受。小學畢業時，他排名第三、我第四，想不到六年後，我們再度同窗於補習班，二度同桌而讀，也是一奇。何兄現在官拜新竹科學園區主任祕書，是小學同學中唯一當官的一個。一九五七年我們一起報名聯考，學號也差一號，考試時我在前、他在後，塡大學志願也大同小異，不過他的成績稍稍落後，未進台大而入政大中文系。幾十年來，何家大小我都認識，我可說是他們家的熟客。

在補習班時，複習我們國文，並令我們每週交一篇作文的，是一位師大的中文教授，臉形方圓，儀表出衆，有禮而謙抑，也是教中文的高手。每禮拜他習慣把班上最好的作文提出來嘉獎，並做批語，而每次嘉獎的不出我們兩人。他對何希淳的評語，總集中在詞藻用句華麗，而何的書法更是獨步班上，無人能及，老師看他的作文，每次都對他的字體吃驚，並刻意在文後不惜長篇寫下讚譽與鼓勵之詞。他對我行文的事理分析力、社會觀察力、中文的流暢與精練，認爲不可多得。對我不時展示的想法，他說老師都受影響，他發現我不像作文，而是在寫文章、表意見。我覺得一個老師對學生如此評語，是極大的誇獎，我發現雖然這是一間補習班，但是在無意中，師生之間竟能發揮出交易之外的激盪作用。優秀的老師，畢竟是優秀的老師，這位師大老師如果知道我是延平補習學校高商部畢業生，而有他所肯定的中文程度，他的印象恐怕更深刻。三年來我不停的閱讀，以日記代作文，鍛鍊自己的語文表達力，似乎開始開花結果。

經過八個月的複習、補強，覺得實力大為進步；這段期間，專心致志，別無旁騖，時間並逐漸逼近一九五七年的大專聯考。就在大考前的一個多月，台灣發生了美軍槍殺中國人，但卻根據治外法權，駐台美軍自組軍事法庭，以自衛為理由，自判涉嫌美軍無罪的所謂「劉自然事件」。被槍殺的劉自然是外省人，與涉嫌美軍上士雷諾關係曖昧，小道消息傳說，他們往來從事毒品買賣，因錢財糾紛而引發衝突，導致槍殺。美方正式報導則說，劉自然涉嫌跑到美軍眷舍窺視女眷，擅闖私人住宅，意圖不良，遂為自衛之男主人開槍擊斃。這起案子逐漸成為社會矚目的大新聞，最後美軍自組法庭，以自衛為名無罪開釋，並迅速以美國軍機送走雷諾，此時事件達到高潮。

台灣新聞輿論開始不滿，報紙的評論轉而同情劉自然。一般社會對受漠視的劉太太的抗議，偏向同情。國民黨控制的報紙又逐漸煽風點火，刺激民族情緒，尤其再指出堂堂中國領土之上尙有治外法權一事。這點，正好燒到國民黨一天到晚宣揚灌輸的民族主義乾草堆，我們正是國民黨宣傳機器及敎育機器大好烘乾機烘乾下的一批新乾草。當問題的關鍵移到治外法權時，報紙不敢指出這是國民黨自己無能，才讓美軍治外法權存在，卻光提治外法權，似乎它是中國滿淸時代留到今天的可恨歷史，國民黨政府也是其中無奈的受害者一樣。這種反美言論既然能夠出現在控制嚴密的國民黨報紙，顯然暗示國民黨不惜趁機指揮，鼓動鼓動人民，搞搞精神動員。焉知報紙輕輕一點，乾草堆上最靠近火苗的一把便嗶啪的燒起來，燒得美國震怒，燒得蔣介石灰頭土臉，又是道歉、又是賠款、又是懲兇。

五月二十四日淸晨，劉自然的太太舉著「殺人者無罪嗎？」的英文示威牌，一個人在忠孝西路及中華路口的美國大使館門前抗議。當我看到報紙報導享有治外法權的美軍竟可殺人自判無罪的消息，心中大爲義憤，認爲此種行爲乃「帝國主義」欺壓「中國」的不可原諒行爲，想到帝國主義與治外法權，就想到正在複習的中國近代史中數不盡的民族之辱、國族之恥。此時此刻，此可忍孰不可忍，劉氏如此之死，涉嫌美國軍人如此之判，顯然事情已非劉自然個人生死小問題，而是民族尊嚴問題。我拉著何希淳，丟下功課，往美國大使館跑。

此時約二十四日早晨十點左右，劉自然的太太一個人舉著示威牌立在大使館前沉默抗議。我們站在馬路的圓環安全島上，面對大使館，形成劉太太一人在前示威、我們在後聲援的態勢。人愈聚愈多，情緒愈激昂，不久，第一顆石頭從人群中突然飛進美國大使館，此時警政署的高級警官站在警車上，繞著示威人群，呼籲市民冷靜，要求市民不要侵犯外國大使館，希望市民能夠和平表達抗議。這時佈署在大使館的台灣警察，以及阻擋示威人群的警力，三三兩兩，並對群衆笑臉相對，明顯同情群衆抗議。

在群衆日益激昂中，陶大偉的爸爸陶一珊，似是當時的警政署長，趕到現場繞著群衆，以擴音器喊話，要求愛國人民千萬不要衝動。話未講完，第二顆石頭飛出，人群喊出殺人償命、美國人滾出台灣、打倒帝國主義的口號，我是領先叫喊的少數人之一。口號一出，一波波的叫囂聲、怒罵聲，從四面八方衝向美國大使館，石頭、木塊，任何附近地上撿得到的東西，都一批批的丟向美國大使館。使館前的半圓形馬路，散滿石塊，警察開始閃到旁邊觀戰，愛理不理，好像跟他們無關，他們也是觀衆一樣。這種情形與三十年後國民黨警察及霹靂小組強悍對付街頭抗議人民、追打百姓的作風，構成強烈的歷史畫面對比。後來我們知道，警察絕對是政治的工具，警察人員絕不可能因為同情或害怕群衆攻擊而閃到一邊，這是國民黨精心借用群衆向美國人示威，向美國人顯露它已經擁有極高的群衆市場操縱能力。因爲在漸趨沸騰的人群中，我碰到一位成功中學的吳姓朋友也跑來，他低我兩歲，基隆人，曾是火車上一道通勤的學生，他是成功中學的在校生，我問他不上課嗎？他拉了我一把，說他們換穿便衣，由教官帶領向美國大使館抗議示威。我心中突然一驚，但隨即感到有何不可，愛國之情，人人有之，教官帶領人馬支援攻打，有何不妥？因爲教官在校就是愛國的宣傳員，不來才怪。

我與基隆朋友的對話猶未完，人群開始騷動，我發現自己與前頭少數群衆突然躍過安全島，開始衝向美國大使館。這時大使館前除了滿佈石塊以外，好像一座死人建築，我們沒有考慮，迅速抬腿爬上大使館的團牆，然後跳進大使館的庭院，見東西就踢打，一部停放門前庭院的美國車，沒有幾下就面目全非。混亂中，我瞥見基隆朋友與他的教官及尾隨的便衣學生迅速衝入館內破壞，搜索東西。當裡面傳出乒乒乓乓的可怖聲、後面群衆繼續湧進攻打時，我憤怒的衝向美國國旗豎立的地方，幾位群衆與我一起扯下繩上高掛的星條旗，立刻撕成粉碎。爲了怒氣不消，順手又扯了一塊放在褲袋。我認爲示威已達目的，準備退出，退出前我繞了一下大使館，覺得這棟白色典雅的西方建築，眞漂亮。可惜這時建築物的門窗均已粉碎，牆面污斑滿佈。這是我第一次踏入西方式建築的大使館，它的高雅庭院佈置，館中特殊風貌，美國國力的象徵聯想，使我印象極深刻。我稍微繞了一下，往館內瞥了一下，看到破壞之物到處散滿，眞是不忍卒睹，心中忽感暴力的過份。顯然，在我們衝進前，館中人員除了一、兩人外，其他人均已撤離，衝進時我繞向美國國旗，其他人湧進館內並聞有人挨打的呼叫聲。我認爲抗議的對象是代表美國的國旗，別種暴力非我喜歡，認應避開。退出後，也有部份人跟我走出。此時館門洞開，衝進的人慢慢少，大使館對面半圓形周圍，從右邊中華路到左側忠孝西路，站滿圍觀群衆，警察則不知去向。

我與何希淳碰頭後，又轉向中山堂前面的美國新聞處。大家高喊，那個美國「化粧台」、宣傳喇叭，也應給它一點顏色。等到我們跑抵中山堂前的美國新聞處，該處早已窗破門碎，體無完膚，時已下午兩、三點。當我略事徘徊觀看，正想離去時，包圍中山堂邊的群衆突然縱火焚燒台北警察局前的警車，一時之間，火光冲天，並有一批群衆衝進警局。不久，突聞警局裡面發出槍聲，部份衝入群衆又逃出來，再衝入、再開槍。雙方僵持中，我拉著何希淳，說我們走吧。因爲看到這種鏡頭，立刻使我想起二二八，認爲類似暴力正在擴散，不可介入，也不可久留，便立刻與何希淳各自回家。

第二天，報紙翻開一看，五二四事件突然變成國內外大新聞，美國政府強烈抗議，報紙口氣忽然一轉，開始譴責暴民，蔣介石驚惶之餘，立刻發表道歉、賠款、懲兇聲明。昨天落單的部份群衆被抓了一批，做懲兇的替死鬼。我看完報紙，心中突由疑惑轉不滿，由不滿轉懷疑，這一懷疑要到大學才獲得清楚解答，而懷疑的破解埋下了我思想巨變的種子，了解政治現像絕非普通人天眞的想法所能理解。我們這些被烘乾的政治草，要燒要熄，原來另有政治力宛如賭徒一般在運作。蔣介石的民族主義，是假的。

從中國人的立場、民族主義的觀點看五二四事件，群衆的反應是愛國的，是民族尊嚴受辱的直接反射。從中國近代外交失敗的歷史觀察，治外法權的存在，正是國民黨三民主義中民族主義聲稱要打倒的不平等對象。國民黨統治集團逃抵台灣後，對全社會敲鑼打鼓宣傳的政治膏藥，除了反共抗俄，就是在學校灌輸民族主義；至於民權、民生，只是順便喊喊、表示表示。國民黨所以大力灌輸民族主義，目的恐不在鼓動排外，而在整合與洗刷台灣人的日本影響，目的在消滅台灣人的獨立意識，以中國大一統歷史及文化爲統合與統治台灣人的武器。這種教育對我們戰後第一代受國民黨政治洗腦的人，五二四就是成功的示範。當我們看到報紙的評論，事件的重點由單純中外殺人案件轉移爲治外法權問題時，憤怒之情便爆發。此時，國民黨於驚喜之餘，也爲意外惹火美國，引致激烈反美的副作用，而大感吃驚。國民黨更料不到，對我這種比較機警而又愛國的年輕人產生了什麼影響，事件前滿腔充滿民族憤怒，事件後卻看到國民黨的眞面目，看清它完全不是學校及課本宣傳的民族主義東西，它既不敢提出撤消治外法權的要求，反而龜縮恐懼，反而喊戒嚴，抓愛國示威青年，向美國擺出磕頭道歉、賠款懲兇的軟骨頭姿態，確實使我對國民黨的民族主義起疑，心裡大感不是味道，但不到大學，我仍不能徹底解破心中的困惑。

五二四事件給我的第二個迷惑是，何以政府控制下的報紙，敢蓄意由殺人報導，發展為對治外法權的挑撥？國民黨明知一切生存有賴美國，美軍駐台的治外法權，要爭也不是時機，美國不答應，國民黨也只能乾瞪眼；自己無能的事情，為什麼要挑逗？而且，社會輿情漸沸騰，群衆由支援劉自然太太的示威抗議，變為敵意並開始攻擊美國大使館時，何以治安警察敢表同情，並於攻擊開始後袖手旁觀？更奇怪的是，學生竟由教官帶領祕密參與攻擊！據我那位基隆吳姓朋友事後再告訴我，他們進館後部份人員與群衆一起破壞館內東西，但看教官及其他不認識的人，則在翻箱倒櫃，拿取美國大使館的文件，這是什麼意思？

我們知道那時控制學校的是救國團，教官就是救國團的學校警察，而救國團主任就是當時台灣特務頭子蔣經國。難道攻打大使館，除了我們這些激於一時之憤的「愛國份子」之外，尚有當局勢力在操縱？吳姓朋友的話是可信的。我雖未進入屋內，但繞過去時看到裏面翻箱倒櫃後的情形來判斷，朋友之言，並非虛言。

他們的眞正目的是什麼？

一個多月以後，我參加了一九五七年的大專聯考。考完，知道一定考上，只是不知進那一個學校而已。

放榜的當天晚上，最快的方法是聽廣播，否則就要等明天早報。我與何希淳那天晚上跑到中山北路復興橋下一位友人家，邊歡聚，邊聽廣播消息。大家屏息聆聽，當廣播小姐唸到台大法學院政治系錄取名單時，我好像忘了自己的存在，存在的只是廣播小姐的淸脆聲音，不久，突然聽到自己的名字，不但我聽到，何希淳及在座的朋友都說聽到。我突然鬆了一口氣，好像剛從黑洞走出，倏然瞥見明亮天空一樣。我心底非常喜悅並謝謝他們的祝賀，但我看到何的表情沉凝，想到我們一起塡志願，如今台大法學院、台大文學院都報過了，並無他的名字，我心裡開始爲他擔心；所幸，當報到政大中文系時，第一個報出的就是他的名字，大家突然跳起來歡呼，替他高興向他恭賀。

於是，我擺脫了青少年時代漫長而痛苦的跌撞，好不容易由失敗的谷底，艱辛攀昇學業的峻巖削壁，發奮自我教育，淬勵以成。最後看到不可能的，終於成爲可能。

那夜，我一個人慢慢由中山北路一段復興橋下，徒步回到錦州街巷內的住處；望著迷人的三線大道，人車不再熙來攘往，夜燈閃爍，我興奮的心漸漸歸於平靜，感到疲憊後的寧謐，感到艱苦奮鬥後的甜蜜。我想到一個人，一個使我不墮落的美麗女人。今夜她如果知道我考上大學，而且考上台大，而且是以第一志願進入，我可以想像得出她高興的樣子，她一定會擁著我，吻著我，說：「托固」，我知道你能。但是現在，她永遠不會知道我考上，從她離開基隆碼頭起，就像飛去的海燕，不再飛回。她該是異國男人的妻子。今夜，我只能把心中對她的懷念，淒淒藏諸記憶。

走回錦州街巷內的住處，已經十一點，但不久仍接到大哥從基隆來電，很高興的賀我考上台大，他說媽媽、嫂嫂，都爲我感到興奮；媽媽隨即接過大哥的電話，她說：「阿德，聽你阿兄講你考中了秀才，阿姆最近要到各大廟爲你還願，你要回基隆。」我說：「阿姆，不是秀才，是考上大學。」母親不知大學爲何物，大哥只好以古時秀才比喻，她才意會。大哥高興之餘，在電話中又說，阿德，你是我們新竹許族，第一個進大學的人。聽到這個誇獎，心中倍感：我不可不好好的唸。

大哥不再問起經濟系或政治系的問題，這個時候人們另有一種感覺，能考上就不簡單，其他好說，尤其能考進台大，特別不容易。今天的台大，仍然是這代青年嚮往的對象。

不！我是台灣人

——巨變的大學時代

從第一志願經濟系轉塡政治系的祕密，我想，與其說是我對自己命運下賭注，不如說是我父親的血液在奔流。母親在我長大後一直說，你個性身材外形，無一不像你死去的父親，耿直、嫉惡如仇。我似乎生有反壓迫的骨頭，輕利而重義，心底老有一股本能驅迫我去選擇自己該走的路。五二四事件，更使我心中起疑，認爲左右社會最大的力量是政治，我想，要變革我們的社會、轉變命運，應該研究政治。

而且，潛意識中不能抹去的陰沉回憶——童年體會的貧下勞動人們的非人生活，日本壓迫者的嘴臉，母親被日警鞭打的羞辱，街頭無數驚惶奔逃的、被追打的小販，從日本派出所扶出的遍體鱗傷、低聲呻吟的台灣人；不能忘却的二二八事件，不能忘記的集體殘殺，尤其無法忘掉，旺仔哥的無辜慘死、「哈路」父親的射殺；二次大戰中，目睹的無情轟炸，無目的的對村民的掃射；逃難中，看到破敗農民生活在生死邊緣的心酸；回憶擦皮鞋時，每天把賺到的小錢，分一些給女丐的情景：研究政治，也許能找出答案。

家人不贊同我唸政治系，是有理的，這是所有台灣人心頭說不出，而極不願意去碰觸的領域。唸這個系，自然有人想到當官，但那時代的台灣社會，幾乎無人想到台灣人可以做官，而我的骨頭也不是當官的骨頭。從二二八大屠殺到我進大學，時間不過十年，人心依然深懷恐懼，人人都想極力忘記什麼。統治台灣已十年的國民黨，比日本人、共產黨更高壓、更恐怖；因此，政治是忌諱的，唸政治系也是忌諱的。大家感覺這是一個不祥、陌生、少惹為妙的系。台灣人心頭對子女弟妹最自然的期望、最現實的考慮，就是畢業後的出路與前途。家人對我勸阻，不能說無理，也許阻擋成功了，我不致走上似乎永無止境的台灣歷史對抗。但我在報考的前一天夜裡，經過幾天思考，仍然偷偷把家裡的期望刪掉，以政治系為第一志願；我想，萬一考中，家人提起，就說分數不夠，退到這系。我報名前幾天的想法是：我本來就是商業學校的學生，有做生意的基本智識，珠算檢定二級，會計科從不低於九十五分，我不須擔心自己將來沒飯吃的問題。

我第一天進台大校總區上課，心中確有一種特別的感覺。看到台大校區的古典式西方校園建築、杜鵑花大道等雄偉逼人的氣象，心忖，莫非這是夢。我想，小時風聞的台北帝國大學，終於就在眼前。當十月的微風輕掠過我進校時的頭髮時，我禁不住心中揚起一陣驕傲，感到自己踩在一間一流大學的草地上，步履輕盈，感覺豪邁，心中對未來四年的大學生活，油然興起無盡綺思。今天回想，這眞是人生諸多美麗經驗之一。就像我們對第一個愛上的女人，新鮮人也有他的初戀。對於新鮮人，大學的一草一木、飛舞於校園中的麻雀、挺拔高聳的椰樹、巨大的運動場、廣濶的大學校區，都像夢境。我初見的台大，顯然比我後來體會的台大，更美麗、更神釆、更浪漫。初進時想像中的台大，是學術自由的殿堂，教授像柏拉圖，眞理智慧在此激揚對話，同學如兄弟姐妹；但眞實的台大，却是人與人之間冷漠的開始，是兒童時代、青少年時代、更純眞、更友愛的關係的終結。似乎人愈成熟，眞情離愈遠。而眞正的台大，能激發我思想智慧的大師，也是鳳毛麟爪；台大激揚我的，是它豐富的藏書，濃厚的學風，可貴的有限學術自由，幾位影響深遠的良師益友。

記得開學前，我們有一場新生訓練，法學院的同學都回徐州路的大禮堂聚集，由院長、各系系主任、教授，輪流講話；內容從大學的目的、台大的歷史、法學院的構成，到院長、各系系主任的介紹。我們系主任是雷崧生，法學院院長則是薩孟武，此公名不符實，外貌不像其名，既不猛、也不武，不但不武，而且瘦骨嶙峋、弱不禁風。講話一開始，令人有口吃的感覺；北京話，咬音也不準確，好像什麼地方漏氣。但他一旦開口，就妙語如珠。薩氏是政治系的名教授，也是我大四的指導老師，他教政治學，開課都在最大教室，除本系必修的同學外，他系同學更多，他是台大少數具號召力的教授。如果不因人廢言，薩氏算是一流教授，不僅善講，令人不厭，並擅妙喻、反諷，且其政治學的造詣、功力，不可謂不深，我個人亦深得其益。但我對這個指導教授，則是吾愛吾師，吾更愛眞理。薩氏除爲台大教授，亦爲立法委員，大三時我看了幾次他在立法院的發言，突然發現他所行非其所言，乃眞正上了一堂台灣政治課。他是另一族群的代言人，是政治勢力利益的理論打手，原則可曲解，法理可犧牲。

大學一年級，我們都集中在羅斯福路的校總區上課，法學院學生上課的地方不外大門進去左邊的兩排普通教室，不然就在圖書館及文學院後面的二層樓普通教室，均屬校總區的低矮建築物，對於眼睛正長在額頭上的大一新生，這是一種心理挫辱。新鮮人心中的大學，是西方古雅校園建築中高格調的教室，不意每次上課的地方，竟都是戰後臨時搭建的兩排低矮平房。正由於整個大學的外貌是古銅色的宏偉建築佈局、由日本人設計的仿西方大學校園風格，因此，這些一進大門就看到的臨時教室，顯得特別不調和，特別醜陋。其實，這一排違章建築，還是「祖國」來台建設十年的唯一硬體，其他三棟聳立在大運動場後邊的最新建築，是由美援蓋起，專供東南亞僑生住宿的美侖美奐大樓。其他規模，均為台灣帝大所留！除了紀念傅斯年，在大門右後角、臨羅斯福路建立一個傅園外，並無所增。

台大有六個學院，農、醫、理、工、文、法。醫學院與法學院均不在校本部，一在中山南路，包括台大醫院在內的台大醫學院；一在徐州路，即前法政專科學校校址，後併入台大，組成台大的法學院。根據「報告校長」錢思亮的報告，（我們所以稱之為「報告校長」，因為大學四年我們只見到他四次面，每次見面他言不及義，只詳細報告台大學生增若干，教室增若干，圖書增若干。）我們才知道最有錢的是醫學院，每年預算一億；財產最大的是農學院，校總區的龐大土地，以前一大半都是它的農業試驗場，全台灣最大的森林試驗場，亦為農學院所有。可見日本帝國經營台灣，注重農醫；並為開拓台灣，建立台北帝大為其培育科技與人才的場所所投下的心血與眼光，不禁令人印象深刻。台大前身為台北帝國大學，建立於日本統治台灣後的第三十三年，即有如斯規模，國民黨統治台灣四十餘年，至今猶造不出第二個台大。

如果我沒記錯，「報告校長」的統計是，台大學生總數約六千左右，圖書五十萬冊，其中一大半是日文。當時台大每年從大專聯考錄取一千名左右學生，所以，正式經過激烈競爭進入的，大學部加上研究生、加上人數不多的七年制醫學院學生，絕不超過四千五百人。其它一兩千人，多是僑生，可說每系都有分配。僑生之外，又有政策性的轉學生，即由軍隊退役轉讀的軍官，又有不知從何進入的職業學生，所以每系都有特務。由於僑生與特殊身份學生的素質無法與競爭而入的優秀同學並駕齊驅，所以造成台大教學困難、素質降落的現象。除了上述成員之外，台大有各國留學生，我們那一屆即有一位日本留學生，名豐澤浩一，後與本系林玉蓮同學結為異國鴛鴦。

台大的第一年，最興奮、也最迷惘，對每樣東西都覺怪怪的。從不連貫的上課時間，到沒有固定教室、跑東跑西上課，從不點名，沒有教授進教室大家必須起立敬禮的禮節文化，到你講你的、我聽我的，看似不通電的教授法。雖然也有點名的教授，但係例外，除了大一英文外國老師常常點名以便認識外，台大只有失掉信心的、不叫座的必修課程老師，或發現學生蹺課太厲害、不點名無以為繼的教授才點名。這與中學極端拘束、形成一板一眼、趕鴨子、揮馬鞭的教育方式，當然有天壤之別。由於我在延平有類似的環境與經驗，適應尚不難，但對許多從牢獄式中學畢業的學生，教育方式突然一變，多不知所措，惶惶然責怪大學教學沒有章法。所謂章法，就是要像中學那樣有標準教科書、有標準答案。可見，台灣教育是鋸箭法的教育，中學搞中學的，大學搞大學的。中學搞洗腦、搞填鴨、搞壓制，大學搞自由、搞開放、搞獨立。但大部份人都逃不出中學的「巴夫洛夫的制約反應」，四年下來，除了生活輕鬆、神經不緊張以外，並未培養出大學教育的眞正目的——獨立的思考力。大部份人們仍停留在應付考試、拿成績的階段。

但大一也最興奮，對於未曾見過的現象，感到好奇。對課業內容好奇，對學校設施好奇，對琳瑯滿目的台大課外活動、各種社團好奇。我尤對台大不斷舉辦的各種學術演講好奇。心理系教授兼台大圖書館館長蘇薌雨的演講，我便覺獲益良多，由此得知如何運用台大豐富圖書，如何調適青年人的心理。第一次聽殷海光的演講，更是氣氛特別，學生擠滿最大的普通教室。個子矮小、清瘦的殷老師，以其硜硜氣質、無畏強權的風骨，用我們以後都熟悉的特造邏輯詞彙告訴大家如何推理，如何閃避語言謬誤、邏輯謬誤。殷氏的啓廸，對研究社會現象所需的獨立思考、抵擋意識形態的侵襲、防患政治的污染，是極有幫助的。大一的許多演講中，只有我代大學雜誌當記錄的胡秋原演說，最不知所云。胡氏知識好像一大桶雜錦年貨，傾巢而出、了無章法，不知他如何「超越前進」。此時之胡氏，形貌頗似我後來認識的柏楊，兩人均爲中國人，但胡氏無柏楊之恢宏與智慧，只有嚇人的讀書目錄，一大堆龐大的專有名詞。李敖後來與其筆戰，揪出此人乃一條變色龍，由紅色的狂熱馬克斯信徒，一變爲青色的三民主義跟班，再變爲中國民族主義統一論的大批發商。我從李敖所送的《閩變》一書，讀出此公善變嘴臉，他到了台灣，吃是吃台灣的，拉是拉台灣的，但天天夢想出賣台灣，以達其統一之老夢。

說大一最迷惑，因爲一切必須要調適，尤其大學怎麼唸，心頭不禁焦燥迷惘。聽演講、看有關中外名人大學生活的經驗談，雖有概念，但並不完全解決自己心中的問題。我花了半個學期，認識政治系高年級的同學，請益他們的唸法與心得，所得與我初步的判斷相似，此即：政治系是最好混的一系，應付一百個左右的學分，考它一個及格便畢業。但政治系也是最難纏的一門。說它難唸，因爲眞想理解政治現象，所需的基礎知識絕非政治系擺出的那幾道門面菜所能應付，它牽連廣泛，經濟、法律、哲學、歷史、社會學、心理學、人類學，甚至文學都不足濟其窮。政治是人類最複雜的現象，是最不科學的科學，它的核心問題是權力。權力之於人類，就像軸之於車輪，看似辨易不難，但它輻射出的人類利益之歷史大輪，牽連之廣、攀藤牽葛，非僅只有研究權力之獨立現象所能掌握，或窺其豹。權力既是歷史變化的動力之一，又是人類利益鬥爭的結果，研究它，有時要先倒過來了解人類的基本問題，先搞清我們的時代衝突，先了解經濟、了解歷史。法律猶不過是捆綁社會的一條大繩，以自然科學的分類作比喻，法律像機械系，經濟系像物理系，而政治系像化學系。政治系現在累積的人類化學知識、化學定律，說不好聽一點，恐怕還在鍊金術的時代；這雖是一種形容，卻透露出政治現象的複雜本質。

意識到這種本質，我又想到延平時代的讀書法，以學校的課程爲輔，以自己的鑽研爲主，倒過來唸，並接受前人的見解，大學最重要的目的，在訓練獨立的思考力，培育出獨立的人格。因此，視智識爲它的材料，大學教育的技術面，不過傳遞智識給你，教你如何研究。

一年級的課程大都是法學院學生的共同科目，除了一、二門本系獨有之外，其它皆與他系同學一起上課。卽連英文與國文大一都有，目的是再增強；中英文課程，均依大學聯考的成績分班授課。當時台大規定，英文聯考成績八十五分以上時，可免修，但須經口試通過；我的英文是可以免修，但不能開口，所以又再修。不過我的讀寫能力，却越過再修的階段，所以第一學年開始後不久，我便直接閱讀柏拉圖的對話錄，發揮延平時代英文的厚實功力與成果。我們第一班的英文老師是美國修女 Sister Lee，她是台大新生南路側門對面懷恩堂的洋尼姑，教法平平，但人卻親切和藹，傳教精神大於講課，每星期都邀請我們去做禮拜、辦學生交誼、聽優美古典音樂，但她對基督教的宣揚法，使我無法接受，使我對基督教基本精神的認識，延遲二十五年。對於一個富懷疑與反叛性的人，單憑宗教的武斷說法，不經思索而進入信仰，是堅持理性的反叛年代人物無法躍過的斷崖。英文的大班制，對我訓練聽講能力，其實助益也是有限，但總算第一次與洋尼姑交過鋒，做實戰操練。

國文則是另一種狀況。我也同樣排在領先班級，但課程內容卻是左傳、史記。任課的國文教授，其講法之沉悶，猶不如我延平時代的黃得時老師；古中國的偉大作品史記，由一流大學的三流教授講授，不如我後來自己讀。我覺得，整個大一中英文課，對我沒有多少幫助，我這兩種「外語」能力的基礎，是靠高中時代奠下的。

哲學概論記得是范壽康教的，值得一提的是，它很快引起我的興趣，啓動我閱讀西方哲學思想，並轉進西方政治哲學，廣泛閱讀原著。我在大一上學期，發現圖書館樓下右側的閱覽室所排的那部全套柏拉圖對話錄，極着迷的唸它；我雖不能一下徹底了解，但這本西方思想的偉大源頭書，卻提供我政治與哲學思考的起跑點，挑起社會正義、國家起源、理性思辯的原思靈感。當然，柏拉圖的對話錄，從古至今引起的追問，大於答案，但西方的政治與哲學思想，卻由此源頭奔流而下。這本書看似簡單，不過西方古人的「開講」而已，但實際上卻不簡單。

柏拉圖其實是西方極權社會思想的開山祖，我後來讀到現代思想評論家波勃(Popper)的《開放社會及其敵人》(The open society and its enemy)，始深刻了解其意。波氏對柏拉圖「哲學王」的犀利分析與抨擊，以及斷定柏拉圖思想必然導致全體主義、極權社會，提供我以後認識權力在人類社會中所扮演的狡黠作用，並看到權力落入全體主義的政治體制手中之後，在人類歷史上所展現的肆無忌憚，而發現權力是一種另有其本身「定律」的怪物，必須制衡之。

如果我們相信自由是人類的最基本價值，則西方近代的權力分立觀點，不失是制衡權力怪物的突破性歷史設計。大學四年，從哲學概論的思考起動，到研讀政治理論、中西政治思想，從霍布斯、馬基維利到尼采、共產主義宣言，從洛克、盧梭到美國獨立宣言，廣泛涉獵，奠定我相信自由與民主社會的必要與可貴。所謂自由，其基本核心就是對權力的制衡安排；所謂權力，不僅指涉政治權力，而且包括制衡人類社會的思想統制權力、文化霸權權力、宗教獨斷權力、經濟壟斷權力，以及宣稱任何絕對眞理的意識形態權力。

大三曾繁康教授的「中國政治思想史」，只教給我一個結論，中國的大一統及其專制主義，其對權力脫軌的控制，簡直束手無策，反過來說，等於中國歷史完全沒有民主思想。對抗權力的濫用，中國只發明儒家的空泛道德約束力。道德在權力的刀光劍影中，反成獨裁者的咒語，專制的護身符。薩孟武把權力比爲西遊記的孫悟空，法力無邊，但象徵人民的唐三藏，卻有緊箍咒可以控制，一旦老孫不聽話，咒語一念，馬上讓他頭痛而聽話；但中國文化並無唐僧，二千餘年的專制權力，臭氣沖天。整部歷史，是各個民族循環的權力爭奪戰。統一，正所以窒息中國文化，英國思想家艾克頓(Acton)爵士的名言：「權力使人腐化，絕對權力使人絕對腐化」，正可闡明中國愈一統天下權力、愈腐化，絕對一統、絕對腐化的歷史經驗。

權力的基本傾向是，權力在誰手中，它就對誰有利，除非制衡之。於是我了解，日本時代的台灣人，是屈服在一個異族帝國的權力之下。日本人的權力，爲日本人利益服務，台灣人的一切權利，必爲此權力宰割。我眼前的台灣社會，回憶中的二二八歷史，朝代由日本人換爲中國人，權力由甲手轉到乙手手中，對台灣人而言，只是宰割權力的換手而已。權力不經被統治者同意、不爲被統治者制衡時，它自然不會傾向爲被宰割者謀利。於是我了解，權力是爭取來，而非相贈而來的。權力不僅表現於純物理力、武力、所謂赤裸裸的權力(naked power)，權力更包裝在法律、意識形態、教育、語言歧視、國家認同之中，由強大的一方壓覇弱小的一方。人類的社會組織，基本上就是權力關係。有生產工具的一方，有權力；有知識力量的一方，有權力；有組織力的一方，有權力；有武力的一方，有權力。五二四我會參與攻擊美國大使館，因為我相信我是「中國人」，看到別的中國人被打死，中國被治外法權侵凌，我義憤。我所以相信我是「中國人」，正如新竹我們許氏堂兄許曹庭哥哥相信他是日本帝國臣民，是日本人，要為日本一戰一樣。於是我了解，權力運用宣傳與教育，可以宰割被統治者的意識。於是我了解，檢驗人類社會正義，應由檢驗權力的分佈下手，應問權力在誰手中？那一族群？那一階級？何種集團？正義應由此分析開始。於是我了解，我與我所屬的台灣族群，是數百年來一直為外來權力踐踏的一群人民，無論他們是被迫為清國人、日本人或所謂中國人。

正如大一從哲學概論的思想發軔，大一的中國通史，也開動我對歷史的質疑與發問。由勞榦教授擔任的中國通史，雖比高中歷史較具學術味，較少做歷史價值判斷，但其為正統的臭位却不變。我所以特別回憶大學的中國史，因為在我思想的轉轍中，最重要的一項就是質問中國歷史。首先我感覺到，中國不是一個單一民族，中國歷史整合的力量也不是西方觀念中的民族主義。民族主義是孫文向人偷借的西洋水泥，用以黏合現代民族主義與「中國人」觀念的工具。

歷史上的中國，是一個叫「大下」的舞台，以古漢民族創造的文化為統治意識，由四夷民族逐鹿之、姦淫之、擴張之，其本質是權力的赤裸鬥爭，勝利者拿中國文化沐猴而冠，它是由一個武裝集團推翻另一個武裝集團，以效忠一人一姓而建立的一個個專制時代。中國自秦一統後，凡能統一天下的，不管張三李四、南蠻北狄、西戎東羌，都是正統的高祖級天子人物，中國政治歷史乃是「大丈夫當如是」以及「彼可取而代之」的權力爭奪循環賽。

爲統一而統一，說穿了就是權力鬥爭上一山不容二虎的老定律；因此，必須幹到勝者爲王、敗者爲寇。此種勝王敗寇道德，形成歷史的勝利者拜祭歷史的勝利者的歷史，而無管仲時代披髮左衽的夷狄之辨。因此，我們看到台北的忠烈祠，蔣介石會祭拜成吉思汗爲「民族英雄」，國共兩黨的天下生死之爭，必互稱對手爲蔣賊毛匪。

權力實是中國歷史文化最野蠻的表現。在數千年的野蠻文化中，人民是權力逐鹿場上的戰利品，人民沒有意志，人民沒有聲音。中國歷史不斷出現一統，並非歷史本身有何一統的神聖使命，其性質說穿了，更像資本主義經濟的競爭與吞併現象，一統就是托拉斯。由於權力的嫉妒定律，不吞併不可。其不吞併、不統一時，非其不欲吞併、不欲統一，而是權力出現平衡、出現對抗敵手。春秋戰國、五胡亂華、三國時代、南北朝、宋金對峙，以致今天美蘇對立，皆可由權力的平衡而了解。

現代統一論者爲統一而統一，爲掩飾權力鬥爭的本質，偷竊西方的民族主義觀念，以古代小軍閥黃帝爲「中國人」共祖的神話，打造非一統不可的理論，讓我們知道，歷史不但可以編，也可以造。黃帝果是共祖，南蠻北狄、匈奴蒙古滿洲，通通都是祖宗，在歷史權力互幹的大妓院生下的子孫，誰能確定那一個大嫖客是你眞爸爸？那一個是你假爸爸？這個統一派的大笑話，是讓人笑不出來的大笑話，竟把權力兼併的本質，視爲中國非一統不可的歷史使命，其實這只是呑併主義者的合理化藉口，並不深奧難懂。

中國歷史上的權力鬥爭，使我們對歷史爭戰下犧牲的善良人民，愈發同情。我們想問，台灣人的祖先爲什麼會逃離大陸？何以有人在那個時代不畏生死、無視天朝禁令，不斷以棄絕之情移民海外？不就是因爲權力舞台的腥風血雨，人民無以爲生，非逃不足以保命嗎？不就是因爲他們無力對抗社會權力壓迫、經濟權力壓迫、政治歷史壓迫，而以奔向天涯海角，代替絕望的原鄉嗎？

消滅一個民族，必先消滅其歷史，統治者從小學到大學只願講中國史，爲什麼忌諱台灣這塊土地及其人民的歷史？

台灣人的歷史，這個因質疑中國史而起的追問，使我不斷向圖書館找尋台灣史料。到牯嶺街搜購日文著作，從讀荷蘭東印度公司的歷史記載、到台灣名稱譯音之出現於《東蕃記》，從大衛生(Davidson)的《台灣島的過去與未來》、到喬治•柯爾(George Kerr)發表在美國東亞刊物的《國民黨接收台灣記》，從日本學者伊能嘉矩的考證、到連雅堂的《台灣通史》，從《日本帝國主義之下的台灣》到國民黨學者扭曲的《台灣與大陸》一書，雖然感覺資料不足，但爲我所拚湊出的台灣歷史，卻不同於統治者的說法。

我發現，台灣自古不屬於中國，台灣之開發是我們先民冒死抵此締造的，他們是天朝棄民，他們是原鄉天災人禍的受害者，他們是拿鋤頭的農民、勇敢的航海者、和平的商人。而天朝中國的統治者，從古就鄙視這塊海外丸泥、荒服之島。滿清如不是爲消滅與之對抗的鄭王朝，根本無興趣拓之爲版圖。整個台灣的開拓歷史，並無一絲中國統治者的軍力保護或財力支援。反之，剝削有之、貪污有之。移民的兩大族群，河佬與客家民族，從古就是逃的族群。從他們的語言分析，判斷是中國境內民族大鷄尾酒會中更純的漢民族，他們是政治、經濟、文化的邊際人，他們之逃出中國大陸、奔向海上，是絕望的最後選擇，但求再生於異鄉。他們是東方的十六世紀歐洲人，坐東方的小五月花，到台灣、到夏威夷、到東南亞各海島，去找尋自己的夢。這兩個和平民族，不善於戰爭、不懂政治，他們只曉得開墾荒地、只知道經商、只會航海，他們是漢民族中的猶太民族。

他們最偉大的開拓史發生在這個海島。一批批先民，九死一生越過驚濤駭浪的黑水溝，抵達這個美麗島，與天爭、與地爭、與原住民族爭。他們開拓這塊本非中國之土，亦非中國所要之地，只希望自己溫飽、子孫不再飢饉，以脫離中國的恐怖爭戰、專制壓迫、貧窮無望。他們早荷蘭人約一百年，在一五二〇年代就抵達今天的安平，以一鯤身島爲基地，建立殖民灘頭與商埠，而被住於台南附近的西來雅(Siraya)原住民稱爲「台灣」(Tayoan)，《東蕃記》便是根據傳回的河佬語譯爲「台員」、「大員」。這個歷史起點的「台灣」，寬三、五公里，長不過八、九公里，是一個不毛的沙丘。荷蘭艦隊於一六二四年進入「台灣」，建立歷史上第一個政權時，荷人記載「台灣」島上的河佬人，幾有一萬人，有商人、有準備進入本島拓殖的農民。這是台灣歷史的序幕，由「台員」的一鯤身島，拉開四百年的悲歡史。

但定睛一看這四百年史，這群追求自由的人並未找到自由。雖然靠勤奮與島嶼的肥沃，他們找到溫飽，却無同時代歐洲人遠離舊世界的幸運。如果這兩個族群能逃向今天的澳洲，歷史將完全不同，但他們只逃抵與原鄉相距不過一、二百公里的海島，遂擺脫不了東亞大陸權力大地震的一波波災難。當歐洲的殖民強權出現東亞，荷蘭與西班牙人的權力便在這裡登陸。當滿洲大帝國崛起於大陸，台灣馬上出現由大陸震波彈出的第一個逃命政權，把台灣充當「復興基地」，而招引滿清強權的征服，致使台灣蒙受了二百三十四年的貪污剝削統治。當近代的維新日本帝國崛起，權力又迅速化台灣爲日本的首塊殖民地，奴役台灣五十年。而當世界強權的美國擊敗日本，台灣又落入美國保護下的來自大陸權力大地震的第二個逃命政權手中，再度淪爲「復興基地」。國民黨這一批中國政治難民，挾著敗逃的殘餘武力，以島上的人民與資源爲賭本，搞其復國殘夢。

於是我了解，小時候迷惑的戰爭、驚怖的二二八屠殺，乃是每一次統治主人的見面禮，一再換手學習日本國語、中國國語，是台灣歷史操之在人的必然代價。沒有權力的民族，就是命運受制於人的民族，而所謂台灣人，不過是四百年不斷遭受壓迫屠殺的先民及其後裔的代名詞。我父親所目睹及憤怒的歷史，也是我所目睹及憤怒的歷史。

這個起於大學中國通史的追問，終於使我領悟到台灣歷史的特質，於是我恍然覺悟我們每一個人的命運，都徹底受這種歷史權力所左右。我們是拿鋤頭的民族，不得不聽命於拿槍的新到統治者，現在新到的一批要「反攻復國」，我們就得去跟他「復國」，否則沒命。

從台灣歷史的反省，及我讀懂的政治現象，究明權力的本質後，我終於清楚自由來自權力的抗衡。台灣這個歷史族群、或所謂台灣人，有而且只有一個方法爭得自由，就是抓住歷史的機會，喚醒及組織台灣人意識，建立獨立國家。

我們必須擺脫中國的歷史糾纏，以世界及東亞強權的國際權力平衡，取得獨立地位，我們應該徹底放棄中國的專制統治，建立自己的民主國家。

我因此相信，要避免台灣歷史一再被輪流蹂躪、台灣人被輪流殺戮，不致再發生二二八殘殺，我們如想實現自由與民主的社會，要保有先民四百年來辛勤的遺產，那麼建立一獨立國家，是台灣人必定的命運之路。我們無意與中國爲敵，但中國只可爲鄰，不可爲國。

就在我沈醉於大學之夢的第一個學期結束後的寒假，我又一次陷入感情的漩渦，不過，就像基隆夏日的陣雨，只短暫的留下記憶。

一九五八年寒假，媽媽召我回去基隆許願，並爲汐止的元化寺自泰國進口的白色大玉佛，舉行抵台慶祝。白玉佛的置放處就在義一路我家對面的不遠處，晚間，佛徒畢集，人潮洶湧，我也參加。當晚，負責佛堂前招待及收發的一個少女，非常面熟，我慢慢記起七、八年前國小畢業前後，媽媽常叫我送東西到她家。而她家愛三路與我家仁四路是繞一個彎就銜接的街道，中間就是基隆有名的廟口夜市。我送幾次東西，都是她幫拿幫送，我們就這樣認識。記得我每次到廟口，常會不期然碰到她，她常會大方的拉我一下，我們甚至一道坐在廟口吃過東西，由我請客。當時她不過十歲，人長得清瘦，眼睛特別明亮，但很活潑，不會害羞。她的媽媽叫她艾美，我跟著叫她艾美。一九五〇年我上台北唸書，而且家也搬到義一路，便極少見到她。她父親是基隆市議員，對於迎佛活動，自然領先奉獻。

我所以感到面熟，是因爲她那一對大眼睛，如果不是因爲她那一對大眼睛，我幾乎不易辨認那就是七、八年前的小艾美；若非我看到她媽媽就在旁邊，又叫她名字，我很難相信是她。眼前的艾美，是一朶盛開的花，正散發青春的媚力，且長得很美。

她似乎一眼認出我，但好像對我的變化，感到某種訝異。我已戴上眼鏡，人很瘦弱，一付書呆子模樣，不像少時健壯。我進大學時，體重由六十三公斤降爲五十三公斤，元氣大傷。而反過來，這個眼前的艾美，却由清瘦不起眼的小女孩，一夕之間在我眼前變成一個豐姿綽約的少女。當我看著她那對比小時更明亮、更迷人的眼睛時，她對我投以舊識的微笑，但已然沒有從前的自然，她似乎對自己的美麗，有高度的敏感與意識。我們聊了一些小時的話，親切中已找不到舊日的隨便。

迎佛活動一星期後，她悄悄的攜來一張自己的近照，我忽然記起愛四路照相館的廣告照片，就是她。我看了她的贈照，覺得她本人比相片更具媚力。她的美，在她那對引人遐思的眼睛，一對神祕而性感的秋水，她的美，在她優雅柔緩的語音裡。這張照片，使我恍惚地勾起少年時的心，沈緬於少女的眞意。兩個禮拜的相處，日益親近的瞥視，愈來愈溫柔的歡談，使彼此意識到我們之間微妙的變化，她的眼睛時而發出友情以外的光彩。

自「哈路」離開後，我可說傾全力於大學一戰，除了在延平補校發生一次移情之戀外，並未再對女孩子發生興趣。但這次回到故鄉，與艾美長大後再度相逢，我竟突然控制不住心中的感情，覺得每天都想著她，看不到她就繞到廟口，留連少年時愛吃的肉羮攤，希望與她再一次坐在那裡，品嘗廟口的美食。我每次與她通電話，約定時間，她似乎每次都壓低聲音，表示媽媽在近旁，媽媽最近不高興她出去。

整個寒假在基隆，我似乎陷入心中愛的幻夢。其實，我與她並未眞正認識，不過舊識相逢，憑眼神燃起心中的美麗。由於不容易看到她，想念加深，我慢慢不能分辨自己的虛幻與眞實的分野。我把電話中甜美的少女聲音，視做感情的回響。寒假一結束，我帶著興奮與期待趕回台北上課，希望在今年暑假回基隆時，能與她在一起。

大一下學期，我寫信給她，也接到她的覆信。信寄到台大校總區，她說希望我回基隆一見。我就在一個星期六下午回去，以電話約在中正公園門口，時間在晚上七點。使我意外的是，她出奇的沈默。兩個人繞著河邊來回走了很久，天上是星星，地上是路燈的投影，無邊的沈默代替少時見面的拉手天眞，也代替寒假再重逢的親熱，她似乎充滿心事，問也不應，講也不答，只是相偎而走。最後，她突然對我說，許先生，我會記住你的，但我眞的沒資格愛上你。我愣了一下，表示不解，她說我們無緣。

我挨了重重一擊，第二天回到台北，心情非常低沈。我不能理解發生了什麼，但我與自己的幻影不斷苦鬥幾個月。旣然，我愛上的是並不存在的青梅竹馬，那麼她迷人與明亮的眼睛，只能留作記憶。

不久，我聽說她下嫁給一個大陸人，二十年後，她的哥哥洪國雄怪我爲什麼不找她，我當然知道國雄只是在開我的玩笑。國雄是台大校友，法律系畢業，他能知道我與她妹妹的故事，除非艾美告訴他，否則他不可能知道。

這年秋天，我升大二，我們都回到台大法學院上課。

法學院雖然沒有校總區廣闊，但校舍櫛次鱗比，擠在一起進進出出，倒也十分熱鬧。二年級的課程，差不多與一年級一樣緊湊，我除了決定二年級的選修課外，仍一天到晚進出圖書館，看我的經濟與政治西方名著。不久，我決定參與部份課外活動，一是加入健言社訓練公開演講，二是寫文章，開始不斷在校園刊物發表。

健言社是法學院的學生組織，在我的文章一篇篇登在各個台大刊物後，知名度使我意外認識許多系外優秀同學。健言社社長不久找到我，拉我參加，我認爲很有必要，因爲從小我就缺少公開演講的機會。練習演講，健言社就有一套方法，一人講，衆人評分，而後將評分單交與演講者自我檢討，從內容、儀態、咬音、舉手投足，都反映。此外，社長及老社員會當場批評。這個訓練，奠下我演講的經驗。

我第一篇文章，是參與大學時代雜誌的徵文比賽，寫新鮮人的反省，意外拿到第二名。我的本意是想試驗自己的中文表達力，究與同學相差多少，登出後的反應還不錯，大家表示肚子中還是有點東西，筆鋒有力。由此開始，我便一篇篇寫出去。而寫文章有一個好處，一寫就要組織思想，並把吸收的知識整合。但學校的思想監控，使我們不能觸及任何現實政經思想問題，只好繞著理論邊緣，倡自由、談知識。寫文章的第二個好處，是能以文會友，我因此而大量認識系外同學，其中不少都是後日傑出人物。更重要的是，由於思想的相激相盪，遂產生彼此無法估量的思想發展。如未發表文章，我不可能認識諸如劉福增、陳玉璽、洪鐮德、陳彥年、曹俊漢、何秀煌、張旭成、夏沛然、陳鼓應、范光群、許登源等等友人；如不發表文章，我不會被引去認識殷海光老師。

殷老師是在台大影響我最深的一位教授，我不是他班上的學生，但我是法學院學生中最接近他的一個人，我聽過他的每一場演講，唸過他的每一篇文章，知道他的觀點。大三時，我或單獨，或與彥年，不時在晚上到他溫州街的教授宿舍聆教、暢論，並做師生辯。

我想，多回憶一下殷海光，是有必要的。

殷海光所以引我注意，源於我讀他的《邏輯新引》，我基本邏輯的思考訓練，深受他的方法影響。其後不斷讀到他在《自由中國》的文章，實爲其犀利無比的分析力，感到折服。他對自由與民主理念的闡釋，對極權的理論反擊，使我這個攻讀政治系的學生，不僅深受影響，而且很想知道殷老師的爲學方法。由於我小有文名，遂認識不少殷老師的哲學系門下弟子，像福增兄、鼓應兄，就是其中兩人。

大二時我幾度回校總區聽他演講，有一次，他講「後設歷史學」「後設歷史學」，是殷海光式的英文術語漢譯，即 *Metahistory* 之漢譯，*Meta* 就是形而上學的「形而上」之意，故「後設歷史學」者，卽歷史玄學之謂也。殷海光擅於用邏輯攻擊玄學，尤其對從歷史玄想抽出的歷史解釋，抨擊不遺餘力。他之所以打擊玄學，基本上是認爲極權思想必借用一套套空洞的歷史解釋、歷史玄思，以天馬行空之勢，編製一套無所不包、企圖解釋萬有的思想大架構，籠罩並控制其統治下的人民思維，以實現自欺欺人的烏托邦目標。

從殷海光的邏輯實證論觀點看，天底下沒有萬能的思想體系，人類進步必須依賴實證的錯誤嘗試(Try and Error)，一步步累積經驗，一片片構建眞實知識。極權主義者、全體主義者，其招牌都是各種「主義」，這種種主義的思想大架構，其背後都是以一套套不能證明的歷史玄思去支撐。殷海光不但拆共產主義思想的台，他的箭頭更指向一丘之貉的現實統治意識形態，攻擊大架構的編織者，依其需要而隨意串編歷史事件，形成所需意義，打造各種「主義」。因此，殷氏思想反對任何預設眞理，反對對人類思想自由架上不能質疑的各種大框框。殷氏強調自由思想，強調獨立思辯。他的思想消毒，正好擊到國民黨的要害。因爲台灣的統治集團，正在極力模仿共產黨的思想控制，以另一套大架構的「主義」大刷子，天天刷青年人的大腦袋，以達政治控制的目的。爲此，國民黨統治集團對殷海光非常感冒。

長得瘦小的殷老師，一頭短髮，眼光敏銳，清瞿的面貌，含有一股倔強的氣質，嘴角似乎永遠抿緊。講話聲音不大，以一句句殷氏術語串成的演講詞，展露精確與明晰。爲了不直指現實，常以高度抽象的語言，涵攝指涉對象，但沒有一個學生不懂他的攻擊目標。他不是滔滔的演說家，但他演講的每一句內容，都是雄辯，經常犀利而精采，從他濃縮的抽象語言，能讓你回味及思考半天。殷海光的批評力及分析力，無疑是第一流的，而他的文章也是另成一格，敏銳、精確的邏輯佈局，用語別出心裁、有創造力，往往像一把外科手術刀在解剖人體。讀他的文章，覺得他的對手個個都被剝光衣服似的。

殷海光無疑是統治集團黨化教育的最大死敵。台大由於具有特殊的自由傳統，是一所較具國際學術交流活動的大學，政治的控制不便明目張膽。比較當時台灣其他大學皆淪爲政治婢女的情況，台大確有一絲自由氣息，這一絲氣息的最大貢獻者應是殷氏。他以個人獨具的學術功力、道德勇氣，不停的清除極權思想的侵襲與腐蝕。他對民主信仰的深刻闡釋、自由理念的發皇，無疑是我們這一代人的領航者，對我的影響，至今猶存。民主與自由兩個理念，遂構成我改革台灣社會的基本信仰。

但殷海光對我最大的啓廸，尚不在邏輯思考、語意學(Semantics)，他引介我知道應該涉獵人類學、社會學、心理學，重視以現代知識解決社會問題；他也不僅止於引領我欣賞羅素思想、或海耶克的經濟與政治自由觀點、或反極權的意識型態，我認爲，他給我最深沉影響的是讓我看到一個風骨卓絕的智識份子典型。在長期思想監控迫害下他無畏強權，無視威脅，硜硜無懼的道德抵抗意志，使我首次體會大陸智識份子那種威武不屈、貧賤不移、富貴不淫的風範。這種氣質，無疑增強我的道德意識，反省台灣人的投機性格，及驚弓之鳥的歷史缺陷。殷氏曾在他的溫州街宿舍幾次論及台灣人，他批評台灣人何以沒有大陸人的磅礡氣慨，何以缺乏輕如鴻毛、重如泰山的道德氣質？爲什麼重利輕義，難以團結？我曾分析並答覆，台灣是一個移民社會文化，數百年來被外來政權壓扁與扭曲的心靈，呈現集體畏縮的歷史性格，大家「日頭赤炎炎，隨人顧生命」，其傑出人物都傾向投機與妥協，並爲功利的社會示範惡質的「成功」代價。因此，統治台灣的外來勢力，均深知並加強台灣人威武可屈、富貴可淫、貧賤可移的低劣性格，分而治之。台灣歷史缺乏硜硜道德的反抗人物，是台灣人難脫奴役命運的因素之一。

殷氏對我雖有如斯影響，但師生之間對台灣問題的觀點，却有分歧。大三時，有一次我夜訪，他大談世局。他頗有遠見的分析說，中共的崛起，觀其十年來的氣勢，從中國歷史看，是漢唐的再版。他斷定未來的世界權力必會三分，三分者美蘇中是也。從他這種斷定，我問他蔣氏政權與台灣豈不是要被漢唐掉嗎？他說，權力均衡將不容台灣落入中共之手，但台灣的長治久安，必賴能否建立民主自由體制的社會，否則大陸人與台灣人的矛盾，最終會吞掉一切。我則提醒他注意，歷史從來以少數統治多數的武裝集團，就像國民黨的敗逃台灣，只會本能的企圖控制一切，並加強神話統治、語言殖民，文化殖民、意識形態殖民，不會心甘情願走自由路線。台灣的民主自由只能建立在台灣獨立上面，以認同民主自由而由大陸人與台灣人共建獨立國家；否則，沒有獨立認同的民主自由社會，中國人意識在看到對岸漢唐大帝國時，只會瓦解。雖然國際的權力均衡能阻擋中共的武力吞併，台灣內部的漢唐意識，最後必會分裂台灣的民主自由社會，就如老師所分析的，會把「認同感」投向三分天下有其一的強大獨裁中國。故僅民主不足以保台灣，加上獨立，始有可能。

殷老師聽到獨立，起初一驚，繼而沉吟半晌，然後他說：曹德，獨立豈非又要來一次革命，代價恐怕太高，就以憲法現有框架，打破一黨專政之局，實現民主即可，民主的基本價值，絕對可以抵擋共產主義。我說：老師，有一天共產黨如改口不提倡階級鬥爭，不言世界革命，而換說我們是中國人，以強大的貨眞價實漢唐民族主義，吃掉國民黨的侏儒中國民族主義，那麼民主社會中的虛弱心靈、中國意識者能不「西瓜倚大邊」嗎？國民黨的「小中國」，能代替民族主義者泱泱大國架勢的漢唐「大中國」嗎？沒有獨立認同，不締造新的民族國家，對自認是中國人、雙脚踩二船的漢唐主義者而言，民主將是從「小中國」通向「大中國」的歷史橋樑。他說：曹德，不能說你的話沒有道理，但你忘記，共產黨是沒有民族主義的，共產黨只有階級意識。我說：老師，我們讀政治的人，知道權力總強於意識形態，共產黨是搞權力高手，懂得馬基維利，了解列寧的戰術撤退，明白什麼叫戰略、什麼叫戰術。而且，獨立非一定要流血不可，和平的群衆運動，非不可能。他說：曹德，共產黨獨斷主義者重教條、講原則，不如你想的是一個手段的黨。而且，大陸人在台灣可與台灣人講民主，但不容易講獨立；起碼這一代人不死，他們不可能忘記自己是誰，要他們當台灣人，談何容易；東晉南遷的歷史，不是有名的先例嗎？

三十年後回顧這段師生辯，歷歷在目。而今台灣命運，不正陷入這段對話的歷史漩渦嗎？三十年的滄桑，歷史條件有的已經大變、有的未變，有老師見及的、有他意料之外的。中蘇未分裂前，他能敏銳的嗅出兩者要分裂，天下必三分。但是，他斷定共產黨不講民族主義，則猜錯了，而學生的懷疑，正出現於歷史中。

殷老師是住在溫州街的一幢日式庭院的宿舍裏，每次往訪，他的一條大狗好像他的警衛，狂吠不止。殷老師是一個署顯拘謹的人，但一旦與學生打開話匣子，最尖銳的思想問題、政治問題，會一道道冒出。他每次都會介紹新書，叫你要讀；與他談話，我都聚精會神；如問住他，搔到他的癢處，他會狂泉噴湧，切割問題，如庖丁解牛，展露他的精闢見解；學生的觀點如更高超，他會特別欣賞；問倒他，他會久久記住，找你磨這個問題。一九六八年底我被捕，羈押於景美看守所的黑牢時，突聞他死於癌症，令我傷心得掉下眼淚，心裡難過了好久。他是我一生感念與灑淚的唯一大陸老師，一個值得敬愛的中國智識份子。

大學時代在塑造自己思想的各種影響力中，殷氏的自由主義觀點尚未增強，台灣獨立意識尚未成形中時，我不能忘記社會主義思想對我的衝激，並成為思辯社會問題的重要起點。大二時我曾費力旁聽經濟理論，知道經濟是權力之外，甚至比權力更核心的人類問題，不懂經濟思想，乃是現代紛爭的文盲。民主及獨立，它的成功基礎，必在成功的經濟路線，成功的創造與分配。

言及社會主義，我不得不回憶我的「馬路圖書館」，牯嶺街的舊書攤。

為了聯考，我在高中時代就知道跑到牯嶺街買便宜的參考書與用過的課本，而常順便買到各種禁書。高中時讀到的五四左右翼文學作品、思想大論戰，便由此而來。到了大學，我更常到牯嶺街找寶。由於與書攤老闆長年交易，他知道我是買書狂的學生，所以敢把一本本剛到手的思想禁書推薦給我。這些書都不便宜，我的零用錢常被吃光，因此常向大哥透支我的買書錢，並動用我個人的儲蓄。據書攤老闆講，這些書大都爲大官子弟從家裡偷出以換取零用錢的。因此我買到的書包括共產主義的重要文獻，從列寧的帝國主義論、國家萎亡論、托洛斯基的永遠革命論、馬恩的共產主義宣言、蘇聯共產史、馬克思的資本論日本版、考茨基的資本論引介，到毛澤東的矛盾論、唯物辯證法、唯物史觀，俄國馬克斯之父列漢諾夫的介紹、無政府主義、普魯東、聖西蒙的十九世紀社會主義學派、日文版的世界大思想全集。不僅思想禁書，性的禁書、西方文學的有名作品，我都買來看。可以說，在那個白色恐怖時代，我所擁有的社會主義書籍，使我涉讀之廣之深，不是一般台大學生所敢想像的。這些書只能在家裡讀，連好朋友我都不提，我知道一被發現，保證你坐牢。

因此，我是理解共產主義經濟理論先於古典經濟學的台大學生，由社會主義攻擊的地方爲我的思想起點，再倒過來唸古典學派大師的著作，以及現代經濟學。再從權力本質觀點，殷海光的反全體主義、反意識形態、個人主義、自由與人權思想，思辯我的基本看法。一直到我畢業，我大腦的起伏轉折、左右激盪，眞是洶湧澎湃。

這四年大學，我得到這樣的看法，從權力本質之分析，從權力制衡之絕對必要的觀點看，自由與民主是人類不可放棄的價值，不可放棄的制度。無論共產主義、社會主義、或資本主義，均應於此架構內試驗，而不能容許專制制度出現。蓋絕對的權力，必然導致絕對的腐化，共產主義的無產階級獨裁，最終必自己擊敗自己。我們不能忽視社會主義提出的社會公平大問題，不可忽視被壓迫的、被剝削的社會階級及族群，但我們必須在民主自由的社會架構內，尋求解決，尋求基本保護，而不妨害個人創造力，以締造人類最大的財富及各種價值。資本主義偉大的個人激發力、它對個人基本財產與基本自由的保護，均是必要的。機械的平等教條，並無益處。台灣是一海島，並無豐富的天然資源，我們必然要靠貿易立國，必然要以資本主義的個人動力創造經濟力，只能對弱勢階級及族群尋求基本保護，以擴大經濟大餅，使邊際人也富裕。共產主義非我們所要，也不可能成功。

到了大三，我的思想已生巨變，我已經完全站在台灣人的觀點，來思考台灣問題，堅信台灣獨立與台灣民主的必要性，並認爲台灣問題之解決，絕不能忽視大陸人與台灣人和平共存的問題。這批拿槍桿的統治集團，以凝結一百餘萬難民的憂患意識緊張兮兮的統治台灣，形成所謂省籍意識，是台灣走向民主與獨立的最大障礙。最終的整合，應化爲一切人均爲台灣人，鼓勵通婚，採取雙語教育制度，塑造台灣新的民族，認同新的國家。因此，在大學時期，我與外省的大陸籍同學，反而設法彼此多認識、多結交，四年之中，最常相處與切磋的好朋友，反而是外省人。因此，回憶一下我跟他們的融洽友誼，特具意義，並能反駁台灣獨立運動者，是排斥大陸人的陰險宣傳。當然，正如殷海光的分析，要這些第一代逃到台灣的大陸人認同台灣，需要時間與台灣人的友誼。我認識的這些好友，均是歷史的俘虜，談到獨立，都以爲要他們跳太平洋，他們都不屑學講一句台語，這是他們的悲劇。

因此，台大同學的省籍關係，基本上是台灣政治社會的反映。我們唸書的時候，兩者是非常冷淡的，台灣人與大陸人能成爲好友的，並不多見，起碼並不普通與自然。兩者彼此有生活的、鄉土的、觀念的、語言的、政治觀點的基本歧異。大陸同學有一特徵，是自己形成外省小圈圈，自成社會。就政治系而言，能與他們變成好朋友，合作一起、無所不談的例子，恐怕只有我一人。本系的高準、計湘全，法律系的曹俊漢，就是好例子。因此，曹俊漢非到一九八七年我獨立主張正式爆發時，還不清楚我的思想。爆發後他趕寫的文章，仍不忘引用美國前國中國政策設計人之一的奧森伯，攻擊台獨不可能的蛋頭爛調，表示他們仍是歷史、自身利益及中國人立場的俘虜。大學時代，由於殷老師的啓示，除他以外，我從不與外省友人辯論台灣獨立，他們是歷史上東晉南遷的現代版，要他們土斷，大概要三代。這些現代的東晉人，也跟古代一樣，認爲他們是「中原人」，並在潛意識中輕視「南人」，他們沒有我們被壓迫的血淚歷史，不了解我們犧牲與抗爭的歷史動力是什麼。

高準是一位有多方面才華的同學，大一時我們就在一起。他的詩、繪畫、文章，均有傑出的表現。或許由於脫離現實，性格與感情呈現脆弱的一面，畢業迄今，他遭遇了不少挫折。大二開始，他首先接辦《大學時代》雜誌，因我常寫文章，大家更接近，我也參與編輯與校對，學到不少搞雜誌的基本智識與經驗。大三時我接辦全校性代表刊物《台大青年》，即由與高準的合作學得技巧。辦《台大青年》時，我又拉入曹俊漢，且把搞刊物的經驗傳與老曹，因此，大學時我與這二位外省友人，感情都很好，我嚐過高伯母的浙江菜，吃過計伯母的安徽料，我均去過他們的家，台灣人的大拜拜，他們也到過我家領會本地人的風味。計氏家住高雄鼓山眷區，但我聽不懂計伯母的安徽話。

一九八七年我帶女王與女兒到洛杉磯看我在美就讀的小兒子許萬敦時，他鄉遇老友，在畢業二十五年後，與計湘全把「可樂」話當年，恍如隔世。他顯然不滿當美國人，因爲他認爲美國歧視非白人，但他又不能不愛美國，中國故鄉非其所欲回，台灣非其所愛。這是現代流浪異鄉的「東管」中國人的無根心結，心底悲傷。計氏猶未婚，以一流中國人才具擔任美國公司的高級主管，拿美國人同一職位的二流薪水，收入雖不少，心理却不平衡。他是中國智識份子流浪美國的「花花公子」，日以洋妞美女娛其落寞的餘生。

曹俊漢後來轉唸台大政治研究所，赴美留學，返台後成爲學者，偶而替國民黨當輿論打手。一九八七年台獨案發生時，他氣急敗壞的打電話問我：「老許，你的台灣獨立，莫非要把我們趕出台灣？」我告訴他，局勢已迫使台灣獨立主張，必須堅決提出公開辯論，必須攤在陽光下討論，才不致被醜化與誤會。台灣不應有「外省」與「本省」之分，只有「外國」與「本國」之別，台灣必須是台灣人的台灣，而「台灣人」必須凝成一個民主自由的國家，始能不被中國呑併。經過二十五年，我與三個大陸同學的友誼與微妙的政治觀點，正確反映外省人與台灣人各自命運的分歧。

至於高準，余光中曾大喊「狼來了」，就是指他曾高舉「工農兵」旗幟。老高前幾年曾突破禁忌，首回大陸又回台灣，似已對大陸社會徹底失望。不過，他必是一位反獨立的健將，現爲「中國統一聯盟」的一員。外省人智識份子心中顯然不能冷靜的思考、及認識共同建立獨立民主自由社會的可貴與可能，他們故意忽視百年內中國不可能富裕與民主的殘酷現實。

大二及大三，我重要的課外活動是寫文章、辦刊物。但台大並不眞正容許學生言論自由，我們也十分清楚，但知其不可而爲之，憑的是一股青年人的銳氣。突破多少，算多少，起碼要揚起一陣自由氣息。爲了這個，我幾乎遭學校開除。

校園刊物能擺脫政治黨八股，首由劉福增主編的該期《台大青年》開始。劉福增首次呼籲學術自由，刊內所列文章，呈現活潑與清新，令人耳目一新。繼之主編《台大青年》的是陳玉璽，他的突破，是公開批評台大行政。結果是被叫到校長室，無端挨了錢思亮一頓羞辱，玉璽爲此痛苦流涕，我們兩個曾在校總區大操場上，來回踱步，痛斥錢思亮。錢思亮爲了玉璽把今天的台大與日本時代的台大作比較，而斥罵玉璽爲不知感恩圖報的台灣人。這種無根據的敏感性反應，出諸一個校長之口，羞辱一個本無省籍意識的台灣青年陳玉璽，國民黨實在擅長製造潛在敵人。多年後，玉璽到了海外，不僅左傾，成爲反國民黨的一支健筆；而且在一九六八年左右從日本被捕回判刑，關在景美看守所外役區時，雖同我一起在洗衣工廠，但出乎我意料之外的，他似乎不認識我這個大學時代的老友，與統派的左派仁兄仁弟把我視爲階級敵人，使我心頭一震，驚訝於狂熱意識形態的力量。

玉璽羞辱事件之後，我便於次期《台大青年》，寫了一篇尖銳批評中國文化的文章，此文與施啓揚的一篇法律論文併列於該期封面要目。出刊後，不出兩天便被下令收回。貼的貼、重印的重印，我還是從法學院宿舍的同學偷撕貼紙，輾轉傳閱，才知此事。

我很快被叫去問話，與玉璽不同，我不是被叫到校長室，而是被叫到座落於大操場右邊的總教官室。大家都知道，教官就是特務。我一共被召見三次，第一次威脅，說是與我溝通，以便下星期開校務會議時，決定是否記過或開除；總教官說，校方的原意傾向開除，第二次拉攏，他說對我上次的答覆尙稱滿意，認爲我係台大傑出學生之一，一時衝動，經過溝通、了解，尙無惡意，他基於惜才，反對學校處罰，希望我體諒校方寬大，此後多寫「建設性的文章」，少寫「消極性的批評」。第三次則是在知道我接任代聯會學術部長，即將主編《台大青年》時，請我第三次見面，這次則是收買。他問我擔任主編有何需要學校協助的，我直接了當的說，希望校方不要過敏，審稿要合理，盡量放寬學生的言論尺度，我們並不是故意與校方爲難。另外，我要求除印刷費外，能增撥預算發稿費，以資鼓勵同學投稿。這個無意的要求，竟第一次被接受，開《台大青年》發稿費的記錄。我知道這是收買，我想也好，將計就計。那次，我請曹俊漢協辦，內容雖無重大突破，但也沒有退步，仍循自由精神，剔除八股，保持清新與獨立的文章，繼續強調學術自由；並刻意在封面與封底，以意大利文藝復興的米開朗基羅作品，爲自由創造的象徵，代表抗拒壓制。

大概由於《台大青年》順利刊出，沒有惹起麻煩，所以代聯會主席戴森雄，遂把我列入一九六〇年寒假在東海大學舉辦的「歲寒三友會」，並邀請我參加。此會邀集全國大專社團及刊物領導人物，由救國團招待，目的在訓練及吸收大專精英，爲蔣經國所用。我起初不明其意，以爲是大專生的「寒令營」，到了大度山的東大，看到無微不至的招待，從火車票到住宿的安排，都有專人引導，每間宿房不出四人，非常舒適。但看了日程表，我才了解是救國團的政治活動，而日程表上最重要的一項，是討論與演講後的蔣主任講話。

兩個禮拜的活動中，蔣經國與大家共處三天，此時的蔣氏，年僅五十左右，壯碩健挺，講話柔和親切，頻頻與各校代表學生閒話家常，問長問短，一下拍照，一下各別接見，極盡親近青年、禮賢下士之態。活動期間，他們發下救國團教材《科學的學庸》一書，請大家發表讀後心得，本期大家擁護與阿諛，我一讀，覺得很不對胃，便寫了一篇不很客氣的短評，登在他們的會報上，指出其矛盾與不通，遂由此引起注意。另外排定的各校代表演講，我也被排上，我一看題目，竟又是要人拍馬屁的八股，我又借故拒絕上台演講，於是又引起注意。爲此，蔣經國在演講完後，於接見各校重要代表時，見到我時特別重覆問我是否來自台大、寫「中庸論」的學生許曹德，我答是。握手後，他面露笑容，說他看過，覺得頗有道理，值得參考與檢討，並說我有見解，希望我參加本次「三友會」，身心愉快，畢業後，能不忘獻身國家復興大業。

這是我唯一一次與小蔣接觸，八年後，我爲其所逮；二十七年後，「台灣應該獨立」列入受難會章程後，風聞他尙問左右，許曹德是何方人士。當時，三個月後即將死亡的老人，大概記不起二十七年前的台大學生代表，或者任何他無情殺戮與下獄的台灣人民。

一九六〇年六月，雷震爲領導組織「中國民主黨」被捕而爆發「自由中國」事件以前，學生鑑於學校刊物在學校監視與審稿制度下，大家無從對當前社會與政治問題表達關切之情，言論動輒得咎；於是，大家便開始轉而投稿校外，尤其《自由中國》雜誌，或民社黨的《民主潮》，以筆名與國民黨統治勢力短兵相接。

好友洪鐮德、黃邦豐、夏沛然，及自各院系集結的幾個核心至友，經常相聚，討論如何支援民主運動，特別是支持《自由中國》的雷震路線，要求結束一黨專政、回歸憲法、軍隊國家化、黨退出學校、解除報禁、司法獨立等等。我以爲民主能落實，獨立就能實現。以今天事後眼光來評斷雷震的作爲，台灣如能從那個時代就走向民主社會，台灣必步日本之後，爲亞洲自由先進國家，不可能發生十年後的喪失聯合國席次。台灣所以發生外交挫敗，完全爲獨裁者一意孤行的自殺政策，僵硬執行其虛矯的一個中國代表、漢賊不兩立的愚蠢立場所致。在民主政治的制衡與開放輿論的辯詰下，那有可能容許執政者採取荒謬的外交政策，導至可怖的不歸路？如果民主政治及早建立，台灣也不易發生國家認同危機，不會發生尖銳的省籍隱憂，甚至不必發動台灣獨立運動。因爲獨立的國際地位，與中國共存於國際社會，無論台灣以什麼名義稱呼，就是一個獨立的國家。雷震的遠見，就是經由民主政治實現獨立的「中台國」，一個獨立的「中台國」，在美國及西方勢力依然強大、中國尙無力進入國際社會時，「中台國」必早獲承認。因此，雷震算是外省智識份子中，最具民主及歷史眼光的反對勢力領袖，他知道大陸人及台灣人應結合成爲一個國家，我之所以介入支持，正是認爲可由民主而走上獨立。

我曾幾次與同學跑到木柵的溝子口拜訪他，初起對他的口音不習慣，但並不妨礙對談，我對他的見解、器量、政治膽識，至今印象深刻，比我見過的胡適，更覺佩服。胡氏曾於我大二時來過台大法學院演講，雖不失爲一代學人，演說風度翩翩，令人心儀，但內容空泛，冷飯重炒，了無新意，顯然是一個創造力枯竭的老人，權位重於學術道德。尤其當他創立的《自由中國》被封、雷震被捕、反對黨被消滅時，胡氏毫無與蔣介石抗爭的勇氣，任令民主力量瓦解、摯友被逮，空做他的中央研究院院長。胡氏在台，可說是一老廢物。

一九六〇年升大四時，工學院的邦豐兄先畢業入伍，並派駐花蓮。當時大學生是服少尉預官，他一有假期，便與鐮德兄等約好回台大，大夥歡聚，暢敍近況。此時有一次歡晤於校總區，大家都雙雙對對，唯獨我老是單槍匹馬、孤家寡人。此時鐮德兄早與園藝系的蘇嫂，如膠如漆。其他各方神聖，都已名「主」有「花」。邦豐更是神采飛揚，敍述他花蓮邂逅的如花似玉愛人陳麗華，幾至口沫橫飛。大家眼睛睜得大大，都希望邦豐帶回台北，讓大家開開眼界，驚艷一下。果然，邦豐即在再次回台大的歡聚中，把他的美人帶到台北遊玩，並與大家見面。麗華確是美麗，雖然略爲燕瘦，但艷光照人，大方活潑，她服務於花蓮某家醫院。

由於前次大家晤聚時，曾提起我似乎落單，所以大家有意動員一下代我彌補天地缺憾，我笑笑中，邦豐即突然表示，他有一位好對象，應該非常適合老許，這位小姐是麗華的好友，同是畢業於花蓮女中，他非常欣賞。鐮德一聽，幾乎當場下令邦豐執行，問我有無近照，我說我們大家不是有一張合照，上面就有本人。由於大家「鷄婆」，我遂認識了塗小姐，這是我「壯志」尙未向「當今」女王豎白旗、跪倒石榴裙下以前，最後的一位女友。

誠如邦豐描述，塗是一位文靜、端莊、不輕易表露的女孩子，與她的好朋友陳麗華，恰恰相反。如果命運可做另一種安排，我想邦豐也許會選擇這位小姐。二十年後我在新加坡與鐮德兄相逢，談及美國邦豐，據聞婚姻並不如意。塗的外貌當然不及邦豐嫂的明艷撩人，但塗是賢妻良母型，中規中矩，既不外向，也不拘謹。但對一個青年男子，女人的動人美貌似乎更是致命的吸引力。他念念不忘把塗介紹與我，似乎證明邦豐的第六感與理智，有更智慧的另一面。我們幾位好友，曾到過花蓮玩一次，會見塗以後，我有種感覺，邦豐是一個比我更穩重、直性、敦厚的男子，與麗華如此一位非常活潑、貌美又外向的天眞女孩子一起，似非上天最佳的安排，而塗的個性，更近邦豐。這種回想，當然只是事後聰明。

塗雖非容貌出衆，但也清秀，一看就覺得她會是一個好妻子；與她在一起，你會感到波平浪靜，男人的心好像駛進了避風港。她固定的與我通信，字跡端正、言詞適中，她最大的感情表露，止於字裡行間的關切、止於回信的速度快慢。她不是一個激揚男人心海，勾起如夢似幻，叫人癡迷的女人；她更像是一座溫馨的田園，一個和平小鎭的忠實伴侶。我慢慢的欣賞她，縱然這時我已認識女王，並爲她的致命吸引力所左右而擺動，但並未成定局。因此，從一九六一年初，到金門退役後的一九六二年末，我們繼續保持往來。我想，如果生命之船是直駛的，我大概要駛進這座小港，但生命之船並非直駛。一九六二年末，她最後來台北看我，仍相會在熟悉的台大校園，我此時不得不告訴她，我奉兒女之命，非結婚不行。看着她，我永遠不能忘記她善良的眼睛噙含的淚水，她期待兩年，不想一日化爲灰燼；我心裡爲此，久久難過，我雅不願意刺傷一顆善良的心，尤其我過遲的答覆，似已刺傷別人，我想我應該早一年，溫柔的結束。

不過，上帝也似乎知道我不能娶一個平常的女人，讓她與凶險的命運對抗。我的離開，未嘗不是她的幸運。我是與邦豐完全相反的男人，一生不惜爲自己的信仰而與兇惡的世界鬥爭。這樣的男人，上帝只好另行安排更勇敢的女人，來承擔這種苦難。

事實上，在邦豐猶未介紹塗以前，在我大三升大四的一九六〇年夏天暑假，我就遇到了我一生逃不掉的未來女王。我當時只是感到，這個非常大方、充滿吸引力的青春美麗少女，也許只是我的一段雲彩、一場綺夢，就像七、八年前的「哈路」一樣。長大後，我對自己的尊容與英姿，尙不認爲有馬上傾倒女生的能耐，我必須與女人近戰、鏖戰以後，始有辦法讓對方知道：我也有半把刷子，有點看頭。當時突然初見女王，我只感到一種認識「哈路」以來從未有過的強烈震撼，是一種超乎理智的猛烈癡迷。所謂一見鍾情，應該可以入木的描述這種癱瘓。我們許家的墳墓據說埋在桃花穴，似乎有理。我十六歲遇見「哈路」，廿一歲重逢艾美，二十四歲碰到女王，都是極出色的美人。「哈路」的一代風華，雖然令我難忘，但畢竟年齡懸殊，是一種異性姐姐的迷戀，心靈上並不平衡；艾美之戀，則是曇花一現。唯有跟女王，不但纏綿悱惻，情節曲折，而且出乎意料的開花結果，使我一生不敢再有第二人想。

我初見時的少女時代女王，天生就呈現不尋常的成熟。她的東方古典式蛋圓姣美容貌，單眼皮的秋水雙目，看起來很溫婉；但她的健美身軀與活潑外向個性，卻又令人如處秋天艷陽之中。她的聲音悅耳，談話語正婉圓，生性爽朗，充滿感性，她的心智敏銳，非常容易相處。她是一個不讓男人寂寞的女人，似乎永遠有無限的心思讓人快樂，她是一個天生的樂觀者，一個化平凡生活爲神奇的女人。從後來的一起生活，我更體會，她是一個充滿藝術氣質的女人，對音樂、花木、美的事物，特別有感應。她的直覺，又敏銳、又正確，不是一個思考型的女人，她對書本不感興味；但她的生活本身就是一本書，我不了解她何以懂那麼多，她眞是一個天生聰慧的女人。如果她有缺點，就是讓我太幸福了，以致厭倦。

這個女人，恰恰跟我的個性在很多重要特徵上相反。我生活呆板，她變化，我不拘小節、粗心大意，她則精細、有條不紊。一個狗窩在她手中，也變成小天堂。我急性，人一急語無倫次，她則從容不迫，再急，她也口若懸河，是一個天生的女雄辯家。她的精於表達，擅於講話，領教過的人，就知道。我對審美，除了看女人，似乎都不及格，她則反應精確，以致我穿什麼衣服與配什麼顏色，都要靠她。我變成沒有她活不下去。我贏過她的，大概只賸下男人英雄氣慨的空架子，複雜的大腦與男人世界的鬥爭力與意志力。我們二人都屬O型，以致全家都「黑」。

她常說，她嫁錯人，而我確是一個天生不懂生活情趣的男人，天生不體貼，永遠忘記妻子的生日。我雖智力高，滿腦抽象的東西，但分辨不出茶葉與咖啡的味道，吃不出菜餚的內容。我百花不別，林木百蟲之異、四季變化之美，我都反應不佳。我也不是一個好情人，只是一個好丈夫，她不斷教我跳舞，我一生也只能跳布路斯。我只在面臨人生的危疑震撼、決疑的生死關頭，以及對她的心愛之上，讓她覺得她擁有一個並不簡單的丈夫。我們能結合，而愈挫愈勇、老而彌堅，不能不說是我生命中的奇蹟與幸運。

我一生中犯了無數錯誤，但上帝除了給我無比的道德勇氣外，給我的最大禮物，是討到一個秉賦不平凡的妻子，非僅美麗，且在患難時堅毅異常，在黑暗的歲月，見不到自由的恐怖時代，昂然度過人生的苦難。在台灣政治犯的犧牲歷史上，多半家破人亡、妻離子散、羞辱遺恨，而我是少數中的少數，是迄今未被毀滅的一對，我們依然恩愛異常，不向命運低頭。

爲了不忘，我似應回憶一下與女王的初遇。

一九五九年夏天，我正暑假休息在家，但也快要上學時，女王爲了替她同學找台北親戚的住址，而找到我五常街的住處，她的同學便是我嫂子的最小妹妹。這種意外，也只能歸之於上帝。她們下午來，一直在客廳談到黃昏，故事由此開始。

那天黃昏我送她們到台北火車站，也請她們在附近吃了一頓晚餐，便送我的親戚上車；當我回頭想順送我這位未來女王到西站坐公路局時，我忍不住邀她多待一會兒，她也同意。於是，我們就沿着館前街、青島東路，慢慢邊談邊走向台大法學院。她又活潑、又健談，我應該說，我正完全被這一位突如其來、風姿撩人、美麗動人的少女所吸住，一種直覺的喜愛與着迷。一路我們天南地北的聊，我覺得好像跟一個愉快的仙女走在一起，感到那段路特別的短，一下就到了法學院。我們找到一塊幽靜的地方，不期然地坐下，在夏夜的樹蔭下，但覺四週只有微風與蟲鳴，天空綴滿燦爛星星。我們的對話慢慢由有聲變無聲，而無聲勝有聲。她一定知道我一直癡癡的看着她。並肩而坐的草坪上，瀰漫滿園傾瀉的月光，這種浪漫氣氛，使我呼吸急促，心跳幾乎停止。當我伸手輕握她的玉手時，她並不拒絕，於是，我在星空的凝視下，偎近她，把男孩子的心意，以不克自持的姿態，吻在她醉人的雙唇上，而且這是一個深吻。

這個孟浪的一吻，似乎使她驚覺，所以這一場浪漫開頭，並未帶來我們的再相逢。她或許認爲，給了我錯覺，所以，我依她留給我的服務地點去找她時，硬是找不到她人。她是台北與木柵線上最美麗的公路局小姐，後來我才知道，她一畢業便上台北考上，服務才一、二個月。由於木柵是特殊區線，這一線的車輛與服務小姐，都是特別挑選的。後來有一個禮拜六，我到木柵終於等到她時，她似乎存心要折磨我，當場拒絕我的邀約，我吃了一頓排頭，並未死心。後來我又忍不住再去找她時，她同事說，她已辭職，回楊梅富岡老家去了。

這一斷線，就像風吹殘雲，了無踪跡，幾達半年之久。我也沒有辦法問出她的地址，一直要到一九六〇年寒假我參加蔣經國的三友會回來的開學前，才意外得知她的住址。不過，這次是她給我一通驚奇的電話，表示她收到我的信，從此，才緩慢的開始我們的約會。我爲了準備畢業，不敢心有旁騖，整個最後一個學期，我們只在台北會了幾次面。我陪她到台大玩，吃農學院最香噴的新出冰淇淋，到附近館子吃最喜歡的廣東燴飯。我覺得，每次看到她就非常高興，雖然她柔美中有一股野，一種普通少女沒有的一種奔放，但她的心靈質樸、善良、聰明且無心機。她不矯情、自然，與其外在呈露的特殊美，形成迷人的媚力，充滿率眞的氣質，無拘的激情。這種激情，使我懷疑我們能否結爲普通夫婦。因爲，在我大男人的自私心裡，我認爲我所要的妻子，應該是塗小姐那種保守、謹愼、不輕易顯露情感的女孩。可是，我每多見女王一次，我就愈陷入她的情阱，她確是一個天性善於捕捉別人心意的女人，其直覺之靈敏、眼神之慧黠，有時叫我深感不安；但不安中，又愈來愈愛她，雖然，心裡是愈來愈忐忑。我好像跟黃邦豐一樣，兩人都面對非常漂亮的女人，會不會我們都昏了頭。而女王又似乎比他的麗華，更綽約、更豪放。我這個性格保守、腦筋開放的人，眞的吃得消這一個心思纖巧少女的美人恩？

一九六一年六月，我終於戴上學士方帽，與一千多台大應屆畢業生，在校總區的傅鐘底下，聆聽畢業演說。大學四年，於焉結束。

總結這巨變的、多姿多彩的四年，我無論在個性、思想、感情、心態，以及確定人生目標上，都有全然不同的改變。似乎，我完全與高中時代的自己，判若兩人。

金門少尉預官

記得進大學之前，我渴望大學能爲我打開心中疑惑之結，告訴我社會所以貧窮的原因？告訴我，何以日本能管我們、能打我們？告訴我，怎麼會有戰爭，怎麼可以炸射無辜的村民？告訴我，二二八怎麼會暴動？自稱同胞的中國軍隊，怎麼會殘忍集體屠殺台灣人？即連無辜的工人旺仔哥，也被鐵線穿腕的凌虐與射殺？告訴我，爲什麼台灣歷史，都要這樣殘酷的改朝換代？我們的命運能否自己決定？我想追問，五二四事件中引我激憤的中國民族意識，事後使我如此虛幻，其理安在？我期待大學能給我滿意的答案，給我理論說明。希望大學能給我解答生而爲人的困惑，人生究竟有無意義，愛是什麼？生是什麼？死是什麼？這些一連串的問題，經濟的、政治的、歷史的、哲學的問題，在這四年中我都找到了部份答案，或自以爲找到答案；但更重要的，恐怕不是答案的完全正確與否，而是得到追求答案的獨立思考力，實現心中理想的道德意志力。

其實，在四年如醉如癡的理論探求中，我終於了解：社會現象的闡釋與解答，沒有「絕對眞理」這碼事。如果把「眞理」比喩爲美麗的女人，我四年瘋狂的求愛，似乎只瞥見她的輪廓，她的飄逸身影，知道幾個找她的方法；並發現這個女人，在不同的場合、給人不同的承諾，只你如果錯以爲她的承諾，是獨鍾於你、完全要讓你佔有，你將會會錯意，她只不過給你「休息」、「休息」而已，「眞理」這個女人，並無永久「眞情」可言。你追得勤，承諾多，那麼給你一親芳澤的機會就大，予你的幻想就深，但並不表示她的終極眞意。換言之，人文社會理論並無「絕對」這種玩藝兒，我們很難對眞理這個女人一窺全貌，我們只能摸到她的手、揣測她的熱情，吻得到她的唇，幻想她的情意深淺，擁抱她的身體，體會她的心跳，觀察她的表情、知其喜怒，找出她的行踪、構思與解釋她變心的理論，測驗她明天會不會再翻臉。

政治系的幾個教授，我想特別一提，以誌不忘。

陳國新教授，他所開的西洋政治思想史及名著選讀，啓廸匪淺。陳教授口才好，他一開口，常滿堂珠璣，以西喩東、以古諷今，西洋政治哲理在他如簧之舌的講授下，生氣盎然，二十五年後回憶，仍覺莞爾。龍冠海教授，雖然不擅講，但由其引導及研讀的社會學，使我對社會結構認識深刻，永遠不忘重視現代社會學的偉大貢獻。龍教授鼓勵學生發問，而我所提的人口出生何以兩性會永遠接近平衡的問題，使他楞住，他從此對我印象深刻。劉慶瑞教授，其憲法一門，我覺得講得不錯，劉教授人雖文弱，但其清晰的憲法概念分析、豐富智識，令我受益不淺，可惜他英年早逝。其夫人郭婉容後來變成倪文亞的枕邊人，而今高升財政部長。我們覺得興趣的是，如劉教授不死，那麼學術造詣一樣的郭婉容，在沒有「中國丈夫」的背景下，能被國民黨重用嗎？陳一新教授，他開的一門經濟系冷門課——社會主義批評，我認為很精彩，正因我了解馬克斯，始知他的功力。其時選讀他的學生很少，顯然在白色恐怖時代，大家因恐懼而不知寶。最後，我從小自學的馬路日語，經由曹教授的高超教法，進步迅速。曹教授的日語課，每堂學生幾近百人，仍能輕鬆教好學生，佩服！

大四時，我決定畢業後往美國留學，向校總區請好大學英文成績後，連續向美國六、七間大學申請入學許可。一九六二年我從金門退役後，獲悉加州的UCLA同意我入學，但母親反對，終未赴美。一九八六年我到加州洛城探望小兒子，計湘全還特地載我參觀這間大學，我緩緩走完一圈，似乎又還置身於大學生活。看着美國大學生，白種人、白種人中的各種白種人，黑人、亞洲人、阿拉伯人，眞是人種大觀。這間大學顯然比台大大，看他們大學生的活潑性，自然無拘，開著車子進出校園的風馳電掣，完全不是經驗中的台大。老計爲我詳細講述美國的大學制度、生活、特色，似乎為我這未去的人，畫餅充飢。

七月底，我應召入伍，坐火車南下鳳山陸軍步兵學校報到，我是預官第十期。軍隊生活，使我領教另一種經歷，值得寫下。

我們那時的兵役制度，是大學生通通當預官，服役時間一年半。大概從預官九期開始，改成利用大三時的暑假，徵召入台中成功嶺受暑期訓練三個月，以三個月代半年。所以，一個大學生的實際兵期，連訓帶役，是一年三個月。

成功嶺的的集訓，等於是一種新兵訓練，第一次領教，感覺蠻嚴格的。我對軍隊生活的紀律性、形式性、訓練人類絕對聽命的專制性、不容質疑的僵硬性，起初非常反感，使我一直記起古希臘斯巴達的社會組織原理，就是這種玩藝兒：，但慢慢體會軍隊的目的是兩團人生死之拼，沒有這套東西，它也成不了戰鬥體，進不能攻敵、守不能自保。一個國家不能沒有武力，一個男子公民不能逃避捍衛的責任。趁此機會，不妨體驗與觀察軍隊如何組成，並且對一向不喜羈絆的個性，鍛鍊一下鐵的紀律。

成功嶺生活我忘不了幾件事。令我最忘不了的一幕，是起床號一響，規定於幾分鐘內折好豆腐棉被，做畢漱洗，急呼呼集合的催命式軍營生活。大家一緊張，一個禮拜不大便的人，比比皆是。第二幕讓人忘不了的，是大太陽底下的操練，重覆的立正、稍息、敬禮，練得天怒人怨。要照班長的標準做，幾乎沒有幾人合格。如此反覆虐待，直把訓練班長樂死在心底，想想你們這些大專生，倒的倒，叫的叫，幾個死動作，就整得大家苦哈哈，實在拉風。成功嶺不易忘記的第三幕，是集體上下大床鋪的生活，充滿男人集在一起的臭味。而各人奇形怪狀的習慣，在此都遭到修理。尤其吃飯，六人一桌，速度太慢就沒菜的生存競爭，把不少人的胃病都急出來。成功嶺另一幕叫人反胃的，是極討人厭的內務整理。其要求之苛細，是神經病對神經病的戰爭。爲了檢查，把棉被搞成方塊豆腐，由隊長偷做板子塹在各人被內，以達整齊劃一、有稜有角的大豆腐標準，以便記功領獎，顯示走火入魔的情形。而最後一幕不能忘記的，是上政治訓練，洗腦不成，怕影響教官的教學成績，竟把答案露底，以達平均九十分的教育成效，可作軍隊做假文化的代表，無聊之極。而政治課，就是軍中政工特務系負責的。

不過，軍隊生活的確對身體有俾益。幾個月的操練，準時的上下床，鐵的規律，把男人的散漫壞習慣，砍掉了一大半。

反之，鳳山的陸軍步兵學校，並非新兵訓練，而是軍官速成班。它以大專生高學歷爲背景，假定暑期集訓已完成了新生基本訓練，而施以三個月步兵幹部教育，然後派入部隊充擔預備軍官。

第一天抵達步兵學校，發現這是一個訓練幹部的大基地，其範圍之廣，是我沒見過的。這個日本人建造的訓練中心，據說是東南亞最大的一個。它似乎是長方形的，從頭到尾，只知走很久，但未曾測過究竟多長。其基地平坦，隔壁就是陸軍官校，想像起來，二者原來必是一體。後面則是一片小山巒，正好做爲部隊攀山越嶺、武器射擊、行軍等等訓練之用。我們就在這裡練過一〇四砲，想到第一次領教這種無後座力砲的威力，着實吃了一驚。我們也曾在這裡打過坦克，練丟手榴彈，臥打機關槍，練臼砲，打手槍、步槍、卡賓槍，無線電使用法、夜間攻擊、放煙幕彈、信號彈等等步兵必要的玩藝兒。

基本上，我們是一種步兵的軍官訓練，是速成的軍隊基層幹部訓練，在短期受訓後編入軍隊，擔任少尉排長；所以這裡的步操，其目的就與成功嶺的不同。它訓練帶兵，所以我們爲練習喊口令，既要像樣，又要響亮，喉嚨常常喊到沙啞。步操之外，我們大部份時間集中在沙盤上課，像戰術訓練、班攻擊、排攻擊、武器講解、拆開、組合、排除障礙等等，而每種課程都有一大堆講義，要是眞能在三個月內通通吃下去，也算天才。從這些課程講義的內容編排、術語譯法觀察，它們顯然是源自美軍軍事操典。

這裡的訓練，雖然每天都同樣緊張地出操、上課、內務整理，但比較成功嶺，覺得更有意義，並第一次了解軍事訓練的內層，知道軍官是如何造就的。我們大概是七、八十人組成一個中隊，中隊有中隊長、副中隊長、輔導長等幹部帶領。輔導長即政工，專搞政治考核、政治課程的訓練。無疑步校的幹部素質遠高於訓練中心，我對我們這一中隊的隊長，尤其印象深刻。雖然已經過二十五年，他的姓名也忘記了，但對他帶兵的剛中有柔、柔中有剛，儀態翩翩、能言善道、處事明快，又不覺軍人之粗糙氣息；他對學員心理之掌握，拿揑準確，無疑是一位標準的優秀軍官，而其顯現的軍人氣概，威嚴中不失人性溫和的一面，充滿軍人應有的自信氣質，使我久久難忘。他的身材高大修長，容貌有如一位日本古裝武士影星，很有味道。我記得「磨洋工」這句話，就是由他那裡第一次聽來的，意思是指對派定的工作，存心敷衍，磨其時間而混混之的描述。我們是一中隊一個營房，營區由一長方長方的營房，集合而成星羅棋佈之狀。中間是四面八達的營區馬路，每個營房前面，植有整齊的花草，我們就在這裡度過三個月的軍官訓練。

結業前，最緊張的一幕是部隊的分發，用抽籤的，有北部軍團、南部軍團、金門戰區、馬祖戰區之分。誰抽到什麼地方，就去什麼地方。不用說，金門最危險，大家口頭不說，心底都是唸佛的唸佛、叫上帝的叫上帝，希望抽到島內軍團，而不是什麼金門馬祖。而我一抽，卻抽到金門。起初雖然一愣，但隨即淡然處之。

我是認為，人生難言，最危險的地方，有時是最安全的。況且我自小習於流浪，陌生地、異鄉，是難不倒我的。大學四年，幾乎每年的寒暑假，我都習於全島個人旅行。每到一個地方，或寄宿於友人處、或睡火車站、或投宿最小旅館，到處欣賞各地風光民情，觀察台灣各地社會，各個族群的生活。如今能到金門，觀看台灣人四百年前祖先所來處，也是意外的機會。如此一想，人更泰然。那天晚上，抽到金門的同學，許多人抱頭哭泣，寫家書的寫家書、默然無語的默然無語。另外，抽到本島的同學，則喜形於色，唱歌的唱歌、高談濶論的高談濶論，眞是幾家歡樂幾家愁。

記得我是在十月底結業，正式受階預官少尉。呢絨軍裝兩肩上面遂被掛上一條扁擔。當時步校校長已忘其名，下令在大禮堂設宴歡送，而且特別致詞歡送那些即將派赴金門的同學，愛國之詞、英雄之語用盡，爲大家打氣。並且當場宣佈，赴金門的同學可以慢兩禮拜報到，等於宣佈放假半月，回去團圓，再到高雄的金馬賓館報到，搭上幾天一開的補給船，前往接近大陸的前哨戰地──金門。

女王當然很快接到我的信，知道我有兩星期的假期，並將派往金門。回到台北，我只輕輕的告訴媽媽及家裡人，希望不必太驚惶。媽媽對於遠赴外島，雖然不明其性質，家裡人也對她輕描淡寫，但媽媽是虔誠佛徒，對什麼事都要許願，家中滿堂佛祖，總是日夜不停祈佑，又是誦經，又是問佛，我也依其意，跪拜祈禱，讓她心安。媽媽的歲數已過六十，且有糖尿病，但健康狀況很好很好；她一生勞苦慣了，仍然每天五點起床，課誦佛事之後，又開始她的家事，指揮佣人，準備樓下員工三餐，而且自己帶佣人上雙連市場買菜，直忙到深夜。

我回家後第三天，便接到女王依約從火車站打來的電話，我趕到車站，一眼瞥見她一身花色洋裝，風姿婀娜，看她隨風飄盪的美麗秀髮，覺得她就像一尊美得不可輕觸的女神。她那輪廓清晰、古典美人的鼻樑，青春洋溢的一雙單眼皮秀目，細嫩的美麗雙頰，站在風中亭亭玉立，雍容動人。女王眞像一朵出谷的幽蘭，全身散發青春的魅力，其實她的小名就叫秀蘭。她看我呆呆的望着她，知道是我的老毛病發作，一生深知我是「好色之徒」的她，等我呆過以後，才叫一聲「巴克，看夠了沒有？」我就等她清脆的聲音，當我從美色的沉醉中醒起，我拉著她，輕摟在身邊，說好想妳、好想妳。她說：「是嗎？男人最會撒謊，你看，我今天打扮的怎樣？」我說：「這麼漂亮，會殺人的，女王！」她說：「巴克，你什麼時候上金門？」我阻止她，表示不想那些，今日相聚，我們要把失去的日子補回來，忘記明日，我們要到沒有人的地方，愉快的歡度從畢業迄今未能有的重逢。我只覺得我的心整個沉醉在女王酡紅的嫣笑裡，沉醉在她迷人的小鳥依偎裡。

「巴克」，是傑克倫敦自然主義小說《曠野的呼聲》一書中，那條充滿人性的狗主角名，也是大學時代，由彥年及登源爲我起的外號。「巴克」是一條與命運戰鬥的狗，一條歷經艱危、不屈不撓的狗。二兄以何用意爲我起號，不得而知，但他們似看出我大學時代表露的某種特質，而以「巴克」喻之。他們似乎正確的料到了我未來的某種命運，某種生死之鬥。女王便以這個名字對我暱稱，不知其意地呼叫一個必與命運對抗的男人。

那一天，我們到處遊玩，生命中，從未如此快樂。我帶着女王掬之不盡的甜蜜，最後徜徉在景緻宜人的北投，那晚，我們度過了一生最纏綿的一夜。

由於玩過了頭，生怕她家裡擔心，第二天我就陪她趕到台北火車站，坐車先返家，等回家後媽媽放心，再上來。記得她再上來時，我們整整相聚了一星期，然後南下新竹，從新竹分手。在新竹火車站，遇到須同赴金門的台大同班同學陳哲宏兄，看到他的姊姊噙着眼淚相送，而我的女王含情脈脈的又揮別、又叮嚀。當火車緩緩駛離火車站，我探著頭望她時，看她兩眼閃爍着淚珠、雙手不斷揮搖的送我離去時，我心中突然湧滿「哈路」離去後從未有過的離別痛苦，一種柔腸寸斷的傷心，使我幾乎想跳下車，回到她的身邊。

一個調赴戰地的征人，對命運似乎都懷有一種不確定感。心裡不免想，也許這是我最後一次看到她。尤其，我與女士的愛戀正攀升到高峯，洶湧澎湃的激情，我的每一滴血，似乎都含有她的一半細胞；她的美麗胴體裡，也包裹著我生命的種子。如此難捨難離的泥肉，必須分開，我感到非常難受。昨夜鬢香猶存，溫馨滿懷，今日轉眼開赴戰場，令人有此情何堪，來日能否佳人再逢的悲絕之感。我發現，在男女的情海裡，我也是非常脆弱的，也是自私的；我也希望，自己愛的女人會守到我明年回來，我也擔心，她會再想別人嗎？愛情眞是嫉妒的東西。

到了高雄，我與哲宏趕赴金馬賓館報到，結果，又遇船期大延，我們又多了一個禮拜的假期。

我們一夥，陳哲宏、林茂雄、及沈姓新交的幾個同學，乃利用延期的機會，暢遊南台灣，泛舟於曾文水庫，神遊赤崁，到安平，大家參觀古堡，我則細細尋覓荷蘭東印度公司歷史記載的鯤鯓島，究在何處。大家看我跑東跑西，不知在找什麼，我說我在找歷史上的「台灣」，但歷史上的「台灣」已與台南內陸連成一體，只有一條運河，沿邊點綴。大家最喜歡的是台南的「沙卡利巴」，台南最繁華的地區。我們就這樣把多出的一星期，消磨在各地風光名勝，走遍高雄大街小巷，等待運輸船的到來。

我們到了金門才曉得，當我們暢快休假幾近一個月時，抽到北部軍團的同學，一報到，第二天就開拔到金門，天下事，人算不如天算。

十一月初，我們終於登船，是一條尾部可以開啓，坦克及卡車可以進出的一種運輸艦，底艙裝滿軍事補給品，我們軍官在上艙，一部份充員兵在底下。我記得是下午開船，是日風平浪靜，但當運輸艦慢慢遠離高雄、進入台灣海峽時，我走上甲板遙望遠去的台灣，感到海風逐漸增強，海浪漸漸洶湧，海水的顏色也慢慢變得深黯。望著漸行漸遠的故鄉之島，心中悠然想起島上的家，想到心底揮不去的美麗愛人，突然，我又想及八年前從基隆乘船離開台灣的「哈路」，我想到另一個生命中的美麗女人，在海風的吹拂中，她似乎又走進我的心扉。我感覺「哈路」與女王是兩個完全不同性格的女人，「哈路」是一個成熟的經歷風霜的佳人，身上留著台灣歷史的傷痕，母亡、父死，終於棄故鄉、拋畸情，把幸福植在三島；她是一個思考型的美人，極能分析事理，外型艷麗，而內心冷靜，永遠理智大於感情。女王則是一個天生美女，充滿情調與感性的氣質，是一個能溶解男人鐵石的女人；具有與生俱來的大方與穩重，但永遠感情大於理智，掉在她的愛中，你會成爲嬰兒。而「哈路」則是一個在情焰燃燒中，不斷會內斂的女人；在狂飈中心智清醒，當命運時刻一到，她能霍然做某種決定，她決定忘記的、她會忘記，她不是已經忘記她的故鄉台灣，以及台灣曾有的殘情斷夢？

船過澎湖，隱約可見海上的燈火與黑漆海水共映一色。這裡，也許就是我們祖先曾冒死越過的黑水溝，我一定正在橫越歷史記載的海面。坐在船上，只覺船身在海中航行時發出的搖晃聲響，以及引擎的噪音。大家都睡不着，也不想睡。艙中軍艦的油污味、海水腥味、暈船人的嘔吐味、底艙衝上來的貨物味，交織成征人的複雜感受。雖然不想睡，但不知不覺也睡了一大段。等我醒來，已聽到艦上騷動的人聲，有人傳話，金門已到，大家準備上陸。但艦上命令各人各就各位，沒有通知，都不許動。我們看不到外面，不知艦外狀況，但望望手上的錶，錶針指在清晨四點半。

我們在艙內，慢慢感覺船身在倒轉，一種反方向的前進。五點多，艦身突然停止，不久，我們就聽到順序上岸的命令，我與同學各拎著自己的軍袋，魚貫從艦尾的大嘴巴出來，沿著舖好跨越海灘的鐵板，在東方未白的大清晨，憑岸上的微弱燈光跳上海灘。舉目一看，黑朦朦中，東一堆西一堆的兵員，黑壓壓一片。金門冬天的海風，冷凜而無情的刮向第一次抵岸的台灣軍人臉上時，心頭不禁爲之戰慄。我們坐在沙灘等候接應，不久發覺有金門的百姓靠過來兜售熱食，看到四週緊張的士兵搬運船上補給品下來、急急奔走的情形，益感戰地蕭殺景象。不久，東方即白，慢慢看清這是一片半月形海岸的臨時碼頭。後來我知道，這就是背向大陸的料羅灣。八二三砲戰時，我們天天在台灣報紙上看到搶灘運補的地方，就是這美麗的海岸。其形狀有些類似台灣金山一帶的地形，半月形，但更壯麗，更死靜。

金門的第一個感覺，是孤孤寂寂肅殺不毛的戰爭之島。

我很快被分派到六十八師。六十八師駐防在料羅灣，路經之地，眼望所及，無一處不是紅色土壤，好像身處電影上的美國西部，寸草不生，黃土寂寂。而師部所在之地，也是以紅土爲掩體的各式碉堡，確是凄涼。經過安排，我竟被分發到離師部不遠的團部當參謀。團部位於另一個紅土形成的山坳隱蔽處，以鋼筋水泥築成一座堅固的大碉堡，整個團部的參謀中心就集中在這裡。我被分配到參二，所謂參二就是情報，參三是作戰。而團部參二人員，加起來不過四人：一個中校情報官，一個士官長，一個傳令兵，另外就是我這個少尉預備軍官。我的座位與主管面對面，這倒是意外的安排。想不到不但不去部隊，反而坐在戰場上的碉堡裡辦公。

於是，我就在團部當少尉情報官，所謂參二作業，只不過是每天把各種情報，如敵軍狀況、每天砲擊落彈情形，並把各種命令，以固定書面形式傳遞給各連部，或以軍用電話連繫。當時離八二三砲戰已有三、四年，中共也已停打實彈，雙方改爲隔天打宣傳砲，彈殼內裝宣傳單，互相繼續中國人的對罵。但即使是宣傳彈頭，也會打死人。一九六二年二月，有一天晚上我在尙義新村與士兵玩「史諾克」撞球時，一顆宣傳彈的彈頭就凌空穿透民房，打進房內，把一位坐著等玩的台灣充員兵擊斃，我離彈頭擊中地點只有六、七公尺，我嚇了一跳，算是逃過死亡的一刼。其實，就算是只打宣傳彈，每次聽到對岸敵陣二、三千公尺外的發砲聲，仍覺隆隆得恐怖。它每隔幾分鐘定向的打一砲，金門無一處上空不打，都挨到一定數量的紙彈。這些宣傳紙片，每天淸晨都由政戰人員指揮搜撿，不容一張流入士兵手中。我看過的中共宣傳單，也覺內容荒誕，不知是故意，還是不理解台灣內部社會；但是有些據實引用美國生活雜誌，拆穿國民黨的僞造宣傳，以及登載內戰中國民黨軍隊的敗亡鏡頭，則甚具震撼性。由於有了一次宣傳彈致人於死的經驗，我遂不敢輕視，所謂新兵怕砲，老兵怕機槍，砲的震懾力，足以令人喪膽。後來我的排副朱老鄉就講述他親歷的八二三砲戰，他的防區，眞是玉石俱焚，他死裡逃生，而生死之間，全看上帝。

一九六二年的農曆年，我就在團部度過。金門的寒冬，不知是因爲海島孤伶一個，沒有屏障，還是大陸氣候影響，感覺特別冷、特別刺骨。我們穿上戰地棉大衣，確實有禦寒的功效。但這種中國式的棉大衣，模樣臃腫醜陋，似無美國式或蘇聯式的好看。除夕夜，參二的四人幫：主管、陳士官長、傳令兵與我四人，由士官長與傳令兵二人搞戰地火鍋，買到金門的大黃魚，再用軍製牛肉罐頭，拌以青菜，弄成味道奇美的火鍋料理，在寒風蝕骨下的孤島大快朵頤。我第一次吃到大陸沿岸的大黃魚，其肉出奇甜美，使人久久難忘。火鍋外，他們介紹我喝金門六〇%及八〇%的高粱。這種烈酒，喝之，好像喉嚨快要着火。我只能淺酌一小碗，即滿面通紅，不勝酒力。

參二主管車中校，對我並不壞。此人來自山東，高頭大馬，但性格善疑，對上奉承，對下嚴峻，對大專預備軍官如我，則客氣。我所看到的大陸軍人，大部份對來自台灣社會的富家子弟、受過高等教育的人，傾向羨慕與攀交，顯示出他們逃離大陸，失落、自卑的一面。他們都想家，看到台灣充員兵，一批來、一批解甲返鄉的情形，有觸景傷悲的現象。軍隊是一個人性被強力扭曲的次級社會，孤立於社會主流之外，其心靈分裂於人造信仰、規範、形式忠誠與內心渴求的眞正夢想之間，對岸是他們的故鄉，卻必須敵視。實在說，他們是時代的悲劇人物，絕大部份身不由己。尤其是老士官，牢騷滿腹，他們勉強升爲班長、副班長，但問題叢叢，酗酒、沉緬賭博，軍餉一領，最大樂趣是趕緊跑到軍中樂園打一砲，解決人性需要。我後來的排副就一天到晚以最髒的格老子，橫掃咒罵蔣介石，罵他帶他們到台灣絕子絕孫，既不允退伍，又不准結婚，只能找軍中妓女，一砲砲讓子孫放洋，充海軍去。

談到軍中樂園，我也去參觀過。記得是在山外，分軍官級和士兵級，軍官打一砲十五元，士兵一砲五元。服務軍官的妓女素質較高，士兵的較差，但只是五十步笑百步。軍妓的最高記錄，據說一天之內接六、七十次。這種反人道的軍中性買賣，聞之令人震驚。原始目的在解決大陸軍人性飢渴的軍妓制度，反成敗壞台灣青年性道德的溫床。幾乎每個台灣適役男子都入伍，而大部份都在結伴感染之下，學習嫖妓。這種軍中的嫖妓文化，帶回社會，必助長台灣娼妓文明的突飛猛進。軍妓則徵自社會低層，弱勢山地族群，以最賤代價，透過軍中的剝削制度，做最殘酷的販賣。國民黨便是以這種手段，穩定「軍心」。二十五年前的軍餉，以我預官少尉收入計算，約新台幣二七〇元，如當排長，加職務加給，大約可達三二〇元左右，老士官約二百多元，充員兵約爲八〇元到一二〇元。以老士官的收入，一個月嫖十次，即去其總收入的四分之一，賸下的買幾瓶老酒、賭幾次博，便一文不存。他們的確可憐，難怪一天「幹」蔣介石，「幹」好幾次。

想到老兵大部份無法結婚，讓我觸及台灣敏感的人口問題。根據流傳外國可靠資料推測，蔣介石當年帶到台灣的外省人，約一百萬人左右，男女之比不會超過四比一，即男人七十五萬，女人二十五萬。男女失衡的五十萬，必由台灣社會的女人提供。假定五十萬大陸男性中，像老兵等不能結婚的，估計爲一半，即二十五萬人無嗣，另一半二十五萬人由台灣女人提供爲妻室，則籍屬大陸的男女配偶爲五十萬對、一百萬人。以台灣人口四十年後增三倍的速度計算，外省人總人口，包括台灣查某與外省人混血所生第二代在內，約達三百萬人左右。一九八七年輔導會公佈領有戰士授田證的人是七十萬人，證明一九四九年來台灣的七十五萬大陸男性，大部份爲軍人，文職的不多。從這種人口數字中一半以上男人妻室爲台灣人看，外省人總人口三百萬的一半是混血兒，其中只有一百五十萬人是大陸人，另一半一百五十萬人，其母親爲台灣人，他們如果不被刻意強調爲非台灣人，他們當必心安理得，認爲自己是台灣人，而無政治恐懼症。可見所謂籍貫問題，故意在身份證上搞籍貫的做法，乃統治集團的政治陰謀，把不是問題的弄成問題。假定政策上鼓勵通婚，凡本省與外省結婚皆有獎，再加上語言開放，大家學會雙聲帶，則不出兩代，台灣內部何來省籍問題。現在國民黨強調身份證上的籍貫，其父外省其子必爲外省，顯見統治集團刻意膨脹外省人意識，是外省既得利益統治集團的政治陰謀。

一九六二年二月中，我突然被調離團部，改派第七連當營務官，事後我才獲悉原委。參二傳令兵小吳，因爲主管天天纏他留營，遂找我研究應付方法，問我有何計策。當時軍中推行自動留營，以台灣充員兵爲對象，拉到自動留營的主管，必能加獎昇官，小吳就是車情報官爭取的對象。小吳是雲林人，家境小康，父母兄弟均種田。我迫而代他設想應付之詞，不料小吳老實，逼問之下，說是我提供的意見，於是車中校認爲我有問題，斷他的財路，是反留營份子，馬上一張報上去，立刻調離。

到了第七連，發現它是駐防金門機場的單位，就在機場後的紅土山坳裡，離停機坪不過二百公尺。連長姓周，他一想，我的役期所剩不過半年，接了營務，不多久又要交回上官長，便建議我休息，就在連部幫東幫西算了。我一聽，天下竟有這碼好事，也不好意思拒絕美意，便住進了我營務官的專用山洞，每天讀書，寫女王的情詩，落得寫意。

不意就在我悠哉悠哉沒多久，第三排的排長一連串出問題。林君是預官，畢業於東海，是台北太原路人，林氏性格似乎內向軟弱，每天帶兵指揮，顯得愈來愈吃力；一個排長雖然負責的不過三十一、二個，但每四個星期輪一次值星官，必須指揮全連一百三十幾人，早點名、晚點名、帶隊出操、出工、發佈命令、執行連長的任務，並不輕鬆。林氏的吃力，已到集合講話、發佈命令，都語無倫次、錯誤連連，已經到了全連弟兄看着他就跟着緊張的地步。我看到他每次站在部隊前臉色發靑、站都不能站好的情形，眞替他擔心與難過。連部自連長以下的幹部也都心情沉重，感到不知如何是好。

於是，有一天連長跑來與我商量，希望在林君崩潰前，我能勉爲其難，救救林氏。連長雖不淸楚我的能力，但似乎以爲我絕對比他強，林君也私下跑來找我，敍述他的苦楚，不知如何是好。看他眞是度日如年，精神體力都快崩解了。面對這種狀況，我遂突感義不容辭。尤其，我看到第七連第一排排長也是預官，台大機械系畢業的，但爲外省同學，他的統御指揮，不但不遜於第二排的軍校正科班中尉排長，甚至更出色。基於林君爲台灣人，其懦弱已引起連長、副連長、輔導長的譏諷，我們一起吃飯，天天都聽到他們對林君的批評，語帶地域輕蔑之味，因此，我向連長說我接了。我另外一個想法是，此亦不失爲鍛鍊自己領導力的機會。

因此，我在金門的最後半年，是擔任貨眞價實的戰地排長，確是很苦，但也讓我展現了能力，現出臨危不亂的性格。退役前一個月，我與第一排排長一起受奬。連長說，我們兩人是六十八師公認最優秀的預官排長。

這段期間，最難忘的一件事是處理第二班曾班長的事件。我的排部設在離連部五百公尺遠的後山，自己一個碉堡，只有傳令兵跟我一起。傳令兵姓高，台西人，身強體壯，是典型的農村子弟，非常溫馴。他告訴我第二班的弟兄每餐都吃不飽。我問原因，他說老士官曾班長養了一大堆雞，把大部份的軍米都拿去餵私產，遂發生米不夠吃的怪現象。第二班離我不到二百公尺，我每天回碉堡必經其地。因此第二天我就趁該班長不在時，集合全班了解狀況，大家起初有點害怕，我要大家不必擔心，把實在情形說出來，讓我設法。待我明白實況確是嚴重，大家確在餓肚皮時，我認爲非解決不行。這些充員兵每天在機場做跑道，非常辛苦，如果飯都吃不飽，體力與健康如何維持下去。所以當夜我就召曾班長商量，希望他諒解底下弟兄的狀況，停止挪用公米。他起初硬是否認挪用，我溫和地暗示，如再否認，我只好調查存米與全班耗用的比率。最後他知道抵賴不過，答應立刻停止挪用。

曾班長是湖南人，老粗一個，認爲我斷他的財路，在悶了約一星期後，他就喝了一瓶高粱，在酒精壯膽下，躲在離連部五十公尺的福利社，看我下山，就衝出來，以M／1步槍對準我威脅，並顫巍巍的手扣扳機，當時福利社官兵見狀衝出，但無人敢近。當此千鈞一髮的時刻，我感覺不能猶疑與畏縮，突然對他大喊一聲，命令放下武器。我無畏與突然鎭靜的命令，意外使他顯現躊躇不決，並舉槍呆在那裡幾分鐘，不知所措。他的身體搖晃着，然槍管仍然對準我，就在那幾分鐘的僵持中，後面官兵突然乘其不備，蜂擁而上抱住他，打下他手上的武器。

依軍法，這是戰地逆上行爲，必須槍斃，但老兵的事，總不願擴大，以免動搖這批來台的江東子弟兵。連長知道狀況後，認爲我並無錯失，連夜報到上級，商議如何處置，並聽取我的意見。事情很明顯，我如不同意輕辦，並把事情傳開，絕對是一件大事，包括連長都要吃排頭。我以輕辦回答，使他鬆了一口氣，曾班長也感謝。連長把他交與有關單位關起來，後調其他單位。這件事，使我的知名度陡升，連部、營部及師部上級都知道這碼事，也知道有一個姓許的預官這個人。

我確是逃過了一刼。

回憶第七連代人充當排長，特別是輪到值星官時，無疑是我一場稀有的經驗。如何在全連面前指揮若定、動靜得宜，如何了解士兵心理，並完成一件件工事，與屬下共甘苦、同進退。無疑，我一直記起步兵學校的中隊長，從他的示範中獲得啓廸。記得爲蔣介石到金門而趕築機場延長跑道時，上級不顧士兵死活，下令連夜趕工，大家幾乎幾天幾夜不能休息，簡直是站着指揮、站着睡覺。二十餘年後，仍然歷歷在目。

充當排長的另一難忘經驗，是每星期一次的晚間海岸查哨，第七連的所有幹部都編入巡邏。查哨範圍涵蓋機場前方的海岸據點，相當營的防守範圍。查哨一次，費時三小時，據點七、八個。從第七連第一站開始，而後越過機場，查沿料羅彎灣岸佈署的一個個碉堡。哨與哨連接的道路，無非羊腸小徑，中間蔓草叢生、充滿陷阱，大家心裡擔心的就是敵方的水鬼，即所謂專門摸哨的水鬼。雖然，經驗顯示料羅灣這邊不是水鬼理想的攻擊地點，但戰爭之事，有時不可能的、最有可能。為了防範，我除讓我的傳令兵携帶M／1之外，二人各携四枚美式手榴彈，我則另帶卡賓槍，以防意外。在戰地，彈藥方便，我排長的碉堡，隨時都有幾箱，而美式手榴彈，我認為是最有威力的對付武器。金門查哨，口令每夜必變，人一接近哨站，遠遠就要報口令，口令不對，守衛便開槍，視做敵人，不會給你客氣。我就聽過喝醉的老士官回哨亂報口令而送死的例子。記得每次與傳令兵孤寂的走過墳場似的羊腸路時，心頭都面臨不測的陰影。這種經驗，令人恐懼難忘。

金門是一個資源貧乏，位於厦門外的小島，無法自給自足，重要物資都仰賴台灣運去。當時五萬重兵屯駐金門，如非美國支援，這種位置的島嶼是無法久守的。世界上也只有蔣介石這種別有居心的統治者，才堅持據有。金門所以四十年仍然屹立，並非蔣介石有何英明，而是中共發現金門馬祖留在台灣手中，正可以向國際顯示台灣問題為中國內戰問題的證據。台灣地位，在國際法上是屬於未定的，但金門馬祖的主權無人懷疑是中國的，將二者攪在一起，就是中國深思熟慮而不予動手的政略目的。

我曾幾次利用禮拜天及假期，與熟悉金門的同僚跑到各地參觀。最繁華的地方莫過於金門城，其次是山外，商店、報社、書店、像樣的市場，都在這兩個地方。但最大的金門城，也不會超過新莊。我也跑到太武山嶺，以望眼鏡觀看厦門，甚至厦門大學都在眼底。三面被大陸包圍的大小金門，簡直就像大手掌中的兩顆小石頭。金門的百姓人口約與駐軍人數相當，也在五萬人左右，人民生活困苦，收入甚至低於軍人。因此，一個金門男人要想娶到妻子，非常不易。當地盛行以多少百斤的豬肉為論娶標準。也因爲這樣，金門女子有不少想攀交台灣囝仔。爲了防止金門女人外流，發生社會問題，當時規定台灣兵要討金門小姐，必須在金門住十年。我喜歡細看金門的房屋建築，基本上就是我們舊式的農村古厝形式。看他們的墳墓，也跟我們沒有兩樣，而他們的河佬話，親切中，只感腔調略爲不同，應該是屬厦門的一支，他們是我們同一語族人民。金門最漂亮的一棟西洋樓房，就是移民南洋的僑民、光宗耀祖的紀念品。他們跟我們是一個完全同源的，向外移民的民族。

一九六二年八月，金門防衛部在太武山下的巖洞裡席開百桌，歡送我們這一期的預官退役回台。不久，我們乘坐同一補給運輸艦，從料羅灣的臨時碼頭上船，我特地買了三瓶高粱酒送與家人共嚐。當船又一度駛過黑水溝、橫越澎湖時，我看着台灣海峽碧波萬里、海天一色的美麗景緻，我又一次站在甲板沉思。這次，我是在想，我們的祖先數百年來如何越過這個天塹的歷史，我們這些後裔，究竟能否找到先人追求的最後自由，擺脫歷史命運的奴役。

商人與獨立運動

歷經一年有驚無險的金門服役，安然回到了家。

經過考慮，我終於決定放棄出國，成爲商人。

回來後不久，老友彥年曾偕我一起往訪位於信義路三段的文星雜誌社。文星由蕭孟能創辦、李敖主編，當時兩人好像鮑叔管仲，如漆似膠，把文星推向高峯。李敖正出道，拳打四海「文雄」，脚踢思想「好漢」，尤其他正揪著一個個有知名度的國民黨文化打手廝打，卯上胡秋原，幹上沈剛伯。彥年叫我去拜訪，希望我也加入文星。當時主張自由西化的一批新生知識份子，以李敖爲首，與保守派掀起了中西論戰，我去的時候，正是砲聲隆隆，烽火連天，好不熱鬧。

回來以後，我躊躇了一下，隨即放棄。我有兩個理由：如果我不出國留學，則我必須回家族歸隊，母親的養育之恩，大哥的栽培之情，都要反哺；其次，打思想論戰，僅在拆國民黨的虛僞文化建築，雖非無意義，但基本上是大陸人在台的文化與權力內戰，雖能間接促進台灣文化與思想的解凍、衝擊統治集團的文化霸權，但台灣人的基本歷史問題，外省知識份子並不與我們感同身受。無論主西化的、主傳統的，都沒有與斯土同生共死之心。他們的文化母國是在海峽的對岸。因此，我仍然不忘殷海光的一句話，大陸人可以談民主，不可以言獨立。這是一針見血的觀察。由此我們知道，凡依賴中國一統文化霸權，吸其奶而得溫飽的，無論其思想心態如何西化、如何開放、如何抨擊醬缸，他們對台灣人的歷史經驗、歷史痛苦，追求獨立、自由的意志，都是冷漠的、敵視的。在這一點上，無論李敖柏楊，都是同一戰綫的人物。我與柏楊更有認識，我們是政治黑獄的難友、綠島的同窗、新城的鄰居。論私誼，我欽佩他們兩人的人格才華，然道不同、不相爲謀。當柏楊在綠島寫他的《中國人史綱》，我則在綠島完成我的台灣人文字字母系統，企求爲被壓迫的一個族群、被消滅的一支豐富民族語言文字，找到復興的方法。

基本上，我不僅反對中國歷史的政治統一霸權，也反對窒息文化的車同軌、書同文，滅他人之種的文化霸權。漢民族的文化，本是多姿多彩，其歷史活力並非起於統一，而是發皇於百花齊放。研讀中國歷史的人，都注意到一個現象，漢文化只有在春秋戰國的權力分裂與均衡中才最有創造力。權力統一的淫虐，反而是統一後中國二千年文化與社會停滯不前的基本歷史因素。統一是中國文化的河殤，絕對權力導致絕對腐化，不僅是政治現象，也是文化現象。祖先的分支語言，各有美妙與特色，何能根據政治權力決定誰生誰滅。台灣人不但要追求政治權力的平等，也要取回歷史文化的平等發展權力。國民黨到台灣，非但是政治謀殺集團，也是文化謀殺集團，其中的中國文化，乃是黑道老大的地盤文化，以弱勢民族之死，成就一己政治文化霸權。在這一黑道地盤文化的傲慢心態上，無論是左的中國人、或右的中國人，均是一致的謀殺主義者，對台灣人的意識及語言，均有不可理喻的敵意。所謂中國文化，其最大特徵是退化爲單一的極權文化政策，其中毫無古漢族百花齊放的泱泱胸襟，他們整個動機，是在政治權力的鞏固，以北京語爲單傳嫡子，成其統一之老夢、稱霸之利益。

鑑於母親反對我不知何年何月才能歸來的留學，我終於回歸家族，投身家族事業。不留學，我也不會獨立創業，我不能忘記少時對家庭的奮鬥承諾，要成爲商人。浸淫商人特殊社會，我並不陌生，但經四年的大學思想蛻變，對生活在燈紅酒綠、軋頭寸，白天費神於市場起伏、夜裡投身在杯光酒影的生活，並不如想像中的自在。我的心靈與個性，似已不是一純粹商人。

戰後，我們家族事業起源於我們母子三人的重聚基隆。由母親的日本時代老本行做起，先做醬菜，後由大哥引入花蓮日本友人留下的氧氣生意，從殘存的幾十支鋼瓶，繼承日人商號「中興」之名而逐步起家。到我大學畢業、從金門退役，已經營十四年之久。這十四年中，事業的主導者，由母親轉爲大哥掌舵。大哥無疑是一位精明強幹的創業者，事業的進展雖不猛，但穩紮穩打，很少失誤。十四年中，除主力爲氧氣生意外，也嘗試各種行業。我在中學時代，即不斷利用學生的通勤月票，有時一天跑台北、基隆幾次買回汽車零件銷售，即其例。在此十四年中，我大半時間在受教育，襄助有限，只能算是一個輔助者。到了金門退役，加入創業時，家族已有一定基礎，基隆台北均有住家兼店舖的房子。此時主力生意，仍以氧氣爲首，但市場仍侷限在基隆，台北雖有據點，但台北市場的佔有率，不會超過百分之三。從一九六〇年代開始，台灣的經濟開始起飛，氧氣市場所賴的銅鐵業、各種切割工業、拆船工業、醫院，每年都不斷成長。因此這一行業的利潤是穩定的。而且，我們是買賣業，於進出之間求利，只要不被倒帳，並無工廠的風險。雖然，買賣業也有極麻煩的管理問題，送鋼瓶、收鋼瓶、催帳，有永遠理不完的事務。我回去時，正是家族小企業欲飛未飛、努力爬升的階段。

我心中於是打了一個如意算盤，與大哥打拚五、六年，成功時，再找機會到先進國家，做一次高深進修，或周遊世界各國，參觀先進國家的政經制度，期能增進眼光，推動我心中的夢想。

因此，在母親堅持後，我即不再猶疑，很快準備全力以赴，推展事業。我花半年時間，徹底了解市場，清楚業務的流程和作業，並不時別出心裁的設計、控制買賣業的瑣屑事務，但最重要的是市場的開拓。我乃從基層摸起，進而實際的管理指揮，集中攻打台北大市場。

我們的貨源來自基隆的台肥一廠。一廠的主力產品本爲鈣肥與磷肥，但其主要原料卻是電石及氮氣，爲了生產氮氣，氧氣也會一併生產，成爲它的副產品，因爲是副產品，當然與民營工廠的成本不可同日而語。而台肥是一公營事業，不推不動，沒有關係不動，沒有好處不動。這便引起說服台肥採用多賣多銷的折扣制度。這些原始折扣設計，都來自我的巧思。這套辦法，非常有利於大經銷商，使我們銷量達一定階段時，由於大量折扣，變成成本低於民營工廠的現象。換句話說，我們雖爲一經銷商，但成本卻贏過一般投資龐大的工廠。從另一角度看，我們更具工廠與經銷商的雙層利益，因爲一般工廠並不能直銷，只能透過代銷商販賣。這一有利地位的創造，一方面是家兄的重要外交手腕，熟悉中國貪污文化，一方面是我在大台北市場攻城略地成功。因此，不出三年，中興氧氣行一變而爲台北氧氣市場的霸主，囊括一半以上市場，銷售據點不僅涵蓋基隆區域、台北區域，更從新竹南運高雄拆船，成爲當年台灣最大的銷售系統。

在台北，更因把同行打得落花流水，引起同業的危機，而發生集十二家之力對抗中興一家的盛事。他們不僅聯合，爲了窺探我們究竟如何經營，更把聯合辦公室設在我們五常街的隔壁，這是台北氧氣業歷史的趣事。不過，這些當年生死鬥的同業，十年以後卻化寃家爲親家，共同組成立昌化工公司，以兩部購自台肥七廠的大氧氣機，形成一個自產自銷系統。我自綠島回來以後的第三年一九七八年，即出任立昌的總經理及常務董事，或許幸運，就在我領導的兩年中，爲公司創下二千萬的純利，把公司的原始投資一下賺回來，成爲該公司空前絕後的紀錄。從前的商場敵人，變成後來事業的伙伴兄弟，每月歡聚，這眞是台灣生意場上「相逢一笑泯恩仇」的趣聞。

氧氣的工業使用，必與電石伴隨。氧是一種助燃氣體，本身不燃燒，而是幫助高溫燃燒，電石則是助燃物，兩者合一，始能產生削鐵如泥的奇異功能。拆船業沒有這兩樣東西，休想解體。兩者功能不僅在切割，更能把鋼板焊接起來。這是近代西洋科技老掉牙的發明，已有百年歷史。氧氣的功能當然不僅這一項，醫院的急救，是有名的例子。而電石的作用，更不僅是點火切割之用而已，肥料也用它。製造塑膠的第一代原料，更是電石，後來由於石油化學的發明，成本更低，才取而代之。我們家的第二項大業務，就是電石外銷，以台肥一廠的電石產品打入越南市場。當時越戰正熾，均以美援外滙及美國運輸船運輸電石進入西貢。我們的燈火牌電石，不但供應南越作最大民用，據說連越共都買去。台肥一廠的電石爐，遂日夜不停的生產我們的訂單。

外銷事業的奠定，便是我提議成立福德企業公司的嚆矢。福德即兄弟二人名字最後一字的組合，此公司爲後來事業的母體。我在大學的英文能力，遂化成商業的工具，自寫商業信，自打、自編英文目錄。爲了引進人才，我乃敦請蔡志仁加入福德企業。志仁兄是一人材，也是我們政治系的同班同學。政治系中，只有我們兩人是商業學校出身。志仁擅讀書，在台中省立商職時代，便是全校第一名，台大政治系的八個學期，恐怕有一半是他拿第一，他的讀書方向與方法與我相反，我一天到晚唸經典著作、寫東寫西，他則專唸課內。志仁畢業後即考上法國政府的留法獎金第二名，但事與願違，突遭父親事業崩潰。由於大學時代我習慣在寒暑假做個人旅遊，到了台中，我就去看他，在我知道他的困境後，便邀他上台北入福德。他對福德初期的外銷發展，無疑有一份貢獻，一九六八年我被捕後兩年，他仍固守崗位。其後才求去，自創事業。

幾年中，由於氣體事業的成功，我又擘劃買到生產乙炔的技術，企圖由買賣業，轉進生產事業。我的計劃是，必須及時由商業蛻變爲工業投資。我從日本的實業發展史、美國的工業歷史，淸楚看到這種軌跡。所以我們便於三重五股購地，建立家族事業的第一家工廠。計劃從乙炔廠開始，而後氧氣廠，從北到南建立氣體工業體系。一九六八年我被捕，這一計劃遂被打擊，不再前進。福德企業，乃往旁系發展，不能不說是可惜。此一氣體事業體系，後爲山東幫的聯華苗育秀在十五年內趕上完成，變成台灣最大的氣體生產企業，而非起步最早、最有資格的福德。

一九六七年，我更由氣體事業，轉而注意辦公土地的投資，說服家兄買下今天榮星花園旁的福德大厦基地，我力主購入千坪，由於大哥的保守，遂縮小面積。凡此，皆爲福德奠下日後穩固的基業。我釋放後的第三年一九七七年，即以此基地一手完成大厦計劃，爲家族贏進巨大財富，並使福德有自己的大樓，建立形象。

要之，從一九六二年到一九六八年初被捕，六年之中，家族企業在兄弟同心協力下，在氣體、在貿易、在土地、在工業建廠、在各種旁系事業投資上，已有重大發展。我雖非唯一因素，卻是兩根大柱之一。

也在這個時間，經過重重阻礙與波折，美麗的女王終於嫁了過來。她不但襄助於內，顯現其成熟與能幹，而且是一個政通人和的妻子。頗出我意料之外，她堅持生孩子，於是五年之內，一九六三年生大女兒淑枝，一九六五年生大兒子萬瀚，一九六七年生小兒子萬敦。女王另一讓我驚奇的是，她的身體特別健康，記得她生第一胎，尙費時五個小時，由我們巷外的徐婦產科徐千田博士接生。但到第二胎時，僅費時二十分鐘，從她腹痛到我快速扶她到五常街口的黃婦產科入產房，黃醫師幾乎大叫來不及。第三胎知道準備，同樣二十分鐘。我始知，她生孩子，好像吃豆腐，而且第二、三胎生完時，第二、三天就抱着嬰兒回來，致遭母親大罵一頓。按台灣人習慣，認爲此時產婦最虛弱，應靜養一段日子，不可走動。她雖一連生了三胎，奇怪的是，身段依然苗條如故，未損其美，不講，還眞沒有人相信她是三個孩子的媽媽。女王的天生體質，可由我們二十五年生死與共，歷經艱辛中，她從未因病入院這一記錄，獲得印證。我確實討了一條又強又健的客家母牛，這條漂亮母牛不但體質佳，酒量也好。

二十五年前的台北，盛行大拜拜，這種大拜拜，不但是台灣人的拜神活動，更是一種重要經濟活動。我們牛埔仔中山區，每年也捲入五月十三的大拜拜。這一天，所有商家必須大開筵席，廣宴賓客，一切跟我們有關係的顧客，不管伙計老闆都請。事實上，後來變成有請沒請都來。這種大拜拜，最麻煩的一點是，你永遠無法確定人數，更麻煩的是，它是一種流水席，客人大都不會準時到，而是一種一批吃完、一批又來的方式。我們通常都請外包的大師父，一禮拜前就準備。

如果預備十席，就準備十五席的酒菜，寧多勿缺，以免穿梆。而麻煩中更大的麻煩，是台灣人的敬酒法，客人喜歡以主人的酒倒灌主人的腸。酒量不佳的人，眞是吃力。而習俗，不敬酒等於不給面子。我每次被敬到一半，客人還洶湧而進時，就不勝其敬。女王的酒量這時便發揮她的威力，我不知道她能喝幾瓶紅露，但她能送走最後一個客人，而面不改色。我常在台北大酒家，如當時的東雲閣、黑美人夜宴，我看過的能喝的紅牌酒女，大概也不過如此。我後來更知道一個祕密，女王之強不僅在酒量，也在她的機伶口才，她非常擅於應付客人，她先以風度、形象，使客人不忍相逼，繼而以能言善道，擋住客人，最後又使客人驚訝她的酒量，不敢輕舉妄動。所以，她靠的不全是海量。論酒量，我們家老二許萬瀚，恐怕更勝女王。小瀚體格魁梧，最重時達一〇五公斤，十幾歲時發現他在宴會中無意之間咕嚕咕嚕把一瓶約翰走路喝下，才說這有點酒味，連他母親都吃了一驚，這個孩子喝啤酒都沒有味道，而我連啤酒都臉紅，莫非隔代相傳，我母親常說，父親酒量很好，我大哥也不錯。

倒過來回憶與女王的婚姻，眞是一波三折。

打從金門回來以後，媽媽就積極爲我物色對象。那個時代父母之命的力量仍在，媒妁之言的事例仍未完全消失。大哥兩度正式婚姻，一敗一成，均由母親物色；自由戀愛，所謂自己看高興，自己決定的時代，仍在發酵。母親並非沒有見過她這位未來的媳婦，我就好幾次帶回來給她品鑑，以女王的機智、伶俐、儀表，媽媽都默然無言。我知道媽媽的個性，默然無言就是有希望，因爲，面對非母親主動欽選的人，不予批評，默默無言，就表示很難挑剔，而母親對未來的媳婦是很挑剔的。況且，女王更有一個有利因素，她可能會是我們第二個客家媳婦。

即使這樣，母親仍然帶我到處相親，從大溪相到北投。大哥也參加對象之尋找，又從台北相到桃園，而且所相女孩及對方家境，大部份都非客家人，而均富有。大哥幾度表示，以我條件，不愁沒有好對象，應該要門當戶對，才有利於社會與經濟地位的提升。我也不好拂逆尊長之意，但他們中意的，我都搖頭。

最後，我終於了解他們不贊成女王的理由：她太漂亮。他們認爲傾城之姿的女人恐非我福，他們引大哥第一次正式婚姻失敗的素梅嫂爲例，說明母親並非嫌棄一切美麗媳婦，但失敗的前例，使大家心頭猶有餘悸。這個理由使我一時啞口無言，我的心底其實也疑慮重重，生怕步大哥的後塵，成爲笑柄之餘，來日受創。究竟美麗的女人，男人之大欲，其容易惹是非，必有其理。媽媽強調，娶妻，先娶德，次取色，因艷色天下重，其重必爭。尤其夫妻共患難，大難時能否堅守，女人的品德佔第一位。母親舉父親的失敗與死亡爲例，如無母親，今天不會有我們兄弟的再起。母親更認爲，許家是苦難興邦的家庭，必須愼重考慮。大哥更私下往訪女王家人、左鄰右舍的風評，他們對女王家人的印象，並不深刻，認爲非常平凡，雖不能說貧窮，但差我們一大截。我對前面的理由可以接受，對後面的理由則反對，女王不僅是她家族的出色才女，我更認爲，正因她家境並不起眼，成長才更堅實。說有錢沒錢，我們許家本就是被人看扁的最窮一支，並無光榮歷史可言，至少父親一代，已降爲無產階級。女王的婚事，遂在爭執中，無限期的擱下來。

事實上，正因女王在她家鄉是一朵奇葩，而她個性恰與客家保守民風相反，求愛的人的糗事一籮筐，使得不斷湧進大哥與母親耳朶的不利消息，增強反對主張。但我則日陷於與女王的強烈愛戀中，愛情的承諾與現實、感情與理智，遂日益強烈地矛盾。而女王似乎更痛苦，一大堆流言，講也講不清楚。每次我們相見，都在淚眼中離開，最後，我乃採用一個不是辦法的辦法，讓時間去解決，讓時間當媒人，而時間是考驗愛情的最好方法。

就在一年多的僵持中，我們不斷的相聚，她知道我家人反對後，幾次表示不要爲難我，似乎決定大家分手。話雖這麼說，兩人的感情卻愈來愈濃，愈難捨難分。我發現，似乎沒有反對，天下的愛情絕不會強烈，鐵不煉，似乎不成鋼，我遂愈來愈愛她，而愈愛她，她又對我愈纏綿，如此發展，我們進入了生死戀。本來容易拆的，現在變成一體，等到變成一體，愛情的奇蹟就出現，最後無人能解決的，終由我們寶貝女兒的到臨而解決。因此，能把女王討進，最後應歸功於未來這個漂亮女兒，她一舉解決各方爭端，強迫爸爸、媽媽、祖母、伯父，通通結束這場「美麗」的一戰。

但事情並不如此皆大歡喜。

就在女王懷孕的第三個月，我們訂婚，根據客家人的禮俗，備禮數、行儀式、分喜餅。訂婚後不久，大家又有意見，並引起我丈人的光火；結果，結婚這道手續，又無限期的擱下來。如此僵下去，會把女王逼垮、芳心逼碎，我沒辦法中，便把這個準妻子，搬到台北家附近的民生東路巷子中，目的在保護她，使她安心待產。就在這半年眞正朝夕相愛中，我發現這個準妻子，不僅是外在，內在更有看頭。我白天忙，只能中午晚上與她在一起，但也不是每夜。我發現這個女人不但是一個好情人，也是一個好太太，其溫柔體貼、善解人意，使我吃了一驚。我開始感覺到做一個丈夫的美妙，並認爲找到了一個眞正的女人，我對愛情的體會，以及女人眞正的味道，從未如此之深。

那一年，台北發生葛樂利颱風的大水災，從不淹水的牛埔仔，洪水濤濤。我與女王的婚姻，又拜洪水之賜，因禍得福。母親看到洶湧的雨水快淹到一個人的半身，才下令准許住在外面、正陷入危險中的準媳婦，趕緊搬回家裡二樓。這一搬，就算結婚，這是世界絕無僅有的結婚儀式：由颱風奏樂、請洪水主婚。二樓後廂的新房，本來佈置好已快一年，這時才開張。

因此，依國民黨的法律觀點，婚姻構成要件，以所謂儀式的公開及特定人數在場觀證才爲有效的規定，我們兩人的婚姻是無效的。我們決定讓它保持無效，以視究竟愛情力量大，還是法律力量大。二十五年來，女王面對丈夫兩次被捕的恐怖震撼，面對經濟崩潰的凄涼悲傷，都未宣佈婚姻無效，愛我如故，堅定不渝。

就在事業的締造、婚姻的奮鬥中，我並未遺忘台灣內外局勢的發展。

從一九六〇年到一九六八年，國共仍然僵持於台灣海峽。中國歷經大飢荒、原子彈試爆，並正陷入空前的文化大革命時代；國民黨則在美國防禦條約的保護下，以世界反共第一先知的姿勢，日夜宣傳共匪將崩潰的神話，並以防共名義，對內加緊箝制，從事肆無忌憚的白色恐怖統治。從雷震之逮捕、擊破反對黨的民主運動開始，繼續一連串的大鎮壓。報紙則以控制的宣傳，一律將民主運動與紅色匪諜的案件牽連描繪。蔣介石的手法，絕不讓掌握下的媒體暗示台灣有任何政治反抗、或任何政治犯。蘇東啓事件、施明德事件、彭明敏事件，均發生於此一時期。國民黨對任何可疑言論、可疑人物，均全力撲滅之，其目的在徹底拔掉任何對抗團體的出現，並對海外反抗運動，從事瓦解作業，廖文毅即於此一時期投降返台。對於台灣地方選舉的菁英人物，諸如郭國基、李萬居、郭雨新、高玉樹等，使用一切手段打擊，李萬居的公論報，亦於此時被奪。國民黨並於每一次選舉，搞其登峯造極的做票文化，搞地方派系，分化之、監控之。由於有強大的美國武力巡邏於台灣海峽，所以蔣氏父子的六十萬大軍、軍特情治的龐大力量，表面爲對抗中國，實爲對內。國民黨已成功的拴緊台灣一切資源，教育黨化、軍隊黨化、思想黨化、司法黨化、經濟權力黨化，由操縱權力派系，而操縱地方利益，由地方利益之分配，而操縱地方人物。以防止一切力量集成勢力。

其間，尤以雷震的民主改革要求，攻擊國民黨違憲，籲求建立民主政治，最值得注意。但國民黨發動圍剿，並在雷震一批大陸自由主義知識份子由坐而言、而起而行，準備與台灣反對勢力草根領袖人物組黨時，蔣介石迅速撕破民主的假面具，徹底瓦解反對力量的凝聚。這個事件使我斷定，殷海光的想法不正確，國民黨不會容許民主，雷震的重刑整肅，是對異議外省人最簡潔的警告，警告他們休想與台灣人搞在一起。這個箭頭不但指向政治的，同時也指向以外省人爲主力的文化反對派，李敖會以台獨的荒謬罪名被捕，柏楊也以怪誕的紅色罪名被判，均應從此角度分析，不可以個人事件孤立視之。

六○年代國民黨對台灣文化與政治異議份子的一系列恐怖鎮壓，源於國民黨對內殘忍的政略考慮，蔣氏父子並不懼怕幾個手無寸鐵的外省反對份子，而是懼怕他們與台灣人聯合，或以影響力領導、結合、形成挑戰它的民主勢力。觀國民黨對被捕的六○年代智識份子，只彭明敏一個台灣人放回去，益證明我們前面的看法。

觀察中國局勢發展，六○年代共產陣營最大的事件，莫過於中蘇分裂。殷海光的觀察十分正確，從古巴事件、兩共翻臉，到大陸大飢荒，從中國試爆第一顆原子彈，到文化大革命的內鬥開始，中國最弱的時候是中蘇破裂後的飢荒期。國民黨想對共產黨動汗毛，唯有這個天賜良機，這個機會一失，只好從此夢斷天涯路。國民黨是個要專靠運氣死裡逃生的集團，二次大戰時靠美國參戰，打敗日本，內戰時崩潰逃到台灣，又靠毛澤東的錯誤韓戰而獲救。這時則特別期待越戰，企圖利用美國與中國的越戰衝突，弄垮大陸而漁翁得利。

這些一廂情願的幻夢，待中國獲具核武地位後，證明中國並非國民黨所宣傳的蘇聯傀儡，美國與中國因越南而最後一戰的可能性大減。這種局勢，到了一九六七年時，美國更證明無法贏取越戰，大勢所趨，美國有一天必設法利用中蘇分裂，企圖與中國達成某種和解，或維持某種勢力均衡的互諒。這表示，中國遲早會被引進國際社會體系，絕無可能永遠將其孤立於世界之外。不與中國打交道，無法解決東亞的國際問題，而中國一旦介入及重返國際社會，蔣介石狂妄的中國代表權，必將面臨嚴酷挑戰，漢賊不兩立的狗皮倒灶政策，必將面臨瓦解命運，而漢賊不兩立政策一動搖，台灣內部的統治神話，必將岌岌可危。台灣最後只有走向獨立。

對於實力政策的不承認，只是時間而已。美國對第一個紅色政權蘇維埃共和國聯邦的承認，花了十六年，對中國，又能拖延多久？美國能忍多少時間，不理一個新興的核子武裝國家？到了一九六五年我思考這一問題時，中共政權已成立十六年，越戰也打了好久，美國似無必勝把握。美國與中國不是已在華沙不斷的做非正式的大使級談判了嗎？

再者美國本身，在甘迺迪當選美國總統後不久發生古巴危機，古巴危機中，蘇聯不得不撤回飛彈，但美國也喪失了古巴；甘氏又大力介入越戰，美國從此年耗美金千億之國力，好像大象踩螞蟻，但似乎踩不死越共。反看中蘇，雖然同床異夢，但絕不讓越共被消滅，全力牽制美國的意志卻一致。美國如贏不了越戰，則必走向會議桌，從事政治解決，而政治解決，能不與中國打交道嗎？

一九六二年，甘迺迪的外交策士，駐印大使鮑維爾氏，即對台灣政策獻計，有名的康隆報告，也於此時提出，他們不約而同地主張一中一台。康隆報告建議台灣成立「中台國」，所謂「中台國」，即台灣自成一獨立國，獨立於中國之外是也。欲台灣成一獨立國，反面意義就是美國開始考慮承認中共爲中國代表，放棄蔣介石的冒牌代表權。

基於這些觀察，我在一九六五年遂認爲，時間已近，台灣不但應該走向獨立，而且必然走向獨立。單純的民主訴求，不能解決台灣命運的歷史問題。溫和的大陸人與溫和的台灣人之間努力企圖以民主結合，已由雷震的犧牲證明一敗塗地，是走不通的路。民主的單純訴求絕不足以凝聚力量，台灣的歷史動力，必然來自台灣人意識的喚醒，來自追求自由與民族獨立的決戰。而且蔣介石已近八十，他能支撐多久？其兒子承其權力，又能對抗歷史多久？

台灣獨立，我以爲最自然的方式應從國際地位開始，應從聯合國中國永久理事席位讓出與拋棄，換取台灣在聯合國的普通席位，以免因安理會之中國代表權爲中共取代而損及台灣主權地位。因爲一旦其方式爲取代，則中國一上安理會，必否決台灣入會。故最聰明方式爲自動退居普通會員席位。而聯合國欲排拒一個普通會員，需全體會員三分之二同意。我認爲名稱尚非重要問題，因此，我曾爲文主張變更聯合國代表權，此一主張，不僅不爲愚劣的蔣政權所接受，反成迫害之理由。

一九六三年，我鑑於雷震的自由中國雜誌已倒，只有文星與國民黨在做思想遊戲，並無台灣智識份子的言論空間，遂計畫辦雜誌。我首先以個人財力與陳彥年合作，結合台大老友福增兄等，合力出版工作，彥年當時正在開印刷廠，答應初期支援印刷。雜誌宗旨以綜合性質申請，標榜爲社會的、思想的、評論的，定名爲「現代社會」，封面由友人特意設計成一大問號的紅底黑字出刊。這個紅底大問號刊物，一出世就引起國民黨的密切注意，他們一看內容，馬上嗅出敵味。國民黨的意思是不待我們長大，步雷震、文星之後，給他們心驚肉跳。因此出刊不到一星期，便透過一個何姓友人找我面談，軟硬兼施，要求停刊，或者轉變言論方面。我在首期社論，即出現他們心中起毛的批評，今天回憶當時那種言論，絲毫沒有特別之處。但是國民黨風聲鶴唳，他們手握權力，見到鬼影就砍。我仍不理，繼續第二、第三期，但到第四期初出時，不僅壓力來自直接恐嚇，而且波及我們的家族企業。尤其不知何故，彥年突然撒手不印，稿件不見，衆友人失望之餘，只好喊停。

這一次喊停，使我決心不再與國民黨做以卵擊石的言論口舌之爭，轉而思考與研究組織人民，參與選舉，以推動台灣獨立運動。我判斷，妄想以言論造勢，公開宣揚台灣人意識，掀起社會運動，或繼續自由中國路線，都行不通。面對國民黨法西斯，這種鬥爭方式，必將成事不足，敗事有餘。我認為，只能以選舉取得政治反對旗幟，以眞正草根的群衆運動，結合台灣菁英，以組織對抗組織，以牙還牙，才有成功的希望。

群衆運動，我從研讀美國工人思想家埃立克・赫否(Eric Hoffer)的《眞信徒》一書分析，獲得心得，知道國民黨並非沉睡的沙皇、腐朽的末期滿淸，而是一頭曾奪過大陸政權而又失敗的困獸。蔣介石雖為一武夫，究係長期內戰畢業的一代梟雄，手段陰狠殘忍，尤能集結一批文丐為其所用。他從與共產黨的鬥爭中，學得思想對抗、言論控制，抓緊槍桿，鎭壓反對派，懂得運用宣傳機器、製造神話、黨化教育，並以最嚴密的特務，監視、分化、威嚇、利誘台灣人、操縱台灣社會。他們也擅於利用與收買美國政客，長期影響美國對台政策。蔣介石更以台灣人的反抗，為百萬大陸移民製造危機意識，挾持之而利用之，形成省籍對立。以滿人三百餘年前不過人口三百萬，即能揮軍入關控制上億人口的中國，一九四九年蔣介石以武裝的百萬逃難人口入據台灣，當然綽綽有餘。蔣介石的武裝集團，究不同於三百年前的鄭氏集團，蔣氏有國際力量為其卵翼，而鄭氏孤軍無援，所以，台灣人能天眞嗎？

爲了深入研究選舉運動，結交志士，一九六四年初，我認識林水泉。水泉兄在六〇年代初即崛起松山區，國民黨很快把他打成流氓，並送往小琉球修理兩年，回來後立即參選，成爲台北市議會最年輕的市議員。一九六四年台北市長大選，他是高玉樹的競選五虎將之一。選後，我們變成好友，經常與新竹市前市長朱盛祺的大公子相聚，縱論天下古今。水泉爲人性格豪邁、反應敏捷、擅長演講，地方經營紮實，選舉的技巧與運作都不賴。他的相對弱點是主觀太強，霸氣畢露，非常容易與人爭議與衝突，一衝突就破裂。但做爲一個政治人物，他無疑充滿台灣人的草莽銳氣，立場堅定，意識清楚，是一英雄人物，也是群衆運動中有魅力的將級人材。他智識如能增進，減少偏執與剛烈，心胸恢宏，則挾其天生的不凡膽識，難言他不是明日大才。他做人熱情、不自私、聰明、敢做敢爲，是一個能與同志肝膽相照的兄弟。但長期相處，不與他齟齬的老友卻不多，連我亦於一九八三年爲小兒赴美留學事，翻臉誤會，惡言交加，是其所短。但我對水泉，仍持肯定與尊敬，尤其當我們虎落平陽，同遭逮捕時，他在獄中的堅強表現，不出賣同志，不爲己利屈服敵人的英勇氣質，顯示其人格的堅毅與可貴的一面。

與水泉的友誼，使我們對台灣命運能深談，並取得共識。當時水泉提議，利用下屆的市議員選舉，推出我們新生代大學畢業菁英五人參選，結成連線。這是一項大膽計劃，目的不一定在馬上當選，而在創造與累積政治資源。一次落選，下次再上。推出人選，均如我之台大學歷，以新銳言論，一新選民耳目，掀起智識份子參與黨外運動的高潮。因爲當時黨外公職人員，草莽英雄佔多數，高品質的書生較少，論政火力，有待增強，鬥爭技巧，有待提升。

懷抱這一構想，以水泉爲中心的同志圈，遂漸漸擴大。林中禮、張明彰、呂國民、陳清山、黃華、吳文就，以及各人的幅射同志，慢慢凝聚。中禮兄是我台大政治系的同班同學，爲人敦厚，人格可靠。由於我事業繫身，他們每個人都比我活躍，一九六四年高玉樹對周百鍊一戰，象徵黨外與國民黨的一次決鬥，我們幾乎總動員。今天擔任政務委員的高玉樹先生，恐怕並不清楚他成功的背後，含有無數他不明白的台灣新生代，不求認識他，未曾與他握過手，也不想在他登上台北市長寶座時，有所需索，我們只是動員自己的一切社會關係，日夜全力介入拉票，只求他擊敗國民黨。高玉樹的勝利，無疑使大家興奮異常，直接襄助高玉樹競選的明彰兄，後來得到古亭圖書館館長的小職位，這是看得見的功臣而已。這一年，黨外競選亦獲小勝，基隆市長林番王、台南市長葉廷珪、高雄縣長余登發、台東縣長黃順興，都使國民黨灰頭土臉。當年黃順興到台北時，我與水泉曾在五月花酒家與其對飲敍過，這個當年的台灣人，現在在北京做中國人。

這一團體，其志並不僅在地方選舉，以求一官半職。經過兩年多的對談、共識、深入分析，大家並不相信選舉能改造台灣，選舉其實只是國民黨製造民主假象，分化及操縱台灣社會的手段。尤其選舉的舞弊，國民黨可說無所不用其極。我們家族企業與台灣煉鐵公司關係密切，煉鐵公司支持陳重光，陳重光就是今天養樂多董事長，我在該公司民生東路的辦公大樓開票現場，親眼目睹電燈一熄，有人把一大袋國民黨假造的選票混入票箱的歷史鏡頭。這只是隨便信手舉例而已，其他一葉知秋。

所以，這一團體起初雖以選戰爲手段，但基於強烈的台灣人意識，漸由討論選舉而分析群衆運動，而觸及拯救台灣的重大問題。我對台灣的歷史智識、對國際權力的趨勢分析、對國民黨的性格及發展、對台灣前途的解決法、我們可採納的戰術與戰畧，均透過不斷的彼此相聚，表達我的看法。我認爲選舉或民主，都是手段，台灣人民在未取得決定自己命運的權力以前，一切都是方法。民主雖爲我們的重要目的，但不可拘泥於此。單純的參與國民黨設定的遊戲，台灣人不可能出頭天。台灣人必須研究以組織對組織，以公開的群衆運動與祕密的組織，同時並進，交替運用。要喚醒台灣人覺醒，應把台灣人的目標淸楚說出，這個目標就是台灣獨立。這種觀點，漸成爲大家的共識，大家辯論的只是手段與技術問題。但看到雷震的組黨行動被消滅，彭明敏、謝聰敏、魏廷朝的宣言，出師未捷身先死，看到廖文毅投降，這個團體的基本共識乃形成，就是採取行動，發動台灣獨立運動。

一九六五年底，水泉飛往日本，回台後我們相會於黑美人酒家。獲悉他這趟日本行有某種成果，隨後，又另找機會祕密聽取他的計劃內容，我始了解日本的台灣獨立運動，在廖文毅的勢力被國民黨瓦解後，現由辜寬敏領導。要言之，辜寬敏答應以財力支援島內運動，但必須島內有所行動，形成組織力量。爲此，從一九六六年初開始，水泉先不斷地個別密談，而後召集明彰與國民研商，我們在他開的南松山旅社及許多不同地點，繼續會商方法。我由於個人忙碌，無法與他們密集會面與研究，但水泉不斷把研議內容告訴我。

此時，我注意到一個問題，國民黨不是西方民主社會的民主政黨，而是一個法西斯戰鬥團，其特務組織仿自蘇聯，在跟共產黨的鬥爭中，經驗豐富；跟缺乏政治鬥爭歷史的台灣人對陣時，好似以石擊卵。彭明敏案，宣傳單還在印刷廠印刷時，就立刻被出賣，足見國民黨特務網，已達面的佈署，不只是點的監視。另一重要問題，我認爲水泉是草莽英雄人物，好突出，適於群衆運動的枱面開創，而非頭腦細密、性格冷靜的人。我跟他相熟一年多以來，不斷看到他與老友爭執，爭執時顯示的執拗及情緒性，使我認爲他不是強有力的凝聚性領導人物，如從事冷酷的祕密組織，極易壞事。所以，人才的選擇、成員的更徹底篩濾、由小鬥爭到大鬥爭的經驗累積，非常重要。我覺得，水泉、明彰、國民，是否適合這種祕密組織工作，仍應觀察淸楚，台灣人不可憑血氣之勇，必須靠耐性和智慧。

一九六六年夏天，由水泉召集，大家在我家附近的民生東路玉山旅社開了一次重要會議，表面是叫女人，私下則討論大計。明彰這次提出組織草案，水泉主張明列獨立宗旨，並分配各人任務，我負責財務。當時出席人員除水泉、國民、明彰、中禮、我之外，還有淸山。討論仍未獲結論，我不表贊成。我反對的基本理由是，開始時不可集衆鷄蛋於一籃，應該分散成多線，先不必有組織形式，只要有一實質指揮者做單線協調的工作，其他人多線發展，彼此不必知道有多少份子在那一方面活動，俟鬥爭經驗累積多日，再相機組成強有力的中央組織。我心中尤其顧慮人材之有無，而人材須經時間與實戰的考驗。面對強敵的天羅地網，匆促形成的大組織，極容易被一網打盡。我讀過列寧的歷史，印象非常深刻，而國民黨的統治術，絕對比沙皇有效百倍；大學時，我更從殷海光處，聽到大陸時代國民黨特務對付共產黨的無數殘酷手法，所以國民黨的特務組織是不可輕視的。

國民黨敗逃到台灣已十七、八年，但以共產黨組織之嚴密，都無法在台灣生存，足見其功力之一般。我一再提醒大家注意研究運動技巧，應採單線領導、複線運作，不講形式、彼此不明的起步方式嘗試進行，萬一一線失敗，仍可殘存發展。可惜，我這一意見並未受到應有的注意，我所懷疑與擔心的，一年以後就證明出來，我們全部被一網打盡。

一方面是因爲我的反對意見，一方面是因爲我的忙碌，此後，只是水泉直接與我連繫，我不再和他們聚在一起討論。但幾次與國民會晤，從他私下暗示，好像他們又聽我的意見，已經分開運作。這個謎底直到幾年後我被捕，與他們有交談機會，以及看過了起訴書，才揭露。原來他們是怕水泉的草莽個性敗事，便另行成立祕密組織，與日本串連，發動獨立運動。我的意見看來又非完全不被注意，但又似乎不被好好研究。明彰、黃華、國民、文就，他們組成的「台灣青年團結促進會」展開行動時，水泉不知、我也不知。所謂不知，是不知組織內容與成員，但明白水在流、風在吹。爲了與日本連繫，水泉與我協定，由我用商業英文書信擬妥答覆，由國民到我公司取去寄出。這封信，構成國民黨逮捕我，以了解信中祕密的重大理由之一。

正如我惦慮的，同志們第一次熱血結合的中央組織成員中，中央委員之一的陳光英，就是國民黨的「抓耙仔」。自成立到殲滅，不過半年，出乎我意料之外的快速失敗。

這期間，我走另一方向，利用商業活動的空檔時間，加緊認識與物色結合人材，希望組成更細密的團體從事獨立運動。我並擴大與黨外重要人物接觸，希望聽取他們寶貴的民主運動經驗，聽取他們的看法。我幾次與郭雨新會面於他長安東路的羅馬旅社，郭是一位不可多得的黨外領袖，爲人雍容大度，有眼光，很愛護青年後輩。郭氏的千金郭惠娜，也是我台大校友，我們曾一起同上法律課程，與彥年同爲商學系同學。郭氏是當時高玉樹之外，最受國民黨注意的人物，出入已開始受特務監視。彭明敏獲釋後，幾次安排我們見面，郭氏有次以吉普車載我與彭老師及顏尹謨等分頭到烏來，邊郊遊邊交換政局的看法。彭明敏雖爲我們政治系的教授，但我的國際法卻不是他教，而由雷崧生擔任；大三時，曹俊漢一直催我與彭老師見面，我因忙於別事，又未聽過他的課，印象不深，所以終大學四年，我未與他認識。烏來之會，亦係幾面之緣，並未深談；不過他借我閱讀的喬治·柯爾（George Kerr）《被出賣的台灣》（Formosa Betrayed）則使我對二二八獲得更深入的了解，心中更憤怒與震撼。

一九六七年九月，我驚聞張明彰與呂國民被捕的祕密消息，十月，聽到水泉也被傳訊，迄年底，猶未聞返回。我在事業繁忙之中，冷靜一想，覺得這是一個不祥之兆，以國民黨的殘忍，我恐怕也不會漏網。

逮捕終於來臨。

一九六八年一月四日，即元旦過後一般機關銀行上班的第一天，當日下午兩點左右，我正在中山北路二段九八巷這一邊辦公，（我們的房子面對兩條街，台灣人所謂的二頭蛇，另一邊是五常街）突然，辦公門打開，從門外走進兩個年輕人，一逕走向我，問我是不是許曹德，我說是。其中一人迅即掏出他的調查局證件，表示他是特務，並說局裡有事，要與我約談一下。我一楞，隨即明白這是怎麼一回事。我要求上樓換穿衣服，並交待家人幾件事。上樓後，我迅即告訴女王，我去調查局，必然是水泉的事件，大概談談就回來，不必大驚小怪。她看我語調急促，並突聞調查局，芳臉一下變色，但隨即又鎮定的送我到樓下，叮嚀我諸事小心。到了門外，她目送我默然上了他們的中型吉普車式車子，揚長而去。

女王並不了解政治，生活中我也很少提起這方面的事情，她只知道林議員常來，大家是不錯的朋友。大哥及公司也知道林議員曾幫我們打進公車處的修車廠做氣氣生意，其餘不明。大家不知道，這天下午我一去，竟是一別七、八年，夫妻恩愛，於焉結束，從此開始備嘗人世辛酸、人間冷暖。

從商人變政治犯

在車上，兩名特務緊挨著我，我只瞥見車外不斷飛馳的景物，發覺車子急速向大安區方向前進，迅即轉入和平東路，繼而駛向六張犁的荒郊野外。二十年前這一地帶尚未開發，到處是錯落的克難房子，一片片的違章建築，只有羊腸小道，一畦畦田地，尚包圍著城市邊緣的零落住家。記得車子在山區前的馬路旁，突然停下，我看到一幢四面有圍牆、內有庭院的陰沉民房，下車後，兩名特務隨即押我進去。

我被帶到左轉的一間辦公廳，簡單的兩張桌子，幾張便椅。其中一人陪我坐下監視，等候另一人去通報上級。我心中力求鎮定，並在車上一直思考，以什麼方法對抗，如何應答。法律上，我並無可以構成犯罪的要件，除非根據他刑求以後的一言半語，羅織罪名，從事政治迫害。

三點左右，來了兩個一高一矮的年輕調查員。他們盯著我，先冷冷的說，希望我坦白合作，合作就沒事，並保證我晚上就可以回家。他們要求我於最短時間內，把我個人歷史、家庭背景、求學、交友、社會關係、政治見解，一五一十寫清楚，愈清楚，愈沒事，紙筆就在桌上，自己動手。他們隨即退出，留那一個矮的在遠處椅子上看他的刑事法，監視我。我便一個人獨自寫祖宗三代史，寫了一個鐘頭，回頭告訴那個特務，表示寫好了。他過來拿起一看，隨即召來高個子詳閱，閱後臉色馬上一翻，不悅的表示，沒有坦承交待，這樣無法回去，再寫。

後來我知道這是特務一貫的破功法，犯人被捕的一刻，是最脆弱、最易騙的時候。

就這樣，又從下午四點寫到晚上八點，沒有一篇他們滿意。我後來才知道，他們不是不滿意你寫的東西，而是以重覆的自白折磨，拆出你的破碇、拆出你更大的祕密，擴大逮捕其他的人。

我要求准我打電話回家，以便交待公司業務。他們與上級報告後，同意我打，但一再警告我，只要坦承，不用說打電話，等下他們就送我回去。這也是騙術之一。我終於和女王通了一次電話，除交待公司重要事情之外，並要她放心，她顯得語調鎮定。後來我才了解，女王是一個臨危不亂的女人，她又叮嚀我小心處理，不要擔心她及孩子。

電話一掛，又回到辦公廳，這次送來一碗牛肉麵，我沒有半點胃口。腦筋一轉，向調查員表示，我已寫了四遍，請明示我犯何罪，什麼地方不坦白，如無證據，請放我走，大家應該清楚我是個忙碌生意人，有話直說，不必自白一篇一篇的寫不完。說畢，其中的高個子表示：我們認爲你沒有什麼大不了，也知道你是台大的高材生，懂法律，我們只有二十四小時留置你問話的權力，合作不合作在你，回不回去看你，你寫的自白，該寫的不寫，避重就輕，你只要老實寫出來，就沒事。

這也是他們對犯人婉騙的手法。

於是，我又被迫從八點寫到十點。後來，門突然一開，走進一個四十多歲的中年人，自稱姓李，顯然是問案的組頭人物，身後跟隨一位獐頭鼠目的人。兩人替代先前兩個低級下屬，他們雙方交談幾句，便由這位姓李的開腔。他先擺出姿勢，溫和的說，許先生，你並不坦白，很多關鍵事，都顧左右而言它。語猶未畢，獐頭鼠目的這位打手級特務，忽然怒目拍桌大罵，說我敬酒不吃、吃罰酒，是滑頭的台灣生意人。此時，不知是故意安排，還是恰逢隔壁在刑求犯人，隔壁突然傳來淒厲的哀叫聲，一種使人心神碎裂的男人痛苦呻吟聲。第一次聽到，非常恐怖。我本能自衛地反應，認爲他們在玩眞的，覺得來意不善。我雖然震驚，但恐懼中仍力求鎭靜，戰慄地回答，到底要我做什麼，我該說的都說了，事實就這樣簡單。雙方爭執中，兩個特務遂出其不意的挨近，重重地在我前胸揮拳猛打，我痛徹脾骨，倒在地上。停了一陣，姓李的又繼續以柔和語調，叫我坐起，問我有沒有爲林水泉寫一封英文信到日本，我說有，是商業信，如此如此，這般這般。他們不信是商業信，要我說出信中含意。然後他們以一大堆我曾與國民、明彰講過的對話，問我何以自白書中都不見我寫出。我表示這些話，我無法承認，縱然講過，也不犯法，而且我一時也想不出跟誰說過什麼話，憑什麼說我不坦白。打手人物又再度拍桌恐嚇說，到了這裡，你還在講法律，我們是在跟你清算政治的帳，有什麼話，必須通通講出來。這時，姓李的又平靜的看着我說：許先生，你是明理的人，我們不願耽誤你的事業，請你來，本希望你交待交待，並無惡意，你不合作，才惹我們同事發脾氣，你再寫，不要隱瞞。

於是，我又從十點寫到十二點。這次，兩人仍然又在鷄蛋裡挑骨頭，重覆前面一紅臉一白臉的手法，反覆要我承認我與日本台獨掛勾。他們一下軟、一下硬，好話與拍桌齊飛，拳脚與辱罵一色。如此不停地徹底疲勞訊問我達二十幾個小時，直到第二天早上近十二點。他們四人半夜輪流升堂，一次次重寫、一次次修改，我在極度疲勞與緊張中，意識到這是他們的陷阱，無論如何痛苦，必須堅持一個原則，絕不承認。我發現自己的生命力，在皮肉受難中、在威脅中，漸由衰弱轉堅強，我知道唯有堅韌對抗，始有殘存希望。我感到手腳麻木，人幾乎昏沉無力，我只保持一個底線，不重要的都說，唯一重點不說，虛僞之事絕不承認。

第二天下午，他們只讓我稍微休息。兩點左右，突然走進一中年胖子，帶眼鏡，他一坐下就拿起卷宗，抽出我早上簽名的筆錄，態度極端傲慢，厲聲問我有無參加玉山旅社的台獨組織，並擔任要職。我先問他身份，他說他是檢察官，我說玉山旅社只是討論，並無組織，何來擔任要職？他又問，你主張中華民國放棄聯合國安理會席次，以獨立國身份參加普通會員，文章是你寫的？我說筆錄上的記錄就是，繼而，他把筆錄唸一下，問我對不對。然後，突然對旁邊的年輕特務高聲的叫了一聲：許曹德收押！

不到十分鐘，我身上的東西，皮帶、鋼筆、皮夾、皮靴，凡搜得出的身上物，都被剝奪，最後連眼鏡也被拿去。並從外面來了兩人，粗魯的把我押出辦公廳，轉往左側圍牆的一個小門。一進裡面，發現是這座圍牆房子中的另一圍牆世界：四面極端灰色單調，U型佈署的平房，中間是水泥地的庭院，整個環境予人恐怖的氣息。不久，我看到一個身著中山裝，口操浙江音，身裁修長，臉帶陰沉的馬面人物——年約四十餘的管理員走過來接人，他口中喃喃的問，又來了一個叛亂的？我迅速被押入U型監房的中間左起第二室。牢門是鐵柵做的，關合時會發出極刺耳的尖銳聲音，關進後，每個鐵門又外罩青色布幔，神祕而陰森。我一進去，發覺這間長方形牢房，面積不足一坪半，一股霉氣冲鼻而來，狹邊牆面上頭，高高開有一個小鐵窗，勉強看到外面一小塊光線。我驟然從昨天的自由大天地，一下淒然壓縮進陰沉的小監牢中，心靈突然陷入無邊黑暗世界，感覺生命孤單、冷峻，心中充滿矛盾、迷惘。

由於極端疲勞訊問，我已二十四小時沒有吃，沒有睡，進了牢房，略為猶疑，倒頭就睡。當我驚醒，聽到鐵門打開聲，送飯人員叫我以房內的碗盤盛菜裝飯時，窗外天色已幽暗，我直覺這是晚餐。現在，時間已經消失，屋頂只有一盞強燈，面對一隻湯匙、一碗菜飯，我吃了幾口便嚥不下去，但還是強迫自己吃半碗，我一天多沒有進食，總得設法保持體力。飯後，我企圖爬下榻榻米床，繞著一坪多的空間走動，試著從迷亂中，找出適應與生存的精神力。我發現牆角貼有一張公告條，上寫：調查局留置室。不久，忽聞隔壁有重擊聲，似有人嘗試與我招呼，我也敲牆做善意的回應，這時，孤獨感突然消失，但是隔壁的人，又好像是外星人，那麼近，又那麼遠，髣髴沒有存在一樣。

人類所有的第一次經驗，都是錐心刺骨的。突然被剝去寶貴的自由，殘酷的投入孤絕黑牢，就像水中的魚兒被抓出生存的水面，生命的反應是掙扎翻跳、痛苦淒厲，腦中但覺一片白茫迷亂，浮現跳盪的，無非是心中親愛的人，但是一切都是似眞似幻的遠離，繞腸盤肚想去捕捉的，無非捕到自己死寂的牢中身影。於是，我慢慢斜靠牆邊而坐，心中想起小仲馬的小說名著《基度山恩仇記》，主角愛德蒙不就是突然與美麗的未婚妻折離，痛苦的被投入政治黑牢嗎？他的殘酷遭遇，不就是我現在的寫照嗎？愛德蒙活下去，我應該也能活下去。我一定要活出這個世界，戰贏殘忍的人。漸漸，我設法觀察周遭的一切，學習如何與自己相處，第一次面對自己，必須學會如何抗衡無盡的心理壓力。我發現，自己是最大的友人，也是最大的敵人，時間是一種悲哀，生命是一種折磨。

此後一個星期，我無日不被帶出訊問，長則十幾個小時，短則二、三鐘頭，無情的辱打，同樣的威脅，一遍遍一遍遍追問問題，企圖從幾十篇、幾萬字的自白裡找寶，挖我的矛盾，企圖從我寫出的社會關係中，發現新的獨立份子。他們顯然知道法律上不易羅織我入罪，因此努力逼我交代思想，爲什麼反國民黨，爲什麼會有台灣人意識，爲什麼要求獨立，甚至讀過什麼書。他們認爲我的意見不少，是這群人的意見領袖，他們不放棄追查日本的關係，以及英文信的眞正含意。他們不斷以受刑同志的自白、筆錄，凡講到我的部份，都一句句唸給我聽，要我承認。我經過第一次特務洗禮後，逐漸頑強，他們有問，我必答，但答非所要，我一概自成理由的擋回去，並以法律爲根據，堅持我無罪可言。我發現，人在刑求下，似乎對別人的話記憶較清楚，自己的話就容易忘記。聽到別人的口供，我深覺水泉最挺得住，話講得最少，不必講的，一句不說。他眞是一個英雄。以前我想像中的特務，僅是抽象的恐怖，現在則是血肉之感。世界上的英雄好漢，沒有幾人能通得過刑求與威脅，我的經驗比之別人，尙非最殘酷。

過了一個星期，他們已問無所問，我已答無所答，再問、再寫，都是一致的老套，於是，我漸漸脫離挨打威脅。雖然去了羞辱，但卻開始體會拘押的折磨。每天放封散步，時間非常短，不過十分鐘，特別「堵爛的」，是那個馬面獄卒的虐待狂，動輒得咎，開罵之聲不絕。散步祇許一人，所經之處，其他牢門都布幔低垂。你如出聲，一被認爲是與同案打信號，他立刻白眼一翻，厲聲咒罵，給你一天苦頭吃。早上盥洗，一打開牢門，要你幾分鐘內解決一切，比在成功嶺受新兵訓練，還緊張。你如用走的，他就罵你爲什麼不跑，你如不甩他，他明天就故意不開牢門，讓你塑膠罐中的大小便再臭一天。調查局的押房，並無盥洗設備，房中只有一隻小孩用的痰盂式小塑膠罐，一天大小便就在裡面，每天淸晨六點倒一次，其餘時間自己享受自己的臭味。這樣，我在調查局關了三個月，這三個月，比後面的七、八年還難受，每天都痛苦異常。房中沒有一支筆，不准有一張紙，眼鏡被取走，沒有半本書，除了自己跟自己講話，自我思想外，只有定期與隔壁難友敲牆打信號，只能清晰的感到一秒鐘、一秒鐘的時間非常緩慢的爬行。後來，隔壁難友突在獄卒出其不意的回房中，對我喊了一聲：曹德，我是文就。三個月中我第一次知道隔壁的外星人，是自己的同志。

這年，我就在孤寂冰冷的獄中，擁著薄薄的毯子，度過最寂寞的三十二歲生日。

獄中，我覺得我從未如此渴望自由。心中強烈懷念女王，想念與擔心老母，想望抱一抱初生八個月的小兒子，憂慮家中的事業，會不會因爲我遭到波及。在我倔強的骨頭裡，我也看到自己的軟弱，在孤絕、無情、屈辱的黑牢中，感覺獨裁者的主宰黑影特別巨大。我幻想逃出刼難，幻想向命運投降，回到普通世界；幻想我仍是一個小擦靴童，只踩三輛車；幻想我是一個小商人，只賺我的錢，帝力與我何有哉；幻想自己不曾唸過大學，腦中沒有古今偉大聖賢的教訓，沒有道德的憤怒，沒有滿腦的思想理論；幻想自己不曾生在台灣，不是悲劇命運的台灣人；幻想我沒有見過歷史的殺戮、同胞的悲淚、社會的不義、歷史的欺壓、獨裁統治勢力的邪惡。軟弱的血液與冰冷的牢房，不斷交戰在一個倔傲的、孤獨的心靈上。

當強烈的恐懼漸漸驅逐、漸漸減退，學會如何面對殘酷現實時，我終於慢慢發展與武裝自己的意志。記得古人置諸死地而後生的話，丟棄留戀，才會堅強。不要留戀自由，不要留戀溫柔家庭，不要留戀生命，要豁出去，豁出去，我們才會感到與天地一體，死生自然。顯然，壓迫者監禁我們最大的目的就在摧毀我們的意志，以爲折磨我們，使我們痛苦，就能使我們自慚形穢，使我們自己放血，使我們自私，使我們爲個人自由而投降。我深深體會，坐牢人的最大敵人是對自己的無限迷戀，迷戀自由、迷戀心中所愛的人、迷戀人世的擁有。只要消滅這個敵人，把生命內斂爲一無所有，便能無欲而剛，把心中自我傷害的深恨，化爲琢磨意志、來日發皇的偉大力量。

於是，我爲自己定下獄中生命三原則：

一、要反其道而行：壓迫者要我們東，我們就西。他們要折磨我們，我們就要像修道者般樂在獄中，與心中浩然之氣爲伍，參古今聖賢英雄之道，怡然而生。

二、要與天地作愛：體會一切來自天地、歸諸天地，學習隨日月而昇、隨日月而沉，淡泊而來、瀟灑而去。

三、要無欲以求剛：丟棄一切幻想，視人世富貴如浮雲、個人自由如糞土；只凝結一種意志，爲理想而生、爲理想而死。留得青山在，只求決鬥歷史，討回公義。

於是，帶著自定的三原則，我經歷了漫漫的政治監獄。

一九六八年四月初，我突然被提出，帶著手銬，連同隨身東西坐上車，開往不知名的地方。上車後才知道，中禮兄與我同一天被捕，就關在一起，同受苦難而不知。車子離開前，同時收到軍事檢察官的起訴書。到了目的地，我們才知道是被送到新店安坑的軍人監獄。在安坑吃了中飯，因爲人滿，又被臨時轉送台北西寧南路的東本願寺，這是警總保安處羈押政治犯的地方，我們算是借押在那裡。在安坑一個多小時的逗留中，我從小辦公廳窗戶往外看時，第一次瞥見關人的大鐵籠，心中爲之一震。就在離我二十多公尺的地方，建有一圓穹形大鐵牢，屋頂是浪板，裡面看得出是一格格鐵柵隔開的牢房，裡面住滿人犯。首次見到這種禽獸式的關法，心中非常難過，就像鄉下農家的雞舍，人頭鑽動，令人驚怖。他們似乎拼命向我打招呼，使我想到看過的類似電影鏡頭。但是看電影的時候，我們都無動於衷；現在面對眞實的人生，裡面招手的是我的同志、我的朋友，心中眞是悲戚不已。離開時，我不斷與他們揮手，希望大家平安無恙。

根據起訴書，我們這個案件牽連甚廣，有許多是我不認識的，從日本誘捕回台的顏尹謨、劉佳欽，台大醫學院學生林道平、賴水河、張鴻模、顏尹琮以及無數人，都是我第一次知曉的獨立運動人物。

東本願寺是一棟回教教堂建築，卻變爲恐怖的關押台灣政治犯的知名地點。其正面是西寧南路，後面是昆明街，左側臨開封街，右邊爲峨嵋街。今天這個地方已成獅子林及來來百貨車水馬龍的熱鬧區，再也沒有人知道這段大家目爲之炫的黃金地帶，曾是台灣歷史血濺屠殺，無數人從此失踪、從此拖往刑場、從此押入黑牢的傷心地。大學時代，我每次到西門町的中國戲院看電影，就注意到隔街這棟陰森而怪異的地方，寺廟不像寺廟，機關不像機關，出入車輛又都有警衛檢查，四邊牆上更有鐵絲之類佈置，極刺人眼。想不到我從前奇怪的地方，今天就是關押我的所在。

進入東本願寺，寺前圍牆內有一大廣場，兩旁蓋有不協調的臨時房屋，停車、駐衛，似乎都在那裡。一進寺中大廳，就看到裡邊被分割成數個區域。我們又一次辦理犯人入所手續，交出身上的東西、捺手印、塡資料，然後被帶入曲折的寺內走廊，押入木造的柵牢。東本願寺的監舍，全按寺內的地形地物，依原有曲折空間，用粗大木頭隔開，有特大房、有雞籠式成排的低矮小房，高不容一人站起，羅列於走道兩邊，並不規則。這種景象，大不同於調查局的陰森封閉，似乎給犯人一種較開濶的感覺。後來，我從經驗過的獄中老政治犯聞知，保安處的政治犯比調查局的處境好，或許是指這些。調查局的確比保安處冷酷幾倍，整人的殘忍手法，也是沈之岳的調查局領先。

我與中禮分開，單獨關在一間大房。裡面是整個升高的木板通鋪，一根根大木柱的側邊有一小門，盥洗大小便都要獄卒開門出去。我房間的房頂有一盞一百燭光的大燈炮日夜不停的照著，好像一輪大太陽，極不舒服，但不久也習慣了。本來單獨一人住，不久，卻送來一位姓丁的山東老頭與我一起住，他便是當年從韓國空運押回的中共間諜丁永生。他已六十餘歲，短小精悍，爲人謙和。他被關押在韓國十五年，即從韓戰爆發關到一九六八年刑滿，他要求遣回中國，韓國人說，好的，現在就把你遣回「中國」，韓國人承認的「中國」是「國民黨中國」。丁老頭到台灣後，並未獲得自由，國民黨根據他在韓國的自白書，說他在對日抗戰時，曾參加共產黨的外圍組織「商救會」，商救會就是「商人抗日救國會」，乃用叛亂條例第五條再判他十年。丁老頭後來跟我一起押到景美看守所，並曾一起同房過，他已經是肺病三期的人。我不斷送東西給他，同房難友卻都怕傳染到肺結核，吃飯都分開。國民黨也夠殘忍，不僅不隔離一個重病的人，任其不斷咯血，而且故意輪流與其他政治犯同房。

聽丁老頭的驚險故事，簡直就像看電影，由生到死、由死又生，是北國的諜報戰。他的生存力、意志力、適應力，饅頭可以抓揑成牆釘的能耐，使我領悟獄中人類驚人的潛力與智慧。他念念不忘他的祖國，並不斷責罵蔣介石是一個不懂死的人。丁說，蔣應該死於日本戰敗、中國戰勝的一刻，這不就變成民族英雄了嗎？他深信毛澤東一定能夠解放台灣。這一點，我爲他分析世界局勢，讓這個剛從十五年韓國黑牢出來的人，有更客觀的資料可以判斷。我告訴他，毛澤東介入韓戰的那一刻起，他就失掉以武力拿取台灣的機會了！

我遽然被捕，身上旣無書，又無紙筆，到了東本願寺，雖然生活較自然，壓迫恐怖氣氛減少，但沒有書的牢是最痛苦的，每天只好冥想。東本願寺的下午，是我最傷感的時候。這時西門町的電影下午場開始，不斷播出各種歌曲，尤其幾首旋律凄美的曲子，獄中人聽起來特別柔腸寸斷，好像聽楚歌。它勾起我嚴重的思鄉病，引發我懷念女王與孩子，家中老母的痛苦。好幾次，這種觸景傷情的曲子，令我泫然淚下。

東本願寺，有一件事使我久久難忘，就是捕房內每一根大木柱上的無數刻痕及不知何以不擦掉的句子，語短句悲，像「我去了」、「寧爲死人，不做奴隸」、「後出世，出頭天」、「台員人萬歲」、「阿母，我先去了」的台語，以及無數的祈禱詞，求佛求神的話，七橫八豎的佈滿着，使人深深感覺這裡不知沉埋了多少寃魂。我與混熟的守衛人員常常隔柵聊天，他是老獄卒，話匣子一開，就說了一些。他表示，二二八以後好幾年中，犯人是一車來、一車去，我住的這間房，不過三坪，要擠二十人，必須站着睡覺，聽到判無期徒刑，大家彼此恭賀慶生，而拉出去槍斃，不再回來的，就是「我去了」。台灣的歷史，實在是血寫成的，聽老獄卒的簡單追敍，再看木柱上一句句悲哀的留語，令人辛酸不已。

三個月後，我結束寄押，離開東本願寺，移到新蓋成的景美軍法處看守所。軍法處與軍法看守所毗鄰而居，在新店溪畔，由北新路左轉橋下不遠處，面對新店溪，左邊是軍法處，右邊則是一棟長方形兩層監獄，正面長、縱身短。中間以一天橋隔開，右邊三分之一是犯人押區，左邊三分之二爲外役工廠，有洗衣及縫衣兩大工廠，以爲奴役政治犯之用。這三分之二的正面一、二樓，則爲看守所的行政大樓。軍法處及軍法看守所，原在台北市青島東路，也就是我唸開南時，對面那棟佈滿鐵絲網及崗哨的怪地方。我們本應送青島東路，但剛好碰到在景美新建的這麼政治犯新屠宰場尚未完成，而青島東路的地皮又賣掉，即將拆卸之際。所以待決犯及新到貨色，都分頭寄押在安坑軍人監獄及其他地方，我則送到東本願寺寄放。

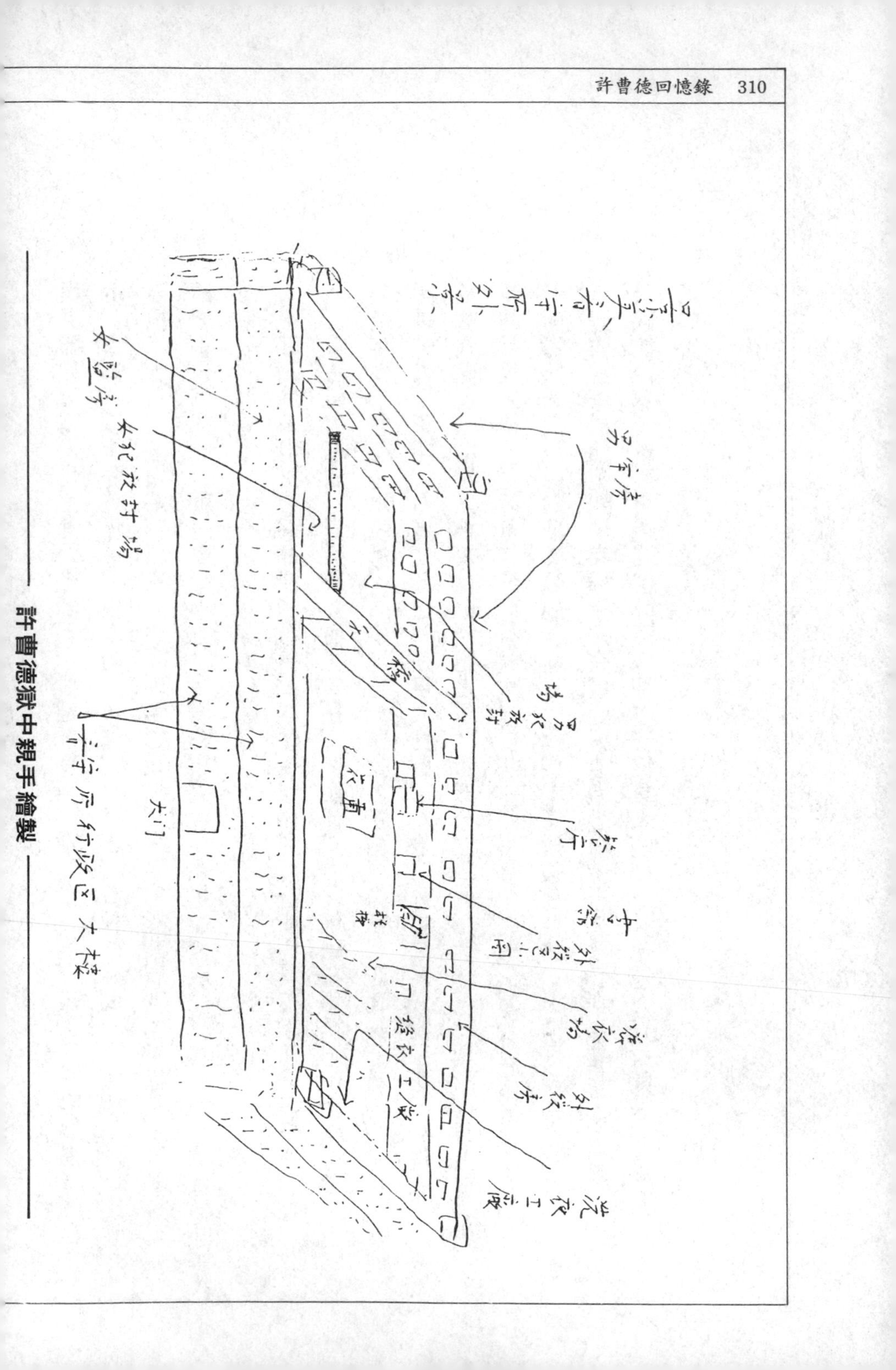

許曹德獄中親手繪製

記得那一天我們抵達新監而進入牢房時，什麼都是新的，連牆上的水泥漆都像是剛刷上去的，一道道鐵門都是嶄新之物。依方向判斷，我們首先被押入與行政大樓同排緊鄰的二樓押房，後來這一區變成女押房。牢房窗戶除側面一排面對走廊外，其餘相對兩排都是向內，可以看到押區中央的放封散步水泥場，放封場後來又隔成兩半，三分之一女用，三分之二男用。整個監獄的設計是連成一體的，只是爲了方便，才加以隔開。押區的牢房，除了側面一樓爲單獨房外，其餘均是大房間，有關四個人的，有關八個人的。其押房設計在當時號稱最現代化，回想起來，正與現在羈押我的土城看守所的構造大同小異，只是土城的規模更大，土城可以關到三千人，景美的大概是它的五分之一。不過土城看守所押房內的盥洗設備是抽水馬桶式，可以坐，一律在房間的牆角；景美的則把厠所高築在牆角以及中間牆側，洗臉盆則在高起的厠所旁邊，雖也是抽水馬桶，但不是坐式的，是跨蹲式的。我關進去時尚未完全驗收，自來水系統都沒弄好，以致進押後幾個月都沒水，每天都靠外役提進幾盆水供冲厠所及洗碗之用，整天臭氣冲天。尤其時值炎夏，非常難受。

我被關進的一間已住有四個，不巧的是，竟與一個叫馬正海的大「抓耙仔」住在一起。馬是建國中學的教官，大陸人，發神經與國民黨做鬩牆之爭，一天到晚打官司。軍法處火大，由一審的十年，發回更審再判十五年，三審判無期徒刑，然後死刑，又由死刑變無期，最後被關了十幾年才出來。此人能言善道，長年與國民黨纏訟，是看守所的「名人」。馬氏外型一表人材，卻是一個徹底的雙面人，是押房中有名的出賣難友的密告大王。他每次都不放過大政治案的同房難友，由於他擅於僞善，不明究底的政治犯初進同住時，十個有七個會感謝他的義舉、幫忙、安慰。由於不疑有它，他就套取種種與起訴書有關、被告難友的案情秘密，甚至設計幫忙別人串條子，而後出賣之。出賣的目的是，向國民黨邀功，表示他仍是忠黨之狗，忠狗應該釋放。但軍事法庭卻不吃這套，軍事法庭要「通吃」，吃被馬正海出賣的人，也吃馬正海。

一九八二年，馬正海馬不知臉長，竟無恥的跑到我民權東路的福德大廈辦公廳找我，把一具借了快十五年，幾要爛掉的當年最新式日本錄音機，用報紙包好拿來還給女王，這是當年他女兒爲他在法庭秘密錄音，向女王商借的，從此一借不還。此人厚顏無恥，還敢見我，我當場以特務垃圾開罵，轟出我的辦公廳。

我與馬正海關的房間，恰與林水泉隔鄰而居。由於是新蓋監房，又未驗收，所以應該是密不通風的隔間，竟出現密道；原來自來水設備尚未起用，無水可流的水龍頭及與隔壁連成一線的水管螺絲鬆動，大家把它拆下，洗臉盆底下就出現一個酒瓶大小的圓洞，兩房遂天天「派司」。我關進去後，意外驚悉水泉在隔壁，馬氏遂知我們同案；馬氏馬上與我稱兄道弟，他說他旣與水泉是兄弟，所以我們也是兄弟。因此，他天天與水泉經由洞口講黑話，且把他出庭帶回的香煙，大贈特贈兩房牢友，大家不斷互傳條子、互相安慰。水泉人豪爽，也不懷疑他，我遂視二人爲生死交，遂也海派來、海派去，兄弟來、兄弟去。

水泉急於知道我如何答覆調查局關於英文信的事，便在條子上寫了一大堆案內秘密、以及教我如何在法庭辯論。由於馬正海與林水泉兩個天天在傳條子談天說地，水泉乃以衛生紙寫好，順交馬氏轉交給我，馬氏一看，如獲至寶，收而藏之。等到我們開庭，法官把衛生紙亮出，視爲旁證之一，我們始知爲馬氏所賣。固然，這個重大政治案件不會因爲沒有馬氏的多撒一泡尿而減輕，因爲凡由調查局移送軍法處的政治犯，早已簽報迫害定局，判多少年都決定好了，所謂軍事法庭，不過是傀儡的法律手續而已，但馬氏的出賣，這種大陸人狗腿子，應該記在台灣獨立運動史上，以資不忘。

大家在監獄關了一年多，法庭才陸續審理。這些巍巍而坐的木頭法官，該調查的都不調查，兩三下就秘密辯結，律師都白講。凡抗辯自白書非出於自由意志、抗議遭受刑求時，法庭更絕，一律去函調查局，問打人的人有沒有打人。打人的人會承認打人嗎？法庭就根據調查局的公函，聲明絕無刑求，大家都是樂意自白，承認犯罪。於是，我們都在一九六九年初，一審定讞。水泉、國民、尹謨最重，判十五年；文就其次，十二年；其次，黃華、明彰十年；我與中禮、欽添、淸山、佳欽等八年。

尹謨的哥哥顏尹琮，不幸於審判中死亡。

第一審十二年以上的幾人，是以所謂懲治叛亂條例第二條第一項判刑。二條一本是唯一死刑，但國民黨對台灣人政治犯，從一九五五年以後，雅不願以死刑與台灣人結仇，所以，除了少數例外，最高刑是無期徒刑，像施明德案、蘇東啓案，都是無期。我與中禮等均以第二條第三項，即所謂二條三陰謀或預備幹他的荒謬條文，加以修理。

二十年後的今天，國民黨遭受台灣人四十年來第一次把「台灣應該獨立」公然列入組織章程，破其最大禁忌，便又一次祭出這一個二條三的老把戲，再判我十年。表面是判我，其實是用來恐嚇台灣人民。國民黨的法西斯法律，眞是舉世無右的殘酷與野蠻，法律在這個集團的法官手中，好像橡皮圈，鬆緊自如，他說你預備就是預備，說你陰謀就是陰謀。一套歐陸法系，經國民黨抄自日本二手貨後，它的法官的自由心證，是接近上帝的怪物，甚至越過上帝之萬能。而這些自由心證法官背後的眞正超級老闆，就是蔣氏父子及其領導的殖民集團，台灣歷史最後成功邁向獨立，他們的功勞不小。

國民黨的軍事法庭，由於找不出整我的法律依據，無法說出我犯什麼罪，遂以瞞天過海的方式，以玉山旅社會議，許曹德對台灣獨立「當場沒有表示反對」八個字，判我八年，算來一個字值一年，較之二十年後「台灣應該獨立」六個字判十年看來，行情漲了。我在上訴理由中，特諷刺地問法官，國民黨反對過蒙古獨立嗎？調查局決定關我的理由，是我的思想與言論，尤其我公開主張退居聯合國普通席次，他們遂認爲這是台灣獨立的主張，動搖了他們統治台灣的神話基礎，便以此案牽連我，一併整肅，才荒天下之大稽的以「未表反對」入人於罪。

但是歷史是無情的，我判刑後不到兩年，國民黨便被趕出聯合國、日台斷交，十年後美國撤銷承認「中華民國」，國民黨的外交兵敗如山倒，今天還承認國民黨「中華民國」政府的國家，不過二十個出頭。「中華民國」招牌的國際人格，快被丟進歷史的垃圾桶了。

關在景美看守所，研讀起訴書，我才淸楚水泉、明彰、國民、黃華等兄弟，在玉山大旅社會議後，並未採取我的見解，逕行成立「台灣青年團結促進會」，以「建設台灣共和國，成立共和國政府，制定憲法，成立國會」爲宗旨，隨後以「台灣獨立統一戰線行動委員會」名義，發佈《六七二二八台灣獨立鬥爭決戰書》等宣言，逕與日本各台灣組織掛鈎，秘密發動獨立運動的細節。從組織成立到失敗被捕，時間不過半年，而文就的老同鄉陳光英，竟赫然是調查局佈線的爪牙，眞是手到擒來，徹底被愚弄，完全被瓦解，牽連受害廣達數百人。在這過程中，兄弟們怕水泉太張揚，並未讓他介入或知道組織；縱然如此，國民黨要整的枱面人物是林水泉，遂以他爲案首修理。

這個案子，使我在獄中深思，台灣人的歷史鬥爭經驗、運動技巧，還要支付鉅大的代價方能成熟。但有一點可以肯定，壓迫是台灣歷史的動力，所謂台灣人，就是壓迫的代名詞，就是不義的歷史產物，我們處於壓迫歷史中的人，沒有權利放棄反抗的義務。台灣人的歷史力量，也不會因爲我們一次的失敗而湮滅，終有一天，我們會浮出歷史，我們及我們的子孫會實現夢想，把這個美麗的島化成自由與獨立的國家。我們，以及歷史上所有爲台灣人命運犧牲的人們，將是未來台灣歷史的肥料，一旦歷史的雨水及時澆下，民主之花將會盛開在獨立的土地上。

一九七〇年五、六月，我們的上訴全部被駁回，不但駁回，又因蔣經國訪美期間，四月二日在紐約被獨立志士黃文雄、鄭自才槍擊未死，回來以後老羞成怒，本來判八年的，一律再打兩大板，改判十年，以洩其恨。我的刑期遂由八年變十年。

從一九六八年初到一九七〇年十月，我總共在牢房關了兩年十個月左右，纏訟期間，大小監房換了五、六次。調房是最痛苦的事情，難友程度參差不齊，生活習慣各有不同，而無人不怕碰到怪傑之士、神志失常之人，或密告大王。其次，也怕與死刑犯關在一起，每天必須與死神將臨的心靈、共承生命即將結束的壓力，而愛莫能助。

回憶跟我同房，而被活生生拉出去見馬克斯的，有四、五個。拉出去槍斃的，都是紅色案件的大陸人。這些人的容貌至今猶鮮活的留在我的腦海裏，他們大部份文質彬彬，並非青面獠牙之輩。就我所知，這些人沒有一人是眞正的「匪諜」，他們都是五條加七條的祭品。

所謂五條，就是參加共產黨或其一切外圍組織，七條就是宣傳共黨的好話。但七條更精彩的解釋是，你說國民黨的壞話就等於說共產黨的好話，就等於為匪宣傳。問題是，在對日抗戰及國共內戰中，中國大陸很多地方共產黨都佔領過或游擊過；尤其對日戰爭中，爲了愛國，共產黨所到之處都有各種組織，人民自然被編入各個動員系統，像商人就有「商救會」，國民黨對這些，不管三七二十一，來台以後，只要發現沒有向他報備或自首的，都一律認定你參加匪的組織，最低也要刑十年。參加匪的組織，在台灣又被發現有犯七條的嫌疑，就等於你正在着手實施顚覆政府，必須槍斃。但是法律是不溯既往的，懲治叛亂條例是一九四九年頒佈的，對這以前，包括對日抗戰時的犯行應該不能追訴才對；但是國民黨惡向膽邊生，來個大法官六十八號解釋，凡未自首的都算繼續狀態，這就是政治犯中流行的有名的「蝌蚪法律」。這條法律可判歷史上的關公十年有期徒刑，因爲他投靠過歷史上非正統的匪僞組織曹操政權，來台以後未向蔣介石自首，如果關公在台又罵老蔣兩句，就構成五條加七條，要拉出去宰了。法律變成政治鬥爭技巧，眞是登峯造極。中國人民及台灣人民活在這兩個敵對政權之下，眞是「衰」。

這種五條加七條的死囚，從我身邊拉出去赴死的，我記憶最深的有兩人。一個是三十歲左右年輕無知的韓氏「反共義士」，其生父是大陸陷共前國民黨廣州市市長的庶子，即小老婆的兒子。他投降美軍而跑到台灣，來台後編入軍隊，起先因偷竊而被判勞動改造，送進所謂職訓總隊做苦工，愈做愈氣；後來聽說匪諜自首，既往不究，又可恢復原職，他便假報曾參加過共匪組織，謊言被拆穿後，又被送去幹苦工，愈幹又愈氣，遂跑到某一學校教室黑板，寫下「孫立人萬歲，打倒蔣介石貪污賣國集團」這幾個字，他誤以爲這下總可以去吃政治犯的牢飯，不必再到處做苦工了吧？被抓以後，以前自承的參加共匪外圍組織的假話，這次算眞的了，再加上他寫的標語算七條，便足以槍斃掉。此人死前，痛哭流涕，寫懺悔錄，自罵糊塗，這是中國人被時代犧牲的泡沫之一，故事內容曲折，我簡述之，試圖例證這些人死得太窩囊。

另一個則是四十歲左右的劉姓教員，大陸人，斯文儒雅，剛結婚才一個多月，太太正懷孕在身，即遭密告被捕，也是蝌蚪的五條加七條，拉出去殺了。看他的遺書，與妻子的通信，眞是令人鼻酸，不忍卒讀。

而他的同案姓李，是基隆衛生科職員，一樣大陸人，生得英俊，一表人材，在調房後恰與我緊鄰而臥，這個相當勇敢的死囚，我每天陪他下十盤棋，他仍有時控制不住面臨死亡的歇斯底里。我們除了抱最大的忍耐、最深的同情外，餘無它法安慰這個受折磨的生命。國民黨殺人，都在清晨四、五點，因此，上訴的死刑犯常在牢房中戴着脚鐐等死，他們盤算可能駁回的時間，而駁回就是執行。我看到李死前不能入眠，臉色遽變，每天清晨二、三點從我身旁偷偷爬起，自己攀上靠厠所的窗戶，瞭望執行獄卒今晨是否會來，這眞是痛苦的等待，比死本身更恐怖、更折騰。那天清晨，我突聞房門碰然打開，一群如虎似狼的獄卒猛衝進來，撲向我身邊蒙着棉被的李犯，結果發現棉被內空空如也，始發現李不在，原來李已站在厠所上，拿着一塊圍棋木板當武器，準備做最後的一戰，獄卒無奈，改用勸功，把他勸下帶走。其他我看過的死囚，就像我描述的，獄卒撲向死刑犯，幾個人一下將之挾出房，然後押到行政大樓，敲開脚鐐，驗明正身，然後一頓五花大綁，押赴刑場槍殺。

一九七二年，當兩百個左右的政治犯集體被綁赴綠島時，與我同船的小陳，就是曾因義憤而偷出軍法處政治犯名單，寄到國外而被判刑五年的軍法處書記官，他是台灣人軍官，他告訴我國民黨槍斃政治犯的方法。出我意料之外的，我們總以爲槍斃人，囚犯是綁着站在遠處正面射殺，一如電影鏡頭；他說不是，因爲他是書記官，他也輪過到刑場去驗明正身，所以曾經親眼目睹。他說國民黨殺政治犯，是叫五花大綁的死囚往前走，然後突然出其不意以脚把他絆倒，而後舉槍往滾倒於地的犧牲者身上開槍，壯者三、五槍，弱者一槍穿心臟，立刻嗚呼。

看守所的政治犯，可以分三種顏色，這是政治犯社會的分類，而非官方的分法，即紅、白、青。紅，指共產黨，以及因共產主義而思想左傾的一切人犯；白，即台灣獨立運動者，或基於台灣人意識而受迫害的政治犯；青，係指國民黨內部狗咬狗、自己整自己的人，這些人大都表皮是紅、裡面是青，如果眞紅、則歸紅。當然，並非所有政治犯都適合這種分類，中間也有灰色的、也有紅白混合的，有毫無政治意識而被牽連者、無辜者，但以這三類爲主，且易於辨別。被殺最多的是紅色，年齡有低至來台的僑生，二十幾歲，老有老到六十多的大陸人，但我沒有見過紅色的台灣人被殺。其次是白色，台東泰源政治監獄暴動，奪槍幹掉守衛，衝出鐵幕，後被國民黨派軍隊搜山捕回的五人，其中有與施明德及蔡財源同案的同志，押回景美看守所後，一九七〇年五人通通就義，赴死前高呼台灣獨立萬歲，慷慨悲涼。最後是靑色，是國民黨自己的叛徒，其中以姓史的調查局幹員最醒目，外役區有不少政治犯都是他經手的作品，其死，引起不少人大樂。史死囚於淸晨拉出時，在對面二樓的我們都爬起來看，一陣騷動後他被擒出，最後仍不死心，高呼蔣總統萬歲，眞諷刺！

因此，國民黨乃生一計，凡房間住兩人以上的，定以相剋之理，紅的配白，白的配靑，或三色比率混合，讓大家互相敵視而無法興風作浪。由於每房都有自動與被動的告密者，所以在大不過三坪的世界中，永無和平可言。這裡沒有可以信賴的人，永遠有可能出賣你的人。其實，嚴格而言，我所見過的犯人，眞正夠格稱做政治犯的並不多，談得上爲政治理念而鬥爭的人更是少數，大都是國民黨恐怖統治下的犧牲者、代罪羔羊，莫名其妙的誤觸地雷者。與我同房的嘉義畫匠小羅，更是無辜的小老百姓，嘉義調查站發現他住的附近警察局牆外有反動標語，無法破案，竟把這一個寫招牌的小羅騙去充數，當做破案，小羅莫名其妙的被判七年有期徒刑，幾乎家破人亡。

當時行情，七條就是七年，而七條特多，古云偶語棄市，蔣氏父子的偉大歷史，是建築在防民之口、摧毀無數人幸福的殘忍上。不僅台灣人，連從大陸跑到台灣的「反共義士」，也有不少跑進國民黨的黑獄。一個姓趙的年輕人投奔台灣，國民黨把他安置在台灣機械公司當焊工，幹活中不愼說起大陸的猪肉及公車票價比台灣便宜，特務一報，馬上抓起來，這樣也判七年，使他後悔不已，怎會跑到比共產黨的手段還殘酷的「祖國」來。至於前面提及的老五條，大陸人入獄更舉不勝舉，一判就是十年，眞是獄中「幹」聲不停。這些蔣介石報復心態下的替死鬼，獄中爲了求一時方便，竟眞成告密者，試圖以陷害他人拯救自己。

提到國民黨的狗咬狗，最有名的莫過於調查局李世傑案。李世傑是國民黨特務派系中統與軍統內鬥下的犧牲者，沈之岳上台後，成立所謂「淸閩小組」，把一批福建幫打成共產黨，二十年中，把這批人整得死的死，活的也家破人亡。特務裡的諜中諜，誰是共產黨，本就一言難盡，蔣經國在蘇聯不就參加過共產黨嗎？沈之岳若不是共產黨，能吹牛他當過毛澤東的祕書嗎？瓦解日本台獨組織的李世傑，莫非也是狡兔死、走狗烹？我關進景美後，幾達一年左右與他的同案姚勇來關在一起，姚是新生報的主編，其妻爲中央日報名記者沈嫄璋，她不堪調查局凌辱，最後自殺於調查局我住過的房間隔壁。另一案頭蔣海溶，更是調查局在台重建的功臣人物，最後也自殺身亡。調房時，我也與其另一同案路世坤同住過一段日子，聽他講調查局的內部、荒唐的辦案法後，益覺不受控制的特務權力，眞是旣黑又臭。我覺得，這批人絕對不是共產黨，他們是國民黨自己製造的共產黨。

國民黨宣傳匪諜破獲神話的另一有名案例是崔小萍。崔是我們年輕時代中廣的名導播，她的廣播劇，當年幾乎每星期都出現，崔一被捕，外面卽散佈她以密碼廣播，向中國傳遞情報，講得她好像跟日本女間諜川島芳子一樣厲害。在押區散步時，我天天看到這個名女人出來放封，氣質容貌，也算上乘。我更與被她牽連同案的金先生同房，但她那是川島之類的女間諜，通通都是老五條，崔在上海曾參加一個到台灣的巡迴劇團，此劇團的團長爲共產黨人物，遂認定該劇團爲匪黨組織。金某人亦曾加入劇團跑龍套，如此這般，崔判十二年，金判十年，起訴書最荒唐的一點，莫過於崔都還沒判刑，金的起訴書就稱崔爲「崔匪」小萍。

由於家人怕我關在裡面太久，身體會關壞，我在判刑後三、四個月，便用紅包的力量調離押房，到隔壁外役區去做苦工。我們同案，只有林欽添也被調出，其餘都關在黑牢。

我頭一天調出後，就被編入洗衣工廠的曬衣組，這是大家都怕、最苦的一組。

我經過長久關押，一下出來操作太陽底下曝曬掛衣的工作，幾乎昏倒。洗衣工廠的待曬衣物，西裝、布套、軍服、毛毯，每天堆積如山，千件萬件，只有四、五個人負責。洗衣工廠分洗衣組、登記組、掛曬組、燙毛料組、盪卡其組等等，全部人馬大概四、五十人。這是一個大洗衣工廠，營業對象，無所不包，公路局的椅套、鐵路局的布套、軍方的卡其服，外面的西裝、毛料、衣裙、押區犯人的衣服被套，什麼都洗，甚至好幾天還洗到女人的三角褲。至於男大衣、女大衣，前所未見的怪東西，都在我手上掛過。

幹了一個月，我發現，縱然不累死，也會變成機械人，我以心臟不正常請調，於是，我轉做燙工，燙卡其衣褲。卡其組通常是六人一組，一個人一個攤位，設一組長負責分配及教導新手。燙的都是軍方阿兵哥的軍服，一個人一天平均燙一百件以上；如果一件平均以五分鐘計算，不休息也要燙八個鐘頭；但往往不只一百件，有時高達一百五十件以上，所以，每天平均要幹十個小時的工作。而每人的工資是一個月八十多元新台幣，那時外邊的工資水準，一個普通粗工月入四千元左右。換句話說，政治奴工的工資收入是自由人的五十分之一。我除一段短時間又調登記組工作外，一年多的時間都是做燙工。

卡其組除工作吃力外，最刺激人的是卡其組組長，這是一條青色大狗，而又紅色其外，專門修理白色。此人姓劉，山東人，每天咒罵台獨，好像有不共戴天之仇，如此冷戰與挑釁一年，我也學會了小不忍則亂大謀的忍性。但同是山東人，我卻交了一個山東好朋友邱宏臣，這些人都是莫名其土地堂的老五條。老邱洗衣，也曾燙卡其，他是劉的小同鄉，一高一小，劉高大壯碩，邱小巧精幹，五十歲的體力勝過三十歲的人，沒有他幫我每天燙一點，我休想回到寢室看一點書。邱被判十二年，出來後我們仍是好朋友，他的堂兄是韓國大邱的僑領，對其堂弟的無妄之災咬牙切齒，每年帶團到台北慶賀國民黨的雙十國慶時，都要求放人。一九八三年我到韓國時，也受到他們熱誠的招待。

調外役的最大好處之一是消息靈通。政治犯最忌資訊封鎖，外役區最少有一份中央日報，貼在飯廳門口，雖然常開天窗，但重要的國內外新聞，容易探悉。外役的最大好處，不在那份彆扭的中央日報，而在我們獨派同志每天進出看守所的採買及外役工身上。他們刑期都快滿，負責偷運外邊報紙、外國雜誌以及重要資料進來，並把獄中重要信息帶出。這種夾帶一旦被發現，馬上要掛脚鐐，再送押區處罰，他們的冒險與犧牲，值得我們懷念與尊敬。蔡財源是功勞最多、最大的一人，他把整個政治犯的資料都携出，不斷夾帶資料和消息進來，但最後也被抓到，押回調查局毒打一陣，多關了一、二年。財源兄有一次把我的資料帶出，利用到中央市場採買的時間，與女王會面；據說爲了避開注意，連換幾部計程車，繞了半個台北，才在車上把東西交與女王。這期間，快出獄的李森榮每星期爲我帶進英文時代週刊、聯合報，也該謝謝這位同志。

事實上，如不是外役區，一九七〇年彭明敏的逃出台灣到瑞典，七一年國民黨被聯合國掃地出門的重大國際發展，我們在押房將一無所悉。蔣介石的愚頑與自私、漢賊不兩立的作繭自滅政策、我被捕的重要主張，都在那一年應驗與出現。中國代表權完全爲中共取代，距我主張退居普通席位，不過四、五年。喪失聯合國席位，不僅損及台灣國際地位，蔣介石的國際聲望、「中華民國」的招牌，都隨聯合國席次的淪喪而淪喪；不僅淪喪，更進而威脅國民黨在台的神話統治。對這一重大變化，我身爲政治犯，眞是憂喜參半、百感交集，但毋寧是憂多於喜。我們可以設想，國民黨就像擄着台灣人民「跑路」的強盜集團，手握武器，身挾人質，在美國反蘇與反共的夾縫中，取得生存；國際社會今天把他趕下台，他便挾着人質，準備與肉票俱亡，我們能不擔心嗎？而國際社會的原意並非想把台灣趕下台，而是要蔣介石不得以中國自居。

一九七二年二月二十八日，我們正在外役區默默紀念台灣人歷史的悲壯日子時，第二天突聞美中發表有名的上海公報，尼克森與季辛吉訪問大陸，震撼了國民黨，也使思考台灣前途、爲台灣獨立奮鬥的人，感到山雨欲來風滿樓。外役區中，紅色的一派眉開眼笑，只差沒有喊出中華人民共和國萬歲，毛澤東萬歲而已。國民黨經此致命重擊，我以爲他們或許會清醒，覺悟認同台灣，而不再視台灣爲肉票，堅持必敗的一個中國政策。無論如何，由於美中關係的基本轉變，台灣歷史的軌跡也必有基本轉變。台灣不獨立，即爲中國所呑併，台灣人在歷史的大變局中，應該更努力、更團結、更打拼。

在外役區，雖然工作辛苦，卻有大鳥籠式的自由，如果我們把監房視做小鳥籠，則大鳥籠的意思可以領會。除去晚上十點封房點名外，其餘時間，人都在區中活動。外役區有一電視，擺在飯廳，中午可以看看黃俊雄的布袋戲，晚上觀賞張玲的保鏢，碰到世界少棒冠軍賽，還特准晚上爬起來觀看。

外役區也有一個小圖書館，「館長」是柏楊，「副館長」是蔣緯國的小舅子邱延亮，台大人類學系畢業。邱氏判六年，眞便宜了他，邱與陳永善(即陳映眞)的紅色「民主聯盟」同案，該案應算台灣六〇年代眞正的共產黨組織，卻輕判。陳永善曾在押區與其同學陳中統通條子，我曾以衛生紙參與辯論台灣問題。陳中統是日本靜岡醫科大學學生，是台獨者，陳永善被捕後把他扯出來，恰好陳中統回台，立刻被捕，判了十二年，看守所正需要醫師，他便成了外役醫生。中統人豪爽，但回台結婚不過一個禮拜，即遽遭恐怖的逮捕與判刑，心中之恨，可以想像。押房中與其同房，參與陳永善的衛生紙辯論後，我發現意識形態之爭，是無聊的拌嘴，究竟道不同不相爲謀；因此在外役區，我與邱及柏楊，每在晚飯後，端椅長談於圖書館外的樹蔭下時，從不與他們論辯政治，一涉政治，必南北極。我的台灣人意識、獨立的歷史觀點，不可能與中國人意識交叉。邱無疑是一聰明人，而柏楊是一個心胸開濶的中國人，有智慧，大家無妨爲友。

監牢中的三種顏色，是陰忍的三色；外役區的三色，是公開的敵色。在外役工廠，無論洗衣工廠、縫衣工廠，三色各成團體，表面也許看不出來，但一看裡面的人際關係，自然成型，如非工作關係，彼此不會親近。當然，成爲灰色地帶的人也不少。這種社會，當然是一種政治鬥爭的社會，也是一個扭曲人性的社會。在這一點上，紅色黨徒最荒唐，陳玉璽就是一例。玉璽是我台大的好友，慢我半年從日本被捕回後，判七年，他在外役區登記組工作，紅派視他爲精神首領。我一調出，遇到他時，眞是喜出望外，熱烈與他打招呼，不意對方竟冷若冰霜，好像陌生人。我吃了一驚後，才探知與我同房的紅色難友出來後，指名我是資產階級，乃無產階級敵人也，押房內吃我的東西，乃無產階級淸算之一也。故我未出外役，已是紅色黑名單上的人物，陳玉璽之視我如路人，即此紅色荒謬之一。此輩英雄好漢，眞是茶杯中搞革命。

歲月雖已奔馳了幾近二十年，外役區的一年多，好幾個獨立同志的相互扶持，使我難忘。勇敢的詹益仁兄，給我鼓舞甚大，他判無期。其他如黃自得兄，蔡財源兄、陳金全兄、劉金獅兄、林新照兄、還有同案兄弟林欽添，大家都共同度過患難的歲月。

由於國際局勢對國民黨流年不利，彭明敏脫出、蔣經國遭槍擊、美國越戰失敗、被聯合國逐出、上海公報發表、日本與台灣斷交，促使國民黨決心在綠島蓋一座大的政治犯監獄，我們雖在一九七一年就風聞，但總不願信其眞，或者幻想去的人不是自己。況且，七一年國民黨才放了一批人，雖然人數不多，具爲特殊份子，但不失爲鬆手的象徵。在這次放人中，皇親國戚的邱延亮，反對「美帝」的陳玉璽，都得到獲釋的機會。

話雖如此，鑑於局勢大變，我們心理還是有所準備。

就在突調綠島的前夕，女工曾帶三個日漸長大的兒女到所探監。離開時只有八個月的小敦，現在長得又活潑又漂亮；尤其使我高興的是，四月中旬他來時，說他又過了一個生日，今年五歲，班長還容許他跑到電話機的這邊，讓我抱了一下。女王這四年來，風雨無阻，每星期都來看我一次，爲我送衣服、食物、書籍。

除了女王，大哥也常來，表示公司順利發展，蔡志仁在離開公司前也來了幾次，最後連媽也來了，而見到老母是最傷懷的。

女王每次來，總是以一付嫵媚的美麗笑容使我心安，但我明白在她的雍容底下，必是一顆痛苦煎熬的心，但她一直鎮靜與勇敢。顯然，我人一陷牢獄之中，社會人情便開始冰冷，風風雨雨，不斷紛至沓來，無情折磨著患難中的夫妻。我幾次勸她離婚，都被她責罵一頓，但看著漫長的黑獄、她所受的羞辱，我很難無動於衷，而只能把這一泣血歷史藏埋於心底，學習如何打落牙齒和血吞，把無盡的糟蹋化為歷史動力。

四月下旬的最後一次會面，我告訴女王，我們可能被送到綠島，希望她心裏要有準備。她告訴我，她很堅強，她說，忍耐就是愛，只要我自己照顧好自己就好，不要擔心她。

果然，一九七二年四月二十五日下午，外役工廠突然哨聲大作，宣佈大集合，命令唸到名字的，都把自己的東西整理好，在曬衣場列隊候命。當夜，外役區三分之二的犯人，都被押入隔壁的牢房。大家終於完全清楚，這是一次大移動，必與綠島大監獄的完成有關，目標絕對是火燒島。

我們一進入押房，竟然是一批批重新分配的難友，大家心情凝重，沒有人猜想會去別的地方。到了二十八日晚上，氣氛漸漸緊張，看守所的燈火徹夜通明。到二十九日凌晨三、四點，突然每間牢門大開，潮水般湧進一大批裝備齊全的憲兵，每人手持一綑繩索，快速命令房中囚犯，每人面對兩、三位憲兵，讓憲兵像綁盜賊一樣綑成五花大綁。這是讓我第一次開眼界的綁法。既牢又緊，我與難友們高聲抗議，他們才鬆了一些。我們變成一團肉球，除了兩腿可以走路。不久，每一房間的政治犯一個個被魚貫押出，個人東西則集體裝運。我們在二樓，而從二樓走廊到樓下、直至行政大樓前面的小廣場，所經之處，列有兩排水洩不通的憲兵，手持刺刀，形成刺刀陣，歡送一個個五花大綁的政治犯離開。到了中央大樓外面，我們才發現早有四、五部見所未見的鎮暴車，等候在那裡。這些簇新的、大巴士般的武裝運囚車，顯然是新近從國外買來的。此時，天猶未亮，大樓前無數的探照燈，無情地照耀著這批即將遠離的兩百多個囚徒，目送他們一個個被押上鎮暴車。就在東方魚肚白的時刻，由警車前導，我們悄悄沿著北新路、羅斯福路、敦化南北路、南京東路，直駛基隆。

已經四年未見台北的街頭景物，綁著身子，眼望熟悉的市街，看到台大，望到敦化北路忽地高樓大廈平地而起，內心感觸萬千，眼見夢中的地方，不斷飛馳，腦中禁不住浮起自己的家，它不就在左邊方向的不遠處嗎？這個時候的母親，不是已經起來課佛誦經了嗎？這個時候，孩子應該還在甜睡，而女王醒了沒有？她不會知道，我已經五花大綁，漸漸遠離她，一步步押往東南海疆上的一個海上孤島。

每人都木然的坐在囚車上，車中站滿押運的武裝憲兵，車子從南京東路末，一逕開上麥克阿瑟公路，一路奔向基隆，疾入基隆市區，然後迅速轉進義一路，駛經市政府，越過我們基隆的家，而後左轉進入基隆海軍專用碼頭。

一進基隆，更熟悉的景物突然又強烈的勾起我對故鄉的無限感懷。幼年時代、青少年時代，一下湧上心頭。這個海島北方大港，沒有一寸土地我不熟悉。今晨一見，觸景生情，心中澎湃洶湧，不知如何描述。這個海軍碼頭，以前我天天載貨而過，它離我們家只不過六、七百公尺。不久，我就要從這個出生我的故鄉海岸，被統治勢力當囚犯綑押到異島。就在這同一個碼頭，二十五年前野蠻的國民黨軍隊登陸，不分青紅皀白的砍殺，旺仔哥哥同樣五花大綁的屍首不就浮在港內海面，停在淺水碼頭如山的屍堆中？殺戮旺仔哥哥的同一壓迫勢力，今天又用故鄉的碼頭，流放島上的人民。

我們從碼頭分乘小登陸艇，駛入大運輸艦。所有囚犯，一排排坐在甲板上，當船慢慢駛離港內，越過我年少游泳時熟知的紅燈塔時，我驀然回頭望到基隆海水浴場後山腰上的一棟熟悉木屋。它是十八年前「哈路」的住家，我曾在那裡與「哈路」渡過人生早年的纏綿與浪漫，害過少年維特的煩惱。她的美麗風姿、甜脆聲音，似乎又一下衝入我這囚徒的心扉，她已是我心中久遠的情人，但現在又髣髴近在身畔，我們要再一次同游於故鄉碧綠的海邊。這個我一生中第一個擁有的美妙女人，也是堅持我必須上進的女人，難忘的戀人，而今安在？莫非，我正循著她十八年前的水道，離開臺灣，不再回到這傷心的故鄉？二二八，她撫著遭射殺的父親屍體，嚎啕大哭；我則對童年的小英雄、旺仔哥哥無辜的五花大綁屍身，彈痕壘壘的胸膛，滴下臺灣歷史的心酸熱淚，我曾對著他的屍體，發誓要討回公道。但是，公道尚未討回，我就要走上不歸路？我們都被命定離開自己的泥土，埋骨異鄉？

滿載著囚犯的海軍軍艦，終於繞著臺灣東北海岸，駛向太平洋；然後，又沿著臺灣東海岸，向南鼓浪前進。我們事後知道，原來應在三十日清晨，運載政治犯上綠島的計劃，突因惡劣的氣候而作罷。我們不知道是倒回花蓮港，或是開到左營軍港，只記得又挨了一天一夜的海上風浪，在饑寒交迫中、在不時的陣陣海上雨水中，全身綑綁，只吃軍隊的乾糧，才在第三天五月一日駛近綠島海面。在晴朗的天空下，乘著登陸艇，踏上想像中恐怖異常的火燒島。

但是，火燒島却是一個美麗小島，深藍的海域、靜穆的翠綠山巒，西望臺灣，東邊是無垠的太平洋。這是一個被台灣歷史玷污的小島，本身原本可愛純潔，今天，她又要靜靜接納一批被不義勢力凌辱的反抗者，政治異議份子，統治者忌惡的囚徒，一批批走進她的懷抱。她已半個世紀以上，用她太平洋海潮拍岸的低沉節奏，一聲一聲，彈給受傷的心靈傾聽，彈給折磨於此、死亡於此的靈魂傾聽，無論是日本人押來的、中國人抓到的，她都加以撫慰，希望囚居於此的異鄉人，了解她的善意。她要說，她也是臺灣的一部分。

綠島政治犯大監獄，建在島的東邊山坳海邊，面臨太平洋，地形險惡，易守難攻，以一棟X型雙層建築，蓋在大圍牆裡面。其圍牆之高、之令人望而生畏，是我生平所僅見；不僅高，看起來更如城牆般厚實，就像電影裡看過的那種。監獄大圍牆與監舍之間，留有一大片沙質的空濶地帶，除了X型監獄，右邊有一棟禮堂，再過去是厨房與醫務病監，前面、左右是圍牆，後邊是山，全部面積約有五、六千坪大。

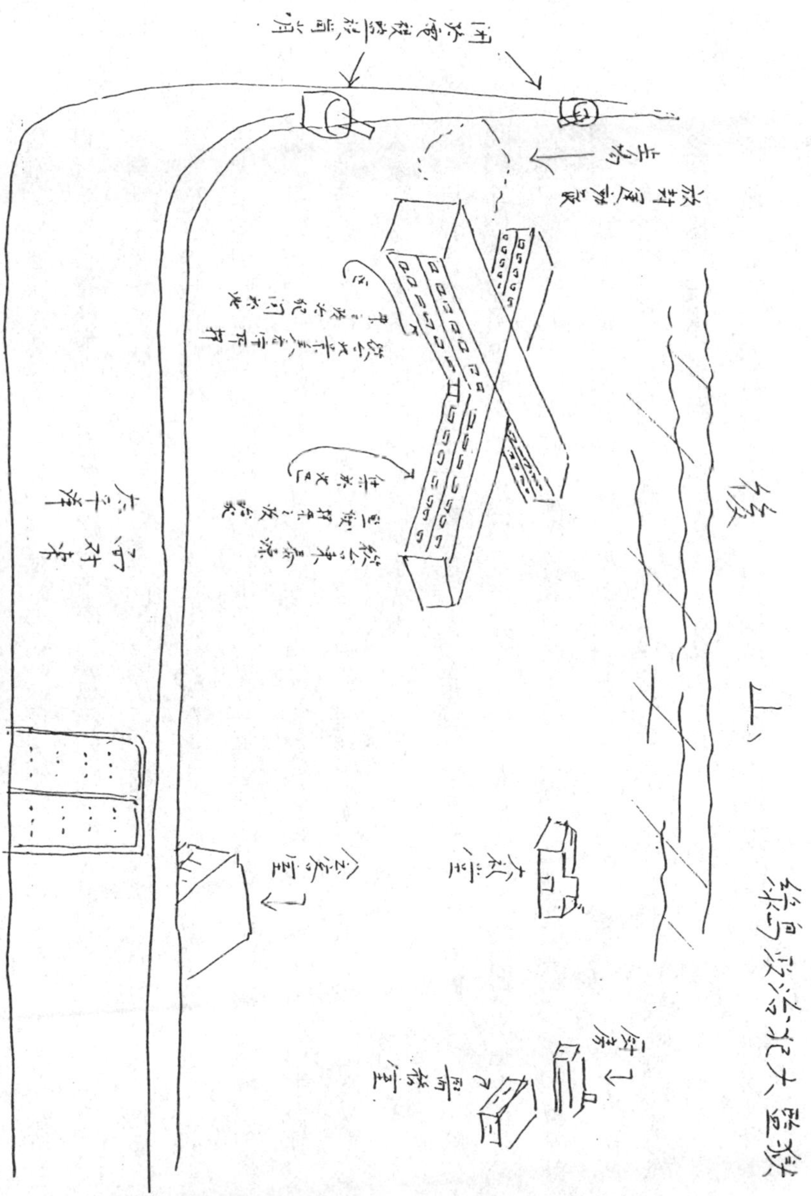

許曹德獄中親手繪製

我們以軍車運抵，一進門，不久便鬆綁，自己找自己的行李，而後點名，魚貫進入左側一翼的牢房，我們住樓下，我被押入中間走廊、兩邊對排的右邊第三間。監舍右翼樓下，早已關滿從台東泰源監獄先行運抵的重刑政治犯。這裡房間，每房住十人，約四坪，設備與景美的大同小異，但覺更廣大；四方格局，光線尤其充足，走廊之寬敞，又與我這次在土城所看到的一樣。我現在在土城，並不關在大牢房，而是個人獨囚小房，有小床，有一張老舊的書桌可以寫回憶錄，但綠島則是木板的大統舖，房內衛生設備一律在靠窗戶的邊角，抽水馬桶用手扳動，與地板近乎平行。後來，基於方便，這個馬桶槽，變成又是廁所、又是洗澡堂。大家固定大便後，洗乾淨，又儲水洗澡。

隔沒多久，每人發下一套黑色囚衣，這種囚衣是由軍隊卡其服染色移用的，我們等於是穿黑色的軍服，因爲是卡其布，所以非常耐穿。每個政治犯現在有了囚號，我是一七三。因此，要問綠島有多少政治犯，只要知道最後一個囚號，就明白。我不知道那個號碼，但我推測在四百人上下。

就這樣，從一九七二年五月一日，到一九七四年六月二十五日我心臟病暴發，離開綠島，在這裡渡過了兩年又一個月零十五天。

兩年之中，大哥與女王曾三次到綠島探監。綠島每禮拜只能寫一封信，一封信只能寫兩百個字；而監方不顧慮囚犯家屬一年只能路途迢迢越海而來探監一、兩次，仍然殘酷的只准隔著大玻璃、以電話筒講個三十分鐘。綠島監獄，能有親友來探望的，僅如鳳毛麟角，寥寥可數。尤其交通不便，島上缺乏方便旅舍，家屬來一趟，比到非洲還困難。出獄後女王告訴我，三次去綠島，兩次遇險，最後那次碰到險惡的風浪與海流，超載的渡輪上還被海浪捲走一個旅客，救援不及，遂遭滅頂。

在這兩年內，我努力平靜的唸書，繼續把一百本帶去的珍貴書籍，細心的讀。我遂看完十大本湯恩比的《歷史的研究》英文本、讀完吉朋的英文《羅馬衰亡史》；繼續精讀經濟理論，幾乎看完大學時代未能看完的近代古典經濟名著，從亞當斯密，到奧國學派彭巴威克的《資本積極論》、《利息論》，並譯出兩本經濟學著作；把桑塔耶那的《美感》，譯成中文；並試圖以台語，把十二世紀波斯大詩人奧瑪開揚(Omar Khayaon)的《魯拜集》譯成我們的母語，以自己設計的台語字母，混同漢字寫出。

尤其台語，我在看守所羈押的兩年，本來用女王爲我印製的卡片收集字彙，準備編纂台語字典，從事台語文字化研究，後來竟遭密告，全部被取走毀掉，使我益感這個統治集團，其格調之低與殘忍，尤勝過日本人。日本人尚在一九二一年爲臺灣出版最偉大的《臺日大辭典》，其豐富，是空前絕後的。國民黨統治臺灣，只知道消滅台語，完全罔顧台語是古漢民族語系珍貴的一支，從不曾爲台語編一本字典，爲它製訂良好的發音字母。在學校，打我們講母語，在監獄，沒收我們研究它的資料。這個集團，不單是臺灣人的政治殺手、民族仇敵，也是文化的劊子手。臺灣人不單要取回決定自己命運的政治權力，也要爭回我們母語的使用權力；不但要使我們及我們的子孫能講，也要能寫出自己的母語，使它成爲犀利的現代文化語言，寫出我們的文學，並化爲科學及商業的智識語言。

解決臺語文字化，看似簡單，其實非常不簡單。百年來所有研究臺語的學者及獻身鑽研臺語的人，什麼都研究過，聲調、結構、文法、諺語、民謠，甚至臺語的起源、古韻、異同，都有研究，也很有成果，但迄今仍想不出如何把它寫出來。大家鑽牛角尖的，是羅馬化；若非羅馬化，就是找漢字、造漢字，以塡補臺語無數的白音字、擬音字、不斷新出的新音字、合音字。羅馬化無疑是最科學的，但最不可能成功；道理很簡單，臺語是漢文結構，若將漢字全部毀掉，就成爲一片空白，以中共政權之強，羅馬化都不可能。臺灣長老教會的羅馬拼音，試用了一百年，就算國民黨不禁止，其缺點也註定它無法成爲文字，遑論漢字使用的根深蒂固與抵抗。而企圖找漢字、造漢字，模仿北京中文語系，用一漢字代表一台音，寫出全漢字的臺語人士，也必敗無疑。臺語豐富的聲調，新音、合音的不斷出現，以及臺語的雙音値，一字數音，漢字是造不勝造；等到造齊了，必然變成漢語系中最複雜、字彙使用又最繁多的落伍語系，把我們的子孫壓垮，把大家逼上學習字數較少的北京中文之路。況且，漢字無法標音，臺語中的外來語，根本無法表記出來；而臺灣文化無法不吸收世界文明，不能記述外來語，必然走中文的愚笨方法，把外語漢化。如此發展，臺語必然成爲一支極拙劣的符號系統，難逃優勝劣敗的淘汰。一個操母語的臺語兒童，在學校既要學會基本的四千八百個中文字彙，又要再學六千個以上的臺語漢字，要消滅臺語，這是最好的方法。所以，臺語全部漢字化，不是技術不可，而是事實不可。

欲臺語文字化，我們不僅要求技術的可能，爲人所樂意接受及採用，其目的更在使臺語的表記能力、學習速度，徹底勝過其他漢語系，特別要勝過北京中文；我們的兒童減少漢字負荷，但不拋棄自己祖先的文化遺產，以承先啓後，創造更新的文明，並能輕易吸收外來文化。其實臺語比中文的音韻更豐富、聲調更齊全，是所有漢語系中唯一能溶入外語而不覺困難及尷尬的優美語言。秉此信念，我重新檢討羅馬字，回憶高中時代自己的設計，研究ㄅㄆㄇ的結構，分析日文與臺語的異同，思考日文片假名及平假名的起源，日文字母的好潛力，我遂有了初步而重大的突破。

徹底解決臺語書寫的最佳方法，是創設一套適於母語文化體質的符號。羅馬字的結構與字形，並不適合與漢字配合。我從日文獲得重大啓示，尤其日文漢字的音讀與訓讀，其原來的困難與臺語今天遭遇的麻煩太接近了，太雷同了，但日本人因爲創了一套好字母，便把一切問題迎刃而解，並使片假名成爲拼西方外來語的利器，使平假名成爲漢字配合書寫的精良文字，因而集東西方優點於一爐。當然，臺語的音韻聲調結構不同於日語，但以東方式拼音字母與漢字結合的方式，是一種基本可行的最好方法。我循著這個啓示，日夜思索及試驗它的可能，特別是字母技術，能否優美而科學的組成。

尤其，這套字母不僅要注出漢字臺語的音與調，就像ㄅㄆㄇ一樣；且必須在組成後，也是文字，而不是國民黨的注音符號。國民黨的注音符號，是世界拼音符號中最醜陋的一套。我經過一年多的潛心研究，憑嘉義人侯焜所編的《國台語對照新字典》內的臺語音韻結構分析，發展出三十音系統，排列整齊。五字一排，第一及第二排爲台語十個母音；第三排至第六排前四字十六個字母，爲臺語十六個基本子音；第三排至第六排的最後一字，共四字，爲三個半母音、及借自ㄅㄆㄇ的ㄈ字，做爲臺語本身所無，但應留爲拼寫外語之用的設計。爲了易學，並與

ㄅㄆㄇ系統發生關連而容易背住，十六個子音字母的排列故意與ㄅㄆㄇ的排列秩序完全相同，期使學過ㄅㄆㄇ的人，一下就能朗朗上口；雖然字母不同，但大部份都有起源說明，極易聯想。但是構思字母，仍不是最大困難，最大困難在臺語的複雜聲調，如何融入拼音系統。臺語的聲調是河佬話的靈魂，像長老教會的標調法、ㄅㄆㄇ的四聲符號、臺灣國語推行委員會設計的「方言」八音標調法，都沒路用。古老的臺語八音「君滾棍骨，裙滾近滑」，更是笨拙的記憶法，只會累倒我們的子孫。或許火燒島的流放，使政治犯的心靈特別悲壯，創造力特別奇峯突出，兩年中讓我想出音階法。我發覺所謂聲調，不就是音樂的 LoLeMi 嗎？要記住臺語的聲調，只要找出臺語七調的代表音階字，化爲口訣，不就把聲調定位及記住了嗎？把七字口訣化爲字母代表聲調唸出，不就可以溶入字母系統了嗎？當看到臺語的拼音字母時，一看其所附最後或最右的標調字母，一唸其所代表的口訣字，聲調不就立刻出來了嗎？這一突破，使我一舉決定廢掉古老的八音法，構思出今天修正後的臺語口訣：「山人做反爲立國」七字。這七字，足足使我想了十年才定型。這七字的最大妙處，尙不在它的精神指涉，直指文化獨立：這七字的排列，更有實用與學習上的方便，因爲，前四字「山人做反」，其秩序等於ㄅㄆㄇ的四聲秩序，而化國民黨的北京語教育投資爲學習臺灣的資源，使學習臺語聲調字母符號的人，一下減輕負擔，只要集中研習下面「爲立國」三個聲調卽可。當然，臺語的前四調，並不絕對等於中文的四聲，但順序一樣，不中亦不遠矣！

這套三十音與七調口訣字母系統，使我在綠島初步發展出方塊拼音字，左邊拼音、右邊表調的四角形拼音文字。拆開時可當注音之用，好像ㄅㄆㄇ，可以注出漢字的臺語音調；組合時，則可代替造漢字，寫出一切臺語的白音字、擬聲字、新音字、合音字；最後，這套系統更如日本字母一樣，可以拼寫出臺語的衆多外來語，而達成它多功能的角色。

一九七五年出獄後，我更在女王的幫助下，利用她的標準客家母語，發展出一套與臺語字母系統相同的客家字母系統，達成兩個民族語言符號互通溶合的基礎。我以爲這套字母如能推展成功，這兩個歷史性寃家，在成爲臺灣人的歷史進程上，將更快速，互習語言，將變成輕而易舉。兩族旣然共佔臺灣人口的百分之八十五，則文化與語言獨立創造的歷史動力，將由中文而移向兩族的臺語。我們不必消滅北京語，但我們要以精良的臺語文化創造力與其公平競爭。

這套字母系統，歷經試驗與修正，到一九八七年五月，曾爲「臺灣文化促進會」採納、公佈，並做短期傳授，以觀缺失。希望在無缺失後，進而編纂「臺語字典」，並把《臺日大辭典》的巨大遺產翻譯成本字母系統，進而編寫臺語教材、文法以及拼音組合訓練課本。這次被捕，國民黨算是迫我完成在綠島未完成的工作，編出「臺語字典」。我將不負所望，不幸負國民黨製造敵人的功力與「苦心」，加緊研究。現在，這套字母又躍進了一大步，它的聲調字母已發展成草書字母。不拼成方塊或四角形，也一樣能組成漂亮的直拼與橫拼，而能與漢字並肩寫出，如此發展，更利於電腦處理、更進步。這一切，都要「感謝」殖民統治集團的歷史壓迫。

一九七四年五月底，在我完成字母系統以後不久，由於過度勞累，精力透支，遂使心臟宿疾，一舉而發，幾乎向死神報到。起初，我在押房突感心臟不適，開始時是間歇的痛疼，繼而惡化爲心臟狂跳。我當時以爲是心肌梗塞，並深知危險。但在綠島，這種病是絕望的，因爲監獄中的醫生，是軍中的蒙古大夫，只知開感冒藥。對我而言，心臟病並非突如其來的症候，入獄前一年，我卽在家裡第一次發現左胸口劇痛，時間雖短，卻是死亡似的震撼。看了醫生，才知道是狹心症。起初半年痛一次，但是到綠島發病前夕，變成一個月兩次。我叫女王爲我買了許多心臟醫學書籍，使自己知所對抗。對付狹心症，除了調整人生觀，樂觀豁達，注意食物，少吃膽固醇太多的東西，及多運動外，當時唯一的藥物是硝化甘油片，卽所謂舌下片。除此之外，這種病的特徵是慢慢惡化，據二十年前的醫學知識與醫學統計，從症候發作到去見上帝，平均壽命十五年。所以，我的心理準備是再活十三年。因爲想通了，對生命長短的期待不多，所以，反而珍惜時間，努力做點研究，並預期生命會在猝然中結束。我想，如果我活過十三年，就算賺到了。

這次發作，痛疼之怪異與猛烈，出乎我的想像，女王爲我買的德國長效性舌下片，通通無效。我在幾天中，連續昏迷了幾次，只知道我不會活很久，雖然，心中朦朧地充滿不能再見親人一面的悲戚，但精神逐漸與天地契合，準備迎接死亡。我被移到醫務室病監，醫生束手無策，他們判斷我隨時會去。我的脈博一直都在一二〇之下，拖了一個月，雖沒死，卻不見起色。於是，他們決定讓我死在台東軍醫院，以免多負責任。這就是我所以能離開綠島的原因，我沒死，是生命的奇蹟。

六月二十五日，獄方派一名廣東憲兵陳湘源，護送我乘船過海。此時我身體雖然還很虛弱，但人已清醒。過海時，我又一次更清晰的看到美麗的綠島，給我非常鮮活的印象。由於人並不十分健康，缺乏精神觀賞即將離去的天然美色，但看著船後逐漸變小的海上孤島，心中充滿形容不出的矛盾感覺。啊，這是火燒島，她是那麼孤獨的屹立在太平洋，她是我們政治犯的故鄉，在她的懷抱中，有死亡、有折磨、有夢滅；離開她而不死，能否再造歷史？

我被送進台東的八一三軍醫院。軍方爲了應付重病政治犯，特在醫院後面闢爲一棟監舍，周圍面積約有三、四百坪，病監外貌好似一棟長方形別墅，前面是整個綠油油的韓國草皮，非常養眼。我與一位方姓難友同房，不久，林欽添也因扁桃腺大毛病被送了過來，連同一位忘了姓名的年輕難友，四人同住。但不久，年輕的肝病政治犯，不治死亡，我們親眼看著他由脚部水腫而肚腫，而頹然去世。再過幾個月，施明德也因腹膜炎及惡化的骨刺，被送了過來。因此，這間病監獄，乃維持兩個戒護憲兵及四個政治犯病號，朝夕相處。

過海不久，家人很快知道我已安抵台東軍醫院，大哥並透過士林好友吳朝慶大醫師的關係，認識軍醫院的心臟大夫，因此獲得較佳治療，並由大夫簽報我長期住院，所以，我便一直住在病監。在逐漸康復中，看書散步，每日與施明德扯天下事。女王則平均兩星期跑一趟台東，先乘火車南下高雄，再坐南迴公路班車到台東，備極辛苦。虧她每次爲我帶來書本雜誌，因此，病監的日子，是我七年多的牢獄生活中，最快樂的一段。女王一住三天，使我心情更平靜，康復也更快。而戒護班長陳湘源，更是照顧備至，每星期都爲我們弄吃的，女王一到，更特別給我們方便。陳班長退役後，一九八〇年曾到我的大厦當管理員，並娶妻生子，五十多歲的老兵，算是少數沒有絕後的一個。

在這段住院期間，病監難友中，唯一讓人難過的是施明德與陳麗珠的爭執。一個是英雄，一個是烈女，臺灣歷史少不了這一對夫妻的英勇故事，但他們的爭執愈來愈猛烈，我們兄弟只能一旁嘆息，勸無可勸、語無可語。爭執的原因，我們都清楚，但不能插手，也插不了手，只能一旁看它自然發展。只是我們想問，如果沒有國民黨的壓迫歷史，會有這對傳奇夫妻的悲劇嗎？

一九七五年四月四日，歷史又翻了一頁，獨裁者也有死亡的一天。

這天清晨，台東的天氣非常溫和，我們用了早餐，照例吃了菜後，大家聚在一起正要開講。施明德究竟是一條老狐狸，敏銳的眼睛一亮，注意到窗外一件奇怪的現象。他問，爲什麼今天醫院的國民黨旗降下一半？我探頭一望也覺奇怪，今天並非什麼節日，何以下半旗；而且我們天天都看外邊買進的報紙，這幾天並無特別大消息，何以會下半旗？施明德的鬼腦筋，一下就動到蔣介石的死亡上去。

果然，是蔣介石死亡。

十一點，陳班長才從台東街上買到台北運來的報紙，一衝進來，第一句話就是告訴大家，老頭子死翹翹了。我們大家都直覺的判斷，政治犯要回去了。

沒隔多久，所謂減刑條例，就在他兒子孝敬老子，並在父死子繼的接班秀中通過：一般殺人強盜減一半，政治犯只減三分之一，二條一共產黨不赦；並決定在他老子百日，開始放人。我的刑期早就超過三分之二，所以，我提早結束了漫長的黑獄，同時從死神手中撿回一命。

從政治犯變商人

——獨立的呼喚

七月十四釋放日，一大早從綠島乘船過海的大批政治犯及我們台東病監的幾個人，會合於台東漁港，我們看到附近停滿一輛輛大巴士，等候我們乘上。我已經七年六個月沒有回到社會，因此當我們的小車子從醫院駛出，往台東港方向開去時，沿途看到的市街樓房，看到的人群、樹木、招牌、田園，簡直好像一幅剛出爐的油畫，非常新鮮美麗。這種感覺，只有長久坐牢，忽然出獄的人才能體會。我們很像兒童首次遠遊，百物新奇，我們感到一種解放與新鮮的震撼。畢竟，自由帶來生命的歡欣。當我靜靜佇立在漁港的海濱堤岸，遠眺幽幽的海上孤島，那個令人又喜歡又心碎的火燒島時，整個海面正像一塊深藍色的天鵝絨布。此時天空特別明朗，飛鳥正四處遨翔，溫煦的陽光，一下撒罩著眼前無垠的太平洋，只覺遠處那個小島，正靜靜地安睡在朦朧的晨霧中，與其說她是臺灣歷史的厄爾巴島，不如說是臺灣地理的一顆小珍珠。但是，我們今天走了，還有多少折磨中的弟兄仍然未回，水泉、國民、尹謨、文就，甚至一起在病監度過珍貴歲月，猜到老蔣死亡的「諾利」(施明德)都還不能回來，他們還沒闖過三分之二，仍要繼續聆聽綠島小夜曲。我眼睛默默看著那個小島，暗暗祈禱他們終有一日平安歸來。

終於，我們的大巴士車隊，一輛接一輛的開動，朝南迴公路駛去。這是我第一次走這條路，首次看到南臺灣的雄奇山川、旖旎景色，精神眞是無比興奮。臺灣的山脈，眞是壯偉美麗，但是這樣綺麗的海島，卻充滿血淚與壓迫的歷史，先民的辛酸，無盡的犧牲。何日我們才能獲得眞正的民族自由，何日我們才能屹立於世界，獨立於萬邦？

在回家的路上，我又與中禮同車。我們在七年六個月零十四天前，同一天被捕，今天又同日奔向自由，大家心中眞是百感交集。跟我一起同車的，還有黃華兄弟，這個臺灣人的堅強鬥士，不屈的心靈，在車上，七年多以來我們第一次相顧而笑，七年以來我們近在咫尺，但難得一見。相顧中，不期然而豪情飛揚，由中禮帶頭，以低沈的男中音唱起一首首淒美的臺灣民謠，大家眼角不禁濕潤，胸中感情如潮水一般澎湃起伏。但今天我們的自由，是失敗後的自由，而獨立的戰爭尚未結束。我們的歷史，我們的人民，我們的命運並未自由。

車上，我跟兄弟們說，我們要從失敗學得教訓，要擊敗頑強的敵手，我們的心志一定要比敵手更頑強、更忍耐、更智慧。於是，我講了一段日本戰國三傑的寓言故事。

日本戰國時代，有三個大人物，一個織田信長，一個豐臣秀吉，一個德川家康，日本人爲了描述這三個人的性格，便以他們各用什麼方法叫一種日本的觀鳥啼叫來形容。織田的方法是，你觀鳥不叫，我以天下之劍砍殺之，非教你叫不可；織田是第一個統一戰國群雄的人物，但卻死於部下謀殺。豐臣的方法是，你觀鳥不叫，我將用一切方法叫你叫，砍殺之不成，利誘之，利誘之不成，計取之，總要使你叫出；豐臣眞正統一了日本，但一死，孤兒寡婦，不旋踵而亡。德川的方法是，你觀鳥不叫，沒有關係，我等到你叫；德川是戰國三傑最弱的一個，最後統一日本的人，德川幕府維持了三百年。

等觀鳥叫，也要極強的意志與智慧，也是鬥爭。

當車隊抵高雄，一路往北疾駛時，我們慢慢疲累。當我醒來，車子已接近台北。當車子轉入重慶北路的交流道，瞥見台北的萬家燈火時，我發現大家都坐立不安，紛紛起立，往外探望。古文所言，近鄉情怯，莫非就是這種心情的寫照。我們的車隊原來是開向中山堂的，當大巴士一輛輛停下後，大家各自從車上魚貫走下。第一脚踩在台北的馬路上時，我忽然發現自己的兩脚是多麼軟弱無力，似乎站不穩，當大家進入中山堂旁邊的警察總局會議室等候家人接領時，我好像跑了萬米回來的人，終於抵達終點，但卻渾身力竭，希望趕快躺下休息。進入會議室，我很快瞥見女王站在那邊一直對我揮手、一直微笑。我突然感覺，除第一次看到她、爲她美麗所迷外，這是我一生中第二次感到她是如此嫵媚、如此動人。

離開時，已是晚上十一點，出了台北警察總局，我提著七年來隨身的囚犯行李，叫了一輛計程車，開往南京東路的文華飯店。女王要我過一個溫馨的自由夜，才想安排在那裡。下車後，我幾乎走不過大馬路，覺得不適應，看到來往車輛會懼怕。女王看我猶疑，才小心翼翼的帶我穿過馬路，就像帶領小乖乖們一樣，牽著我的手，哄我越過。

好幾年來，我第一次享受柔軟的被褥、彈簧的床墊，而飯店豪華亮麗的設備、熱騰騰的洗澡水，使我如夢似幻的感覺回到人間。我擁著離開如斯多年的妻子，看著她盡歷風霜的嬌美臉蛋，我們一次又一次深深擁吻，跌回美麗的大學初戀時代。

這麼長久以來，我第一次能夠熄燈睡覺，第一次，我的眼睛能夠在溫柔的黑暗中沉眠。

次日一大早，我趕回五常街向母親報平安。

上樓梯時，我三步當兩步，像年輕時一樣躍上去，我知道，母親一定在佛廳。我首次看到母親極少呈現的笑容，她眞是無比的高興，顯露出佛祖保佑自己兒子安返的眼神，她握著我的手，就像小時候握著我一樣，如果我仍是小阿德，她一定會抱起我，擁在胸膛，祈謝上蒼。她馬上叫我上香跪拜佛祖，還有爸爸，告訴他我已回家，讓他在天之靈安心。

母親不久浮起慈愛的臉，轉而責備我昨夜未歸，一定是被秀蘭拐到什麼地方去，怪我母親不看、先看妻子。我被責怪得又道歉、又賠罪，也解釋昨夜抵達台北，辦完手續，已是深夜，不便驚醒母親。

母親已經七十五歲，身體略呈肥胖，由於糖尿病影響，視力受損，所以帶著一副厚眼鏡，但體力仍精壯，不像一般老人之枯槁不動；依然四點起床、禮佛，做東做西，她是一個不能休息的生命。她拉著我，不停的講述七、八年來的故事，講述大哥告訴她的公司發展，講述惦念我，爲我求佛的種種。母親罵大哥、媳婦、公司人員，大家通通瞞著她，說阿德是到新加坡，所以她一直到第三年才曉得我出事。她邊講，邊傷心，淚都流下來。我趕快把話移開，說一切都過去了，我們還要努力打拚，使公司更壯大起來，這一次，我不會再離開她了。她微笑的握著我的手，又一次好像我小時候回家，她握我的手一樣。

母親一直活到我重獲自由後的第四年，福德大樓蓋成後，才在我的懷抱中，在國泰醫院送回家的救護車上，平靜的去世。在這四年中，我努力把民權東路的地基化成大樓，她就在高興地看到大樓最頂層、她的漂亮佛堂完成後半年，因心臟病救治不起而逝世。在這之前她仍住五常街時，也發作過一次，但我對心臟病很了解，以我身邊的舌下片和迅速的送醫，把她救回來。那一次，我半夜背她下樓，女王在旁協助，央求計程車司機，加快馬力到醫院治療，不想，只延續了她兩年的生命而已。其實，母親並非死於心臟病，而是死於糖尿病，而以她的身體，也未必會那麼快死於糖尿病，她應該活到九十歲。她所以被糖尿所奪，因爲她不信現代醫學，藥不大吃，少量的胰島素根本沒辦法徹底控制病情。我們都無法說服她，她個性之強，是有名的。母親之死，我們就在大樓頂樓，爲她守孝七七四十九天；她生前最喜歡的佛經，由全台佛友前來爲她念誦。母親出葬那天，數百至親好友畢至，表達對她老人家一生最大的敬意。母親死於一九七九年的農曆九月九日重陽節。

火化後，我與大哥、梅榮嫂、秀蘭、母親生前的衆佛友，圍在辛亥路第二殯儀館火葬場的出爐間，親自從白濛濛的骨灰中，驚異的撿出五、六十顆大小不等、像眞珠一樣的舍利珠，有紅、黑、白、綠、黃各種顏色。大家都嘖嘖稱奇，我更不信，但不信也得信。母親一生在家吃齋禮佛垂六十二年，火化後留下修佛的功力、美麗的珠子，使我敬佩不已。

母親死亡前最不尋常的一個現象，是一件反慣例的行爲。有一天黃昏，當我一回六樓住處，她就從頂樓走下來找我。母親一生不是東家長西家短的女人，即使是兒子的住處，也不隨便走動。這次進了我客廳，甚至不說一聲，就走進我的臥室、書房，一直想跟我說話。母親與大哥住在頂樓，整層樓有兩百餘坪，前面一百五十坪爲福德大辦公廳，後面八十坪爲住家。她下來，不斷追述往事，不不停交代身後，我耐心的聽，但總以爲這是老人必有的現象，不疑有它，我覺得她當時很健康、很快樂。她說的重點，反覆的幾句話，不外是希望兄弟永遠活下去，但補充一句話，非萬不得已，兄弟不可失和。我告訴母親，我不會的，我一生尊敬阿兄，我不會向大哥要求哪一家公司要登記我的股份多少、哪棟房子給我，我一向任由大哥安排。我告訴母親，大哥一生精明強幹，一向公司大權大握，我回來，只想把公司再擴大，回饋我不在的義務，家族的餅大了，我的也不會太小。我一向尊敬大哥，甚至大樓蓋好，先替母親及大哥設計好時，大哥問我住什麼地方，我才首次要求劃出六樓後棟六十五坪爲我的住家。我一生信守對母親與大哥的諾言，爲家族盡回饋之責。

但在母親重覆的話語中，有一句我起初並不注意的話，她說，大哥太精明，萬不得已，你自己也要努力自己的事業。她說，你爲臺灣人坐那麼久的牢，社會與經濟基礎，已不如兄弟，也不如他人，我死後，你大哥會控制一切，不會慷慨。我說我知道，但我不會與兄弟計較。母親說，許家只出現你一個是非分明的政治人物，但許家絕不會支持政治，許家是一個自私的家族，要我記住。我的個性太像父親，母親要我不忘父親的缺點，但記住他的優點。我的年齡也不小了，一九七九年時，我已四十二歲。

去世前的母親，一反常態，非常喜歡女王；她感覺這個未辦妥入門手續的第二媳婦，很善體人意，極能了解她老人家的心理。女王爲她講述電視裡的故事，因爲國民黨王八蛋把臺語節目都禁光了，她聽不懂中國語，只好靠女王不斷的翻譯；她知道，要修指甲、要捶背，一定要找女王。

母親是到了臨終前半年，才眞正承認，秀蘭是她的好媳婦。

我在媽媽去世後半年，才眞正認眞回想老母親的遺言，我遂決定，必須在五年內把手中的棒子交還給大哥；少年時的承諾，因母親之亡，應可結束。大哥的第二代，也將成人，而第二代，不會再有我們第一代的感情。許家已脫離貧窮，不但脫離貧窮，而且富甲一方，我應該可以走自己的路，以自己的基礎，自由追求自己未完成的社會事業，我仍未替旺仔哥哥討回歷史的公道。大哥只是一個生意人，生意之外，別無所知，巨富，是他的目標，對我並無深義。我們兄弟，終究是道不同、不相爲謀，應該各自追求自己的價值。人生到了某一點，距離是保持兄弟之情最美的形式。

我回來的第二天清晨，看完母親後，便與女王去看她與孩子住的地方。自我去綠島後，他們便搬離五常街，由大哥安排與絨嫂住在一起。絨嫂是大哥早年相戀的夫人，由於母親一生反對她進門，所以一直別居在外。這個女人樂天知命，愛上大哥以後，一生忠心追隨、不論甘苦；我小時過年過節，都會跟大哥到她住處，吃一頓大餐，她對我並不壞。民生東路這棟房子，便是大哥買給她的。

當我上了三樓，高興的見到她，一再謝她對秀蘭與孩子的照顧時，我看到在三樓中間不足三坪的小房間內，擠滿了三個孩子。一盞小燈泡照著他們讀書的地方，三個孩子兩個戴著厚厚的眼鏡，我心中突然不禁一陣心酸。女王就與三個孩子擠在這個小天地裡，盼望他們父親回來。我抱著淑枝的頭，摸著小胖子萬瀚的手，呼叫頑皮的萬敦，幾乎控制不住的掉下淚淚；一面見到兒女的激動，一面是看到人世的冷暖。我想，若我在，她們母子會擠到這個角落嗎？可是，帶著孩子出現在親友之前、到監獄探望我的女王，表面儼然是一個貴婦，雍容、鎮定，無人看得出她心中的幽怨；她爲了孩子，使盡力量完美的陰忍著心中的痛楚。這種刺骨感觸，使我決定，我必須先安內而後攘外，不容她與孩子再爲我吃苦。

第二天，我帶著女王租到錦州公園對面的房子，把家安頓好後，著手事業的整頓，大樓的興建。第三年，我便搬到新居，爲她與孩子構建了一個現代化的美麗家居。

決定先安內而後攘外，報答家族在我監獄中對我妻小的照顧，使老母安心，並重新打下奮鬥的基礎，塡補七、八年的空白。我傾全力重整自己的社會圈，努力把家族企業推向多角發展；一面默默尋找自己的基礎經濟，希望妻小不會再一次因爲我的不測，而羞辱、飄零。

經濟的重建，就像蓋房子，只能一磚一木搭起，無法僥倖。從一九七五年到八〇年，我花了整整五年時間，才把妻小安頓好，薄有基礎。這個期間，我目睹美國斷交的震撼、蔣經國的接班、美麗島大審、黃華兄弟再度入獄。尤其黃華事件，我力主他忍耐，但措手不及，爲此重回黑獄十年，使我心中非常難過。

這個期間，我也運用關係企業的權力，對過渡期的獄中兄弟，做棉薄的支援與安置，林樹枝、呂國民、李森榮的女公子，都在我的公司網中做過事。並對美麗島政團做幕後支援。

我認爲，我對臺灣命運的發言，時刻未到。

借日本戰國的比喻，觀鳥還沒有到叫的時候。

一九八三年，我在母親去世後三年，達到了我出獄後經濟重整與商業活動的頂峯，一人身兼七、八個職務，企業經營的範圍涵蓋氣體、遠洋漁業、國外貿易、機械、化工、防音避震、出版、公會領導人、節省能源產品等項目。高雄台北南北奔跑，不斷視察擴張中的新工廠，經常出國週遊世界。商務之餘，並研究與搜集各國政局資料及立國制度。晚上返家，我又躲進自己設計的民權東路六樓住家書房，在萬千藏書中不停閱讀、思索問題、分析政局、吸收新知。我一個禮拜平均閱讀國內外政經雜誌六、七種，保持最新信息。我的忙碌，可以由每年更換兩個到三個司機看出。爲了健康，出獄後我便帶着女王每天淸晨到圓山打羽毛球，長達十年，因而心臟日益強壯，體能日增，精力充沛。但就在我事業的最高峯中，我卻疏忽了出版事業部門，沒有深入了解、用人不當，把文化當宣傳，未依經營及資金運用原則管理，以致流動資金的血液被吸入數千萬，而主力資產控制於兄弟手中，在見危不救下，由一時週轉不靈而引發退票，由退票而導致大崩潰。

終於，我在母親去逝後五年內，與兄弟完成分手，不過是在失敗中，被剝奪一切而分手。至此，母子相依爲命幾達四十年的三人行，母親、大哥與我，不再一體。

回溯使我意外失敗的出版事業，應歸因我自始未將出版視爲企業經營，只堅持文化理念，但資金並非無限，我實未深刻理解兄弟關係在金錢利害中冷酷的一面，以並未分產的企業控制權力，乘機整肅手足。畢竟，我損失的部份並未超過我在兄弟企業中法律登記上的股份票面價值，只是不能化爲現金。何況這些法律上的股份，又從來未曾分配到紅利。算紅利，其價值至少爲票面的兩倍，因此，純就資產力量而言，我不算是無能力淸償債務的破產者，我所以破產，原因甚明。我堅持母親生前遺言，不可與阿兄失和，不可爭產。

談到出版，應該回溯一九六五年我與福增兄共同創辦「水牛出版社」的往事。我們在「現代社會」雜誌失敗後，鑑於言論推動理念的困難，轉而想到成立出版社，遂集資創辦「水牛」。初期出書，福增兄貢獻最大。其後我被捕、他出國，「水牛」經營遂由彭誠晃負責。但此人是一庸俗書商，攬權自利，借「水牛」之便，另立「大林」，挖空「水牛」。出獄後，我淸查其帳目，發現此君不可交，乃力主拋棄。

之後，福增與榮茂二兄，又共同發展「牧童出版社」，我在出獄後重整經濟的困難中，一直應他們的要求，支援資金調度，但到一九七九年，「牧童」面臨崩潰，二兄求救於我，當我看到大學好友如此危殆，面對退票坐牢，心中難過之餘，遂做了一項重大的錯誤決定。我一則以為可以收回數百萬的調借資金，一則以為可以發展文化宣傳事業，推動台灣獨立理念；這兩項未經深思的直覺決定，加上老友危殆之情，使我冒然接下「牧童」，把它交給我的侄兒許文宗管理，並以五常街的整棟房子為出版事業基地。我並未抽出時間深入研究出版業，也乏充分時間介入，這種心態，使「牧童」的承辦不過三年，既未呈現出自己對出版的基本理念，亦無原「牧童」純學術的高格調，又走大衆路線，又走兒童出版路線，最後，又搞暢銷小說，完全失去方針，而資金日益流失。雖然如此，我猶不認為有何嚴重，這種遲緩決斷，起源於我支持文化機構的僵化形式主義，以及收攤的面子問題，誤以為自己家族企業中擁有實力，區區一、二千萬，應可克服。

一九八三年初，我在大崩潰中離開自己一手籌建的福德大厦，離開兄弟。在破產中，拋棄一切，身上最後留存生活費五萬元新台幣，駕着一輛以前是司機駕駛，在我負責的星帝公司名下掛名的老車，以無照駕駛，帶着傷心的女王、就學中的三個兒女，退居在新店花園新城大哥名下的老房子，反省自己的失敗，並謀明日生計。

女王在我事業的頂峯，猝然不防的面臨經濟崩潰中，依然一貫地方寸不亂，並不沮喪，努力協助我安度難關，幫助安撫部份未能諒解的債權人。他們都是親友，我遂盡量利用福德殘餘的兄弟力量，讓受損者獲得基本清償，雖不能全然滿意，亦獲部份安慰。如此，亦讓外界尊崇兄弟有情，是大哥替小弟清償債務。

我幽居山上，一面思考如何東山再起，一面安慰追隨我歷經辛酸的女王。她依然俏麗如年輕時代，她眞是耐看的女人、耐磨的女人，在冷酷的現實中，不失她天眞與樂觀的天性。我們在窘迫中、遭人白眼中、貧困中，仍然情深如故、恩愛逾恆。我們終於決定，負於人的，都要答謝與償付，人負於我的，都要把它忘記，重新再來。

於是，我再下山，帶着女王做左右手，憑自己豐富的商場經驗、厚實的經濟知識，驚濤駭浪地闖蕩江湖四年，以殘存的社會關係、一輛老車，以機智與運氣，歷經驚險地爬起來。四年中，從成衣工廠的重整到期貨，從籌設水泥廠到收購取回星帝公司，從土地投資到貸款，從香港到菲律賓的貿易開拓，逐步重建經濟與社會基礎，恢復力量。

這種經濟力的迅速與穩健復原，逐漸超過我在兄弟家族中一、二十年的努力點滴而又被無情勾銷的成就。懍於過去妻兒的淒楚遭遇，非先立足，不宜談其他。但財富的無限累積，並無意義，只要讓老妻生活無虞，後顧無憂，兒女受到應有的教育，而能自力自強，我就決心轉移一生的最後精力，繼續完成台灣人獨立的心願。如今，我已無老母、兄弟、家族利害關係的羈絆，我對着身邊無微不至、溫柔體貼的老妻講，我們要轉向了。對台灣命運的巨大死結，破解它的方法，如今，有而且只有兩種武器，獨立與民主。我認爲，唯有獨立，始能捍衛台灣人不再淪爲奴役與孤兒，獨立是我們的劍；民主是台灣人擺脫東方落伍的威權文化，創造我們新社會並使子孫萬代沐浴於自由的歷史之花。獨立是排除外來政權污染台灣人的國家目標，切斷汚濁與退化的中國政治歷史循環，體現台灣先民移民他鄉，棄天朝、尋新地，完成建立自己國家的偉大歷史美夢；民主是我們的花、我們的果，是台灣人立國的至高價值。爲了確切摘到台灣人的歷史之花，脫出四百年來不斷被宰割、被殺戮的歷史，我們必須先拔獨立之劍。

但是獨立，不能只靠拿回國家主權，其更深的基礎必須植根於台灣人是否能夠擁有做主人的心態，是否擁有獨立的文化心靈。尤其，四十年來被刻意汚染與扭曲的歷史、社會、人心，被歷史大屠殺嚇破膽的台灣人，能否恢復道德勇氣、道德憤怒、道德抗爭，必須看台灣文化中先民的開拓精神、無畏膽識，四百年來綿延不斷的反抗傳統，能否昇華爲現代民族意識。我們必須警覺，今日的台灣人，仍是驚弓之鳥，嚴重遺忘自己、喪失自我，普遍的性格不成熟，普遍患有找祖國、找大國、找強國、有奶便是娘的長不大症候群。看台灣的高教育份子，以放棄自己語言爲榮、鄙之爲方言的奴態，視講英文爲第一等人、日文爲第二等人、中文爲第三等人、台語爲下等人的現象，可以知之。台灣人之中有兩毛錢的，普遍瀰漫逃生心態，寧持第三國護照爲庇護之計，其短視心胸，不屑拔一毛以助民主運動，無膽贊助獨立建國。台灣人充滿自私、缺乏自信，普持寧死道友不死貧道的族群自滅哲學。台灣人只知爭山頭經濟利益、山頭政治利益、山頭學閥利益，而不能團結一致對外。台灣人的破膽歷史，面對日本怕、面對國民黨怕、面對中國怕、面對美國怕，我們如何破除，如何示例給人民知道，古巴何以能捋美國的虎鬚？越南何以能擊敗美國？一個四分五裂、人口不過數百萬的阿富汗，何以有能耐使蘇聯陷入泥沼，一如美國之陷入越南？這些小國擊敗巨強、大衛打垮哥利亞巨人的鮮活教材，證明人民的決心、民族的意志力，是獨立的先決條件。台灣能不能獨立建國，障礙並不全在中國的恐嚇、國民黨的鎭壓，而在台灣人的意識及決鬥意志。做爲一個擁有四百年歷史經驗的台灣人族群，正因過去的歲月都做臣奴、都做奴隷、都做老二老三、都做舞女，所以歷史的經驗教我們如何取悅威臨台灣的各個統治主人，台灣人因此充滿三脚仔脚色：爭相出賣自己，寧爲統治者的鷹犬、學犬、商犬、抓耙仔。我們由於歷史的失敗、族群性格的冷漠，而不知關心全體、奉獻給全體，才是保護自己的不二法門，獨立爲國，才是自己及子孫利益的最大保險。台灣人雖有台灣人意識，但大都停在鄉土階段，遇風搖擺。我們必須思考，如何使台灣人擁有政治與文化的強大認同感，我們要告訴我們的族群，走向建國的堅強理由何在，何以我們必須要有擺脫中國的歷史智慧。

一九八六年，台灣第一個反對黨成立，突破鎮壓四十年的黨禁，使我認爲獨立運動之門、民主力量之潮，已然露出歷史曙光，擠開歷史裂縫。

八七年二月二十八日，先輩黃富兄毅然獨力捐出房產，組成「台灣文化促進會」，許多人以爲此乃不急之務，譏爲迂腐，認爲台灣問題千瘡百孔，空談文化運動，是無聊人的喝茶談天事。然我深知黃富兄的深意所在，因爲，台灣文化中的優質如不鼓舞，優美民族語言如不認同，如不推展文字化，台灣人的劣質如不改進，台灣人的心態如不扭轉，台灣人的自私冷漠如不打破，台灣人的自信如不恢復，台灣人的現代社會道德如不建立，則單純的政治運動，最易爲權力爭奪者、山頭利益擁有者、政治機會主義者所出賣。因此我毅然加入，先爲文化尖兵，而不急於進入反對黨。我認爲反對黨的自決主張，是不誠實的口號，是自衛性的曖昧術語，希圖曖昧對抗中國陰險政治文化。我認爲我們應該重建台灣文化，應恢復台灣人言行一致的開放與陽剛性格，應公開主張台灣人的建國目標。公開與和平的鬥爭，無懼政治迫害的示範，道德展現，始能衝破台灣人畏崽的懼強心障，滙成眞正的政治力量。

我判斷，台灣獨立的歷史時機已經降臨，台灣的觀鳥已在叫，台灣人不可遲疑不決。如果因決戰而死，這是死的最有價値的時刻。身爲黑獄餘生的政治犯，我們不會憐惜本要捐出的生命，現在再次捐出，是一本萬利。我們要強烈震撼統治台灣的殖民勢力，你們若不認同台灣，就請你們準備從歷史舞台消失。

從五月開始，我就爲「台文會」走上街頭演講，在文化的啓蒙運動中，發表台灣河佬字母系統、台灣客語字母系統，開班講習。並研擬了四個文化宣言，第一個發出的宣言即「台灣文化獨立宣言」，堅決主張學校實施雙語教育，反對消滅台語的文化滅種政策。第二個宣言，準備發表「台灣政治獨立宣言」，堅決主張台灣應獨立於世界任何強權支配之外，獨立於中國主權之外，台灣人民應擁有國格，應是獨立的政治、社會與文化單元。主張重建憲法體制，主權在民，徹底實施民主政治，國家元首、國會、省市首長，直接民選。第三個宣言準備發佈「台灣經濟公義宣言」，強調給予農民、勞工應有之保護、應有之分享，開放被政治力壟斷的一切龐大公營事業爲民營，剷除特權，控制惡化的環境，管制土地，全民保險，大量投資公共建設，興建全島地鐵。第四個宣言，準備發佈「台灣社會道德宣言」，以民主文化爲重建內涵，推動社會道德改造運動。台灣社會在國民黨雙重人格的汚染下，謊言文化盛行，急功近利，貪汚橫行，只知一己之利，公義觀念嚴重淪喪，人心物化，精神空虛，心靈低俗，金錢萬能主義掛帥，人倫道德關係解體。我們必須重塑自由社會的道德力量，以免成爲蛀蟲社會。

一九八七年八月二十七日，我讀到國民黨的御用學者丘宏達又借中國恫嚇台灣不得獨立的爛言，爲國民黨鎭壓台灣人民找無恥靠山，使我體認中國人的虛僞面目，非正面挺身反擊不可，這是三天後我們提出台獨主張的導火線。

八月三十日，我應邀出席台灣政治受難者聯誼會總會成立大會，看到章程共識中自決條款的不誠實性，認爲應予刪除。我們沒有理由再怕，遂決定公開主張「應該獨立」，直接揮出我一生政治理念的巨棒，飛向歷史，間接反擊中國的恐嚇、國民黨的威脅、丘宏達的虛僞。

獨立主張的列入章程，成爲台灣人政治組織致力的目標與共識，無疑拉下了國民黨的褲管，直接向國安法挑戰，並正式撕破國民黨鎭壓四十年的最大忌諱，出其不意，強烈震撼了臨死的蔣經國。國民黨下令逮捕四個人，蔡有全、許曹德、鄭南榕、江蓋世。

台灣高檢處在國民黨惱羞成怒的命令下，縮小打擊面，下令只拿捕蔡有全與我，在一九八七年十月十二日以前，以三道金牌，氣急敗壞的命令出庭。

出庭前的一星期，我安排好公司的運作，帶着愛妻，駕着我們的賓士轎車，從北海遊到屏東，一面安慰與紓解女王的心緒，讓我們度一個入獄前最甜美的時光，一面分析與她了解，如何應付。她一直擔心我不知會怎樣，我坦誠告訴她，我一定入獄，而且一判就十年，我又一度看到她依然美麗的姣容上，流滿眼淚，夫妻二度分離，無疑是人生殘酷的遭遇，但我很快又看到她勇敢的露出笑容。她肯定我的所爲，爲台灣人的解脫，不入虎穴焉得虎子，她誓爲丈夫後盾，第二次堅定地面對歷史挑戰，我告訴她，這次我們會勝利。

我所以判斷會勝利，因爲我斷定蔣政權已是歷史的強弩之末，我們的勝利不是不坐牢，而是坐牢極可能引發台灣的言論突破，觸發公開的獨立運動。這是一記犠牲打，衝破言論自由，啓動台灣獨立運動，跑回本壘。四十年來，台獨主張被列爲禁忌，無數人爲此犠牲，台灣人不知其眞意所在，而國民黨最怕獨立的眞意被宣揚與曝光。我告訴女王，我們有錢可以偷渡，可以跑，但絕不能跑。正面到法庭決戰，到監獄爲台灣歷史發酵，是勝利的第一步。國民黨已進入陷阱，不抓人，國安法會破功，政權會動搖，抓人，又必須公開在法庭辯論，台獨的動人主張，不可搖撼的理論，很快會爲開放後的台灣社會，投下連鎖反應。不判人，下不了台，判人，這是對言論自由最典型、最赤裸的鎮壓，會引起人民反感，國際憤怒。

一九八七年十月十二日，我們在故意三次不出庭後，決定出庭與入獄，希望以無畏的精神，觸動台灣歷史的地殼，引爆獨立的火山，改變台灣人的命運。

我們固然陷入統治者埋好的黑獄陷阱，但統治者也整個陷入我們的犧牲陷阱，誰會先死，就看台灣人未來的鬥爭，歷史的決戰。

被捕後，時間雖不過一年，但目睹台獨言論能夠徹底衝破網羅，無數勇敢的兄弟、沉默的台灣人民，成千上萬的走向街頭示威與抗議；目睹統治者的司法機器，威信掃地，手足無措；目睹國際正義人士，以數以萬計的電報信函，嚴重抗議國民黨政權的反人權；目睹一波波獨立運動的興起，海內外台灣人高昂的聲援，宗教團體、知識份子、平民，此起彼落的響應，使我在獄中，感動與激奮的流下淚水！

我特別感謝一年來無數海內外關切我的新朋舊友，不辭辛勞跑到獄中探望我，感謝長老教會無盡的祈禱，不停的關懷，以及對我家屬的心靈支援，讓我們分享上帝的愛。

鑑於醫生的警告，我的心臟壽命已奇蹟的超活了六年，我認爲這是上帝的旨意，讓我把多賺到的生命獻與台灣獨立的歷史美夢，不亦善哉；讓我把多賺到的生命，對準台灣最後一個殖民壓迫政權，做出其不意的一擊，引發獨立運動，不亦快哉！

萬一天命不容我踏出監獄，不讓我親眼看到歷史的勝利、民主的開花、獨立建國的實現的話，我只希望我的至親兒女、我的同志，把我的屍骨火化，把骨灰撒在美麗島的每一角落，與四百年來無數爲此島嶼的自由犧牲的先民，共爲厲鬼英魂，繼續縈繞在島國的天空、島國的海峽、島國的土地上，捍衛她、保護她、凝視她。

許曹德　完稿於一九八八年十月十二日
入獄一週年　台北土城看守所

附錄

獨立

美麗島四百年以爲無望，
統治者四十年以爲死亡，
寂寂歷史卻飛出火鳳凰，
踢翻壓迫者的審判舞台，
以動人的母語呼喚人民，
以震懾的雄辯號召獨立！

美麗島四百年悲愴歷史，
剝削者四十年獨裁專制，
唏哩嘩啦都在今日抖出，
四十年屠殺五萬台灣人，
兩萬人民殘酷押入牢房，
這就是「祖國」統治的仁慈！

美麗島飛出兩隻火鳳凰，
視死如歸呼叫人民歸隊，
聲聲對勤奮兩千萬人民，
聲聲對不屈四百年歷史，
聲聲對綺麗三萬六土地，
視死如歸呼喚人民獨立！

——紀念一九八八年一月九日獨立大審

「搖落去！」

《一》

「兄弟啊」，「搖落去」！
這是牢門，憤怒為你擂鼓，
這是地板，悽厲為你狂叫，
這是鐵窗，尖嘯為你咆哮！
「兄弟啊」，「搖落去」！
今夜，
一齊萬馬奔騰，
同時地裂天崩，
以一陣陣人間悲壯的震慄聲，
由一個牢房傳遍所有的牢房，
由一棟舍監呼起所有的舍監，

今夜，
一齊擂動戰鼓，
同時狂呼咆哮，
以一聲聲人間悽絕的兄弟聲！
「兄弟啊」，「捧場咧」！
全力搖撼這冰冷的人間，
全力震裂這冷酷的監獄！

《二》
「兄弟啊」，「搖落去」！
杯盤水桶，一齊爲你狂舞飛打，
瓷盆茶杯，都在爲你示威吶喊，
棉被枕頭，通通爲你躍進戰鬥！
「兄弟啊」，「搖落去」！
三千個陌生難友同時震怒，

三千條長短手臂一齊控訴，
以一陣蒼涼狂暴的震雷聲，
衝越黑獄外曾是你我故鄉，
擊打鐵絲牆外冷漠的人間！

「兄弟啊」，「搖落去」！
一齊狂舞飛打，
同時吶喊戰鬥，
以一聲聲哀怨悲絕的「拜托」聲！

「兄弟啊」，「捧場咧」！
全力搖撼這無情的世界，
全力震裂這殘酷的監獄！

——紀念一九八八年一月九日台獨大審後第二夜，發生驚天動地的監獄大搖房。「搖房」就是犯人同時捶打牢房以示抗議，所發之聲，震撼恐怖。（「」括弧之處，請唸台語）。

捐給歷史的女人

在獨立的偉大演說中，
在歷史的大審判席上：
妳輕輕把心愛的人置於膝蓋，
把倒下的丈夫擁入溫熱心窩，
妳從容以身軀抵擋冷酷審判，
想以無限柔情緊抱他到永遠！

在悲愴的獨立命運中，
在無情的犧牲歷史裡：
妳以青春美麗排在前面奉獻，
今夜無情命運又來商討樂捐，
妳必須以雙臂交出懷中的人，
以懷中的人交換故鄉的自由！

在獨立的蒼涼鬥爭中，
在漫漫的歷史法庭上：
妳想緊緊抱住生命的另一半，
以癡癡柔情抱住懷中的男人，
以憤怒與哀怨反抗對妳搶奪，
想以無限柔情緊抱他到永遠！

——一九八八年一月十一日，看到妳擁着倒下的丈夫照片，淚下而作（1988．1．10自立晚報照片）。

歡送！

《一》

荷蘭人用槍炮，
宣佈伊是島上第一大頭：
鄭王爺開戰艦，
講是來討回偲老的財產：
滿洲人派施琅，
講是皇考英武拓入一統：
東亞的日本仔，
講是帝國殖民的大塊肉：
敗逃的國民黨，
閣卡大膽，講伊是咱祖媽！

啊！啊！歷史愛笑——
笑這个島上眞正的主人，
提鋤頭擔畚箕的羅漢脚，
空空底耕耘，空空做賤民，
一代代流淚，一代代流血。

《二》

歡送荷蘭人離開，
歡送鄭王爺滅去，
歡送滿洲人倒台，
歡送日本仔戰敗，
最後，啊，啊，最後！
歡送國民黨祖媽，
變成了台北中華，
歡送碰風的中國人，
變成伊嘛是台灣仔！

啊！啊！歷史不斷——
歡送！歡送！歡送！
離開的荷蘭，
滅去的鄭王，
倒台的滿洲，
戰敗的日本，
碰風的祖媽！

——一九八八年十月十二日　紀念台灣獨立被捕一週年。

台獨案第一次答辯狀

前言：

檢察官擅以本人在一九八七年八月三十日國賓飯店「台灣政治受難者聯誼總會」討論章程草案第三條第二項「台灣前途應由全體台灣人民共同決定」，而以本人提議修改爲「台灣應該獨立」而獲通過，列入章程事，妄稱本人爲「……意圖破壞國體，竊據國土……」，而以預備叛亂罪羅織本人犯懲治叛亂條例第二條第三項之罪嫌。本人認爲此乃檢察官睜著眼睛說瞎話，故意抹殺「台灣應該獨立」提案之事實意涵，「台灣應該獨立」乃係台灣人民面對中共併呑台灣的野心，而爲捍衛台灣生存所作之言論。檢查官復又混淆法律位階，抹殺憲法賦予國民主權合法變更國體、分裂國土之權利爲「竊據」，簡直視憲法之規定爲無物。檢察官又似生存於象牙塔之人物，故意忽略台灣人民面臨國際地位殘酷淪喪，所引起的人民危疑存亡政治問題的爭論。本人茲就本案蘊含的三大重點，論辯本案。

甲、事實辯論：

法官替中共起訴台灣人

本人於政治受難會大會開始討論章程草案至第三條，我們的共識時，認爲第一項：「以和平方式促進台灣政治民主、人權之確保」沒問題，但——第二項：「台灣之前途應由台灣全體人民共同決定」則與第三項：「台灣政治受難者與台灣人民之命運休戚相關，榮辱與共，台灣一旦遭受任何人或任何政黨之出賣、或任何國家以任何形式之侵略，我們誓死捍衛之」。本人即起立質疑，認爲第三條的二、三項共識有邏輯上的矛盾。因爲第二項自決的結果，具有許多可能，而這許多可能之中最具威脅而不能爲我們容忍的是中共的併吞，草案第三條第三項之最後既言對台灣我們要誓死捍衛之，而捍衛的第二項目標竟有可能爲中共所併吞，因此，本人認爲本草案之共識不妥。而台灣前途未來之最大威脅來自中共，爲了面對未來台灣最大危機，並與第三項的「我們誓死捍衛之」構成邏輯上的一致，本人認爲應將第二項排除中共控制台灣的可能明白突出，防止中共在國際上宣稱台灣爲共產中國之一部份，所以本人提議將第二項修改爲「台灣應該獨立」，獨立於中共主權統治之外。本人於酒會結束前重返會場所爲之簡短演說，亦係針對中共對台無權主張台灣爲其一部份，對其不斷武力威脅犯台之說予以駁斥，對於中共挾十億人口妄稱如台灣獨立於其控制之外，其十億人口將不坐視等政治恫嚇，以及走狗學者丘宏達氏引用中共唾沫說法加以反擊。本人並援引孫中山氏民族意志論是國家結合最高貴之偉大原則，而斥丘某藉中共挾十億人口威脅台灣而不問台灣人民意志的虛偽民族主義為「民族強姦論」。本人當日所言所為一言一行，請調閱本會原始錄音帶與檢察官不全之片斷資料核對查證。演說內容，亦可任調當場人士作證，以明當日所提「台灣應該獨立」，旨在捍衛台灣，反對未來中共任何吞併企圖。

然而檢察官却於其荒誕起訴書中，佈局狠毒、磨刀霍霍，一字不敢提及中共，將本人所說中共對台併吞危機而台灣應該獨立，扭成台灣分離大陸；中共在檢察官眼中等同中國大陸，反對中共併呑台灣的「台灣應該獨立」，變成檢察官以「台灣應該獨立」之反中共即係分離大陸的荒唐指控。反中共變成反中華民國現無控制權的大陸土地。檢察官這種指控邏輯，等於代替中共指控本人，荒謬至極。中共係一控制大陸中國領域的政權，主張不容此一政權染指併呑台灣，此與台灣跟中華民國法律所主張而失去控制權的大陸領土分不分合不合，必無邏輯上的必然關聯。檢察官明知中共不等於大陸，而執意將本人反對中共對台主張主權而提出「台灣應該獨立」之說，曲解為分裂不分裂中華民國領土，變成台灣拒併中共等於拒併大陸，等於竊據國土的怪誕邏輯。檢察官這樣厚顏無恥代中共起訴台灣人民，其意無非爲羅織「台灣應該獨立」找法律罪名，醜化獨立主張的莊嚴意義，扼殺台灣人民的言論自由，鎮壓台灣人民關心自己的命運。

乙、法律辯論：

人民依據憲法，有權按合法程序與和平手段更改國體、分裂國土。

檢察官不顧本人主張「台灣應該獨立」之事實發生過程與主張內涵，一心一意以本人之「台灣應該獨立」通過提案列入章程，係「意圖破壞國體，竊據國土」，今天大家面對中共威脅之生死存亡問題不提，檢察官專心致志譊譊於台灣中華民國領土，台灣獨立係脫離中華民國，乃係主張國土分裂，列入章程即係預備叛亂云云，而將本會會員「共識」，刻意說成「行動綱領」，以達成犯罪要件。

我們退一步說，即令「台灣應該獨立」之主張，是檢察官所指控的「破壞國體，竊據國土」。我們綜觀聯誼會通過的三大共識，第一共識就明定以和平方式促進台灣民主政治，既言和平民主，當指人民依據憲法程序根據左列憲法條款「破壞」國體，「分裂」國土：

㈠憲法第四條：中華民國之領土，依其固有疆域，非經國民大會之決議，不得變更之。

㈡憲法第一百四十七條：憲法之修改應依左列程序之一：

①由國民大會代表總額五分之一之提議，三分之二之出席，及出席代表四分之三之決議，得修改之。

②由立法院立法委員四分之一之提議，四分之三之出席，及出席委員四分之三之決議，擬定憲法修正案，提請國民大會複決，此項憲法修正案，應在國民大會開會前半年公告之。

憲法條文之白紙黑字寫明，人民依據憲法規定程序有權公然合法更改國體、分裂國土，人民爲了達成更改國體、分裂國土，可以依據憲法保障的言論自由、結社自由，組織團體、發爲言論，動員及透過人民選出之國大代表及立法委員在代表人民主權之政權機關，提出更改國體及分裂國土法案。本人要求檢察官充分提出證據，證明本人主張的那一點及本會章程的那一處，主張暴力變更國體、分裂國土。

檢察官或云國安法規定不得主張分裂國土，但是細究國安法之法律位階，此法只是法律，按命令抵觸法律者無效，法律抵觸憲法者無效，憲法既然明定修憲程序，而修憲程序規定之嚴謹手續，絕非過半數即可通過而僅爲立法院一院作爲普通法律如國安法者可比。國安法如與憲法規定抵觸，誰聽誰的？在大法官會議未做解釋前，法庭不得引用。更進一步分析，國安法三大原則之第一原則就是命令人民尊重憲法，很好，我們尊重憲法，依據修憲程序要求國大代表、立法委員提案准許西、蒙獨立，設若經過複雜二院程序果然通過，這時台灣高檢處檢察官依據國安法第三原則不得分裂國土，卻發現這批國代立委犯了叛亂罪；但是這批國代立委，顯然是遵照國安法第一原則尊重憲法而為之合法作為，此時又變成違反國安法第三原則分裂國土，檢察官要抓。本人特別在此提出這一可笑例證，充分證明國安法乃鬼打架的法律，譏笑國際。不僅國安法與憲法矛盾，國安法本身就是頭咬尾巴互相矛盾的法律，本人例證於此。以本案為例，本政治受難者聯誼總會特尊重國安法第一原則，尊重憲法發動國代立委修改憲法，一切依照憲法程序，通過台灣獨立；檢察官此時卻根據國安法第三原則不得分裂國土規定下令抓叛亂犯，這不是開玩笑嗎？況且，就算此法本身沒有矛盾，它的法律位階亦低於憲法，人民依憲法所作之結果，高於國安法之效力。何況此一矛盾百出，口口聲聲說是宣示性的條文，毫無執行罰則。

是以，「台灣應該獨立」之言論及其列入章程，依本會和平民主之主張，當然會依賴憲政程序合法求取變更國體，分裂國土。檢察官如不能證明本人言論主張暴力，本會組織是一暴力團體，所有指控均難成立，鈞庭理應宣告本人無罪。

丙、政治辯論：

台灣人民應走台灣獨立道路

鑒於本案未審之前，國民黨的輿論工具不停謾罵，執政大官小官不停恫嚇，御用學者不停叫打叫殺，一副未審先判，替代法庭定罪的猙獰面目。

鑒於本案是政治勢力公然發動司法機器，從事政治異己審判，審判結論，早已表露無遺，審判目的，項莊舞劍，旨在鎮壓台灣人民言論自由，封殺人民追尋自己命運，走上自由獨立之路。

一、人民有言論自由的權利

因此，本人今天站在法庭，辯論本案，目的不在替自己本就無罪可言之人增多辯解，目的不在無聊反駁檢察官那些玩弄法條、曲意羅織和平合法的政治主張為叛亂的荒謬指控，目的也不在無意義的為個人向法庭跪求手下留情，放我一馬。

本人站在法庭，是要清楚的示例給台灣人民了解，人民具有百分之百的不可剝奪權利，說出一種和平的政治主張，不會害怕強權，不會害怕監獄，不會眷戀自己生命自由的被剝奪。一個民主社會，第一自由便是言論自由。世間事本就沒有絕對眞理，容許異議，鼓勵辯論，保障反對，正是一個國家防止專制獨裁，避免一意孤行，致陷國家社會因錯誤政策而覆亡的重要制度。一個自由社會，應該學習十八世紀西方哲人伏爾泰的名言：「我反對你所說的每一句話，但我要堅決保衛你有說話的權利。」四十年來，國民黨的外交政策，就是一意孤行之下的痛苦產物。國民黨自譽天縱英明，不容人民置嘴，置嘴的人民無不頭破血流，坐牢的坐牢，修理的修理，結果，獨斷專擅之下的中華民國變成國際社會的拒絕往來戶，致使台灣國際地位，江河日下，危疑震撼。

我要告訴台灣人民，大家如果以爲言論自由受到鎭壓剝奪，無關個人汲汲私利，仍然那麼短視、鄉愿、鴕鳥，會使人民面對此後十年台灣命運掙扎抉擇時刻，茫無所措。我要告訴我的同胞，這是攸關我們生命財產，我們幸福自由，我們後代子孫，攸關我們這塊土地家園前途的重大問題。這一問題大家如不面對，不看清楚，不處理好，國民黨要我們重視的眼前經濟繁榮，虛僞及短暫的安定，恐怕只是鏡花水月，最後都會因爲我們得過且過，未能即早轉變航向，未能及時取得共識與團結奮鬥，而有朝一日化爲烏有，化爲對岸虎視眈眈的「中華人民共和國」之一部份。

二、眞理變成「叛亂」的證據

國民黨用「叛亂」之名修理異己，醜化人民有益台灣的見解，已非新聞。我在這裡就提一提檢察官在起訴書中言及的我上次「叛亂」的記錄，我要用二十年前的「叛亂」歷史來證明給台灣人民了解，國民黨不容言論自由，動不動就用恐怖罪名來鎮壓人民的歷史。一九六八年一月四日，我突然無故被國民黨的特務抓走，始知許多熱心民主運動的朋友已經一一落網，經過日夜無休止的審問迫害，國民黨認為我在外面不斷主張聯合國席位終必為中共取代，並主張不惜代價以台灣或中華民國之名退居聯合國普通席次，放棄聯合國安全理事會席次，以避免喪失國際主權社會最重要的一個組織，是一種危及國際地位，影響國家生存的行為。國民黨認為此乃「台獨」主張，遂以我於聚會中未表反對台灣獨立的荒唐說法判刑十年。二十年後的今天，我們心酸的看到國家外交兵敗如山倒，不僅聯合國席次一去不回，所有重要國家均一一絕塵而去，我們迄今從未看到國民黨的高官為此向人民道歉，說聲過去英明政策有錯，反之，我們看到的是國民黨的外交次長章孝嚴，於完全忘記該黨四十年無臉見人的致命錯誤政策導致了何種惡果，却以一臉無辜表情出現於去年八月電視，表示外交部已翻動每一塊石頭，無有可能返回國際重要組織，並痛罵主張台獨返回國際組織是犯了國際幼稚病。人民聽到這種幼稚的說法眞是啼笑皆非，今天眞正夢想以中華民國之名重返國際組織的人才是國際幼稚病者，國際間起碼有一個非常重要的政治組織 GATT，絕對可以台灣之名加入，外交部不敢翻這塊石頭，以免證明「台獨」可行，只好繼續坐以待斃。說來，國民黨過去四十年如肯廣開言論，尊重民主，不隨便製造人民「叛亂」以襯托其英明，容許反對聲音，防止一意孤行之弊，則我們的國際人格地位，會淪喪到這種地步嗎？言論自由之可貴，由此可見。我之所以訴之台灣人民回憶這一個人歷史事件，目的不在爲美好的青春被國民黨糟蹋在黑獄而算老帳，目的在於嚴肅指出，專制獨裁，扼殺人民言論自由，會像澳洲土人的回馬箭，射傷自己以外，千萬人的命運與利益也隨之風雨飄搖。而歷史證明我這個「叛亂者」的主張，高明於判我十年的人。

我要提醒台灣人民，如果二十年前我這個「叛亂」的人，其政治叛亂與政治主張贏過國民黨一次，今天又以「叛亂」老套抓人判人的國民黨，它會比二十年前高明，不再犯一次更致命的錯誤？我要重複提醒台灣人民，國民黨如繼續它的外交政策，人民將與它同歸於盡。

三、台灣要在國際社會中存生存

國際社會是一冷酷現實的權力體系，國民黨在五十與六十年代依附美蘇冷戰，而暫時取得自由陣營支持代表中國合法政府地位，只要一天不能重控中國大陸領土，基於中國大陸與台灣在人口、幅員、資源對比上之巨大懸殊，必無可能長久要求國際現實社會承認代表中國合法政府，必無可能不受挑戰而據有聯合國安理會的中國永久理事席次。許多明智之士在六十年代均曾憂心獻言，希望國民黨應該顧及現實一面，採取某種彈性政策，甚至在聯合國席次並未全部敗北之前，美國與沙烏地阿拉伯等盟邦均曾設計保留台灣席次之策。其奈國民黨的政策又僵又硬，堅持其所謂「漢賊不兩立」，結果人人均知賊立而漢斃，全世界承認中華民國的國家從一百三十餘國，降為今天不具重要性的二十餘國，台灣國際地位隨中華民國之被撤銷承認而危如壘卵。

我要告訴台灣人民，我們的國際現勢在國民黨唐吉訶德式的外交政策橫衝直闖下，面臨如左的恐怖後果：

(1)共產黨說：「我是中國代表，台灣是中國的一部份」。

(2)國民黨說：「我是中國代表，台灣是中國的一部份」。

(3)四十年鬥爭結果，國際社會承認共產中國為中國代表，國際社會無一重要組織，能以中華民國之名立足生存。

而恐怖的結論是，中共日益以中國合法政府代表之地位套住國民黨的說法，日益用國民黨的邏輯，以逐出中華民國為中國代表的國際趨勢，化台灣為中共的中國代表名義之下的一部份。台灣人民自一九七一年國民黨政府被逐出聯合國以後，便眼睜睜的看着一幕幕，一個國家接着一個國家，排山倒海，驚心動魄的離我們而去。台灣人民爲了求生存，眞容許國民黨破產的外交政策走向最後的不歸路？容許中共從容勒緊國民黨的邏輯，直至有一天台灣完全喪失國際獨立人格地位，完全成爲國際社會孤兒而併呑於共產中國嗎？

我親愛的台灣人民，是國際的現實不容國民黨的中華民國生存，不是台灣人民故意搗蛋。我們曾經以四十年的歲月「支持」國民黨，台灣人民犧牲、納稅、當兵，而國民黨矢志消滅的「共匪」不但無力消滅，而且無意消滅，所以國民黨的秘書長李煥先生，才於一九八七年九月三日公開聲言國民黨無意取代大陸共產黨政權。如此這般，我們也無意苛責國民黨，我們反而覺得國民黨開始清醒。但是，國際的冷酷現實是「中華民國」變成了北美協調會，變成了亞東關係協會，變成了太平洋文化中心，變成了孫逸仙協會，變成了中華台北，變成了國際孫悟空。國民出國，尤其像我這種做生意人，跑遍全世界眞是痛苦萬分，羞憤不已！爲了賺錢，爲了養家，爲了納稅支持國家政府，我們只好以狼狽不堪的身份進出世界各國。人家要我們走邊門，我們不敢走正門；人家要我們搜身，我們不敢不脫褲子；人家要擊沉我們的漁船，我們就請擊沉，只求留下老命；人家高興抓我們，我們求告無門，找不到我們納稅養活的中華民國官方代表保護。世界之大，無處不有我們天下無敵的 MADE IN TAIWAN 產品飛舞於五大洲，但是國民黨的外交却使我們變成無國商人。我們國不成國，明明可以留住的國際組織，明明可以維持的邦交，都在國民黨的拒用商標，堅用中華民國牌子之下，一一丟掉。國民黨全無我們台灣商人精靈活潑，無堅不摧的市場武功，國民黨不知治國之道與我們做生意的原理並無不同：一句話，求生存。同樣產品，這個牌子賣不出去，換個牌子嘛，豈可因爲牌子老，不管市場死活，堅持一死推銷，國民黨這種違反生存之道的國際外交政策，實置台灣人民於萬劫不復之地。做爲納稅人的台灣人民，無權責問嗎？無權要求換牌子，找生路嗎？台灣製造的東西能以台灣之名享譽世界，不會丟臉，台灣參與國際社會組織，却不敢以台灣堂堂之名參與，以求存立，反以國際社會不容通行的中華民國之名強求，以致台灣人民跟着灰頭土臉，不知如何發揮國際關係，增強國際地位。

親愛的台灣人民，我們大家已感到台灣國際地位低落，國際人格遭受腐蝕引發的台灣前途陰影。今天以國爲單元，以主權爲其特質組成的國際社會，如果我們不能以獨立人格積極參與國際活動，追求國際法人地位，遲早必會淪亡於另一強力主權的併吞要求。今天我們幾近二千萬人面對冷酷的國際現實，就在共產中國以「中華人民共和國」取得國際代表中國合法政府地位，取中華民國之名而代之，並進而套住國民黨的台灣是中國一部份的說法與邏輯，日益進逼國際社會承認台灣是中共的一部份。就憑這一招，中共把國民黨逼成「中國台北」。中共於消滅中華民國名稱之餘，更會企圖降台灣爲國際法上不具國際人格的地區，以便有朝一日化爲「一國兩制」。我們就由國民黨背負國際社會拒絕的中華民國名稱，台灣乃隨國民黨不甘亦不願以台灣堂堂之名參與國際社會而逐漸隨風而去！

親愛的台灣同胞，台灣眞是中共所稱，台灣是中國的一部份嗎？我們知道，今天承認「中華人民共和國」爲中國合法政府的一百三十餘國，同時承認台灣爲中國之一部份的，只有不重要的六個國家，其他均以認知(Acknowledgement)，注意(Take note of)，尊重與理解(Respect and Understanding)，以及完全不提台灣爲中共一部份爲建交條件。可見台灣是否中國之一部份的台灣國際地位前途問題，仍有週旋之地。觀之美國以認知而不以承認(Recognize)，觀之日本以尊重與理解而不以承認，即可知之。我們聽聽一九七二年日本與中共建交時，太平正芳首相在其國會對台灣問題的答詞：

「關係台灣領土權問題，中國方面說是其不可分的一部份，日本對此表示『尊重與理解』，我們並未簽署『承認』，因爲日本已在舊金山和約宣布放棄台灣，因此，聯軍應該召集會議，決定日本放棄的領土如何歸屬，可是聯軍並沒有如此做，日本放棄之後，迄今未變，日本的立場是，日本沒有權利表示放棄的東西應該屬於誰。』

而美國則於一九七九年撤銷對中華民國承認，而承認「中華人民共和國」爲中國合法政府時，僅以「認知」立場看待台灣爲中國之一部份說法，而非承認。如果承認，依國際法，美國無權以國內法制定台灣關係法以干涉他國主權，而台灣關係法中，台灣被認爲是一政治實體(Political Entity)中華民國之名，至此爲其最重要的盟國放棄。

親愛的台灣同胞，國際的冷酷現實是，不承認中華民國爲中國代表，不承認中華民國管轄大陸，但也絕多數不承認台灣爲「中華人民共和國」的一部份。如果今天國民黨以統治台灣之地位，不努力運用國際輿論仍然不承認台灣是中共一部份的說法，以中華民國之名以外的台灣名義參與國際社會組織，確保台灣國際獨立人格，而一天到晚與中共競逐沒有希望的中國代表，一天到晚拿台灣有限統治力量競逼國際社會接受台灣是中國一部份的邏輯，國際社會果眞有一天屈服於中共日漸增強的力量，屆時眞的按國民黨嘴巴叫的台灣是中國一部份而全面承認國際法上台灣是中華人民共和國的一部份，我們**前面**所提的恐怖結論就會出現，台灣人民的夢魇，就會降臨，我們就會痛感國民黨的不歸路政策，是帶領台灣人民走向何方。國民黨要我們只顧眼前紙醉金迷，醉生夢死，要我們只沈醉於競逐物利，不許我們追問究竟走向那裡，不許我們要求避禍轉變航向，不許我們了解國際殘酷事實，不許我們提出愛鄉愛國主張，提出主張就抓人，提出意見就判人，凡是不願跟隨國民黨政策走向墳墓的台灣人民，都是「叛徒」。

親愛的台灣人民，面對來日我們可能面臨的命運，我們必須說服、強迫國民黨改變方向，徹底迫其放棄歷史的虛矯身段，回歸台灣，立足台灣，很快轉變外交政策，求生存列爲第一。全力以台灣之名參與國際社會組織，一定要在中共陰謀孤立我們國際生存權之前，建立台灣獨立自主人格，不可惑於地下夫人式的所謂實質外交，必須長期謀求法律承認，成爲國際社會主權單元之一員。這就是爲什麼我們主張「台灣應該獨立」，獨立於中共統治之外，只有獨立之路，是生存之路，只有獨立之門，是自由之門。

四、獨立建國、捍衛台灣

最後，我想告訴親愛的台灣人民，捍衛台灣不致淪亡於中共，才是今天寶島的最大共識。各位想想，皮之不存，毛將安附？對於存立於台灣的中華民國體制，我們主張和平民主的運作與改革，存其菁、去其蕪，尊重人民追求生存與幸福的民主決定。我們不容內部本省人殺外省人，不容外省人殺本省人，我們希望共同生活在這裡四十年的人民是一命運共同體，凡認同這一命運共同體的都是台灣人。我們要求社會資源、政治資源、文化資源，透過公平理性建立的民主制度均衡展現，合理分佈。我們反對國民黨過去包山包海獨裁專制以強凌弱，我們也不贊成再出一個自稱老大的政治勢力以大吃小，我們要大家在民主體制下公平競爭，以人民為皇帝老子，輪流服侍。對於少數外省同胞，我們絕不歧視，一樣求其政治經濟上的不容剝奪的權利。所以，我們這島上第二項最重要的共識是民主。只有建立內部徹底保障人權的民主制度，才是國家長治久安之計。我希望台灣人民不要惑於中國五千年的偉大迷思，五千年中從無民主之花，每一次所謂民族融合、朝代更迭，都是刀光劍影，血流成河，以民族統一之名，殘殺堆成的一個個中華大帝國，充滿血淚、殘酷、醜陋，不值得我們留戀膜拜。今天移民到台灣的大陸各支漢民族，不管四百年前或四十年前，我們應在這一塊漢民族最後的移民世界，與原住民族，共建民主自由體制的新文明社會。領土分合，並不重要，中國歷史上合的時間有一半，分的時間也有一半。我們欣賞孫文的說法，以民族意志決定分合最為神聖可貴。人民意志是主，國家是人民意志的工具。台灣人民今天結為一個命運共同體，外求獨立，內行民主，假如有一天我們的子孫感覺大陸人民一樣自由民主，一樣富裕可親，他們想合，我們也不會反對他們的決定，但是今天我們這一歷史階段，爲了捍衛我們的自由民主生活方式，我們只有一條免於中共併呑，免於另一形態獨裁共產體制奴役我們，這就是台灣應該獨立。

親愛的台灣人民，我想勸告國民黨的決策者，不要爲大家共同命運問題，拿空洞的領土分合製造台灣人民內部仇恨。應該回想過去四十年已經殺了多少人，應該靜靜想想日本異族帝國統治台灣，五十年的統治不過殺了一萬人，對於反日的志士，日人很少判刑十年以上，判刊十年以上之台灣人民在日帝記錄中，五十年沒有超過百人，國民黨應該想想所謂你稱爲同胞的台灣人民，四十年的統治中，單單一次二二八事件就已犧牲二、三萬人，而四十年來爲政治問題大大小小坐牢的人數，也已超過萬人以上，一個小小政治受難會的一百四十人，其刑期就總共超過一千五百年，我們眞的勸告國民黨勿再開啓政治仇恨之門，應該放棄內鬥內行、外鬥外行，長於內鬥、怯於外爭的人性。國民黨可以一聲以德報怨，把日本帝國殘殺千萬中國人民的八年血債，慷慨勾銷，但卻動輒以殘酷的中國政治鬥爭文化饗以同胞。重者殺戮，輕者處刑十年以上。國民黨難道不應該開始療傷止痛，化敵爲友，容許和平討論共同前途問題，共同設法邁向民主社會建設，國民黨會給人民、給歷史，給自己與子孫留下握手言歡的遠景。不此之圖，只爲眼前政治利益，再度開啓牢門，動刀動槍，抓人顯威，他日台灣難言再出另一勢力，不甘你所不容忍，亦以刀槍監獄淸算歷史血債，今天我的妻兒哀號悲啼，明天輪到你的妻兒悲啼哀號，這是智慧的爲政之道嗎？國民黨中不乏神智淸醒之士，知道歷史的無情巨流，權力不可能永遠屬於誰，不可依靠權力保護個人永遠的安全，能夠眞正保護我們每個人安全，澈底免於惡性報復，只有建立維護人權的自由民主體制，只有容忍、公正、民主的社會，才是我們避免再度循環殘殺的最後堡壘。

台灣高等法院　公鑒

具狀人　許曹德

中華民國七十七年一月八日

台獨案第二次答辯狀

——反省歷史走上獨立

親愛的台灣人民：

今天我必須第二度站在歷史的法庭，回辯台灣應該獨立被控「叛亂」的重審。希望這種指控與審判，是台灣歷史的最後一次。這種指控與處刑，不但過去四十年中曾數以千計地重覆演出，過去一百年歷史中更是數以萬計地刀起人頭落；而且不但過去一百年如此，過去四百年都如此，無數具有台灣歷史良知的人民，都曾以鮮血澆紅這塊移民世界。台灣人追求自由、追求公益、追求命運，一代一代爲此支付巨大代價。這個代價，也包括我這個微不足道人物一生所受領的二十年殘酷刑期。這些，使我今天二度步上法庭的內心，充滿歷史的無限感慨、無限心酸、無限激動。我感慨的、心酸的、激動的，不是我個人的命運如何，因爲我的命運與台灣二千萬人危疑震撼的命運相比並不重要，但是我的命運如何與台灣人民的命運如何，必然無法分開。如果二千萬人的生命、自由、利益，都陷入歷史黑洞的話，那麼我個人的生命、自由、利益，必無從倖免。我感慨所以特別重、心酸所以特別深、激動所以特別烈，因爲我替台灣人民的歷史悲。在思考台灣人民歷史、思考我們雨夜花命運的同時，我們也爲中國人民的歷史悲。因爲台灣人民與中國人民，顯然有共同遙遠的歷史背景、共同遙遠的歷史陰影、一樣可怖的歷史壓迫。

今天站在法庭，爭辯獨立命運、爭辯言論自由，這種把人抓上法庭審判本身，就是一種歷史社會藐視人民的巨大羞恥，就是一種歷史醜陋文化重覆性的惡臭散發，就是目前統治歷史的大老虎又一次肆意消滅人民良知的自私反應。台灣人民在台灣如此，中國人民在中國本土的命運並無不同，甚至更爲悲涼。今天我們在此辯論台灣人民命運、辯論台灣獨立之同時，我們不得不思考歷史上的中國人民、現實中的中國人民，我們不得不思考：今天口口聲聲威脅台灣人民自由生存價值的中國本土統治勢力，同時也是中國人民又一部歷史性的壓迫機器，又一隻大老虎。直到今天，仍然拘禁在北京秦城監獄的民主鬥士魏京生氏，代表中國人民的歷史良知，正在獄中付出每一分、每一秒的青春與生命。從海峽兩岸的鮮活例子看，我們發現，我們如想尋找自由、追求民主、捍衛獨立命運，我們必須反省一下中國歷史、瞭解一下中國歷史、分析一下中國歷史。

中國有一句古話「苛政猛於虎」，最能傳神的表達一直在壓迫中國人民、欺凌中國人民的漫長殘酷歷史。苛政就是歷史中政治權力鬥牛場上，一將功成萬骨枯的一人及其集團，或是一家一姓一黨的各代大老虎，各種顏色大老虎。我們爲中國人民悲的是：中國歷史只有老虎的意識、老虎的吼聲、老虎的文化。中國歷史上燦爛光輝的先秦文明、自由時代，很諷刺的，它是一個在統一的大猛虎未生、衆小虎權力平衡下，留給古漢民族天才以百家齊鳴、百花齊放機會的偉大時代。這個偉大的言論自由時代，從未再在中國歷史上出現，因爲中國自秦一統天下後，大老虎的最大醋勁——統一自淫狂症，不斷醋勁大發。是他的要吃，不是他的也要吃，吃銅吃鐵。

中國歷史之悲也可以黃河比喩。

中國歷史就像黃河，中國就是黃河。黃河的源頭由古漢民族、衆多語族無數的清澈細流奔馳而起，自由豪放、青春活潑。黃河之水源頭所灌漑的古漢民族文明，在未進入秦帝國掘出的黃色統一大河道之前，它的河水是人民之水，它的河水是先秦文明的自由搖籃，它的河水曾是我們台灣部份先民的原鄉。中國歷史自秦而後，變成綿延二千年的汚濁洪流、黃色專制大河，這條大河夾雜著東亞大陸南蠻北狄西戎東羌無數爭戰民族的黃沙血水，滾滾向東奔流。仁慈時，呆呆的流過，喘息的人民額手稱慶，中國歷史肉麻的稱之爲「仁政時代」。但是這條汚濁之河兇暴殘忍的時候更多，視人民的肥沃田野爲其私人氾濫吞噬的禁區，吃銅吃鐵，此時，中國人民哀鴻之聲響徹歷史大平原。歷史上的中國人民，總想治黃河，在無法對抗之後，他們總以磕頭稱臣的築堤方式哀求饒命，對一次次歷史上的改朝換代大水災，築起一道道卑躬屈膝的新河堤，懇求一個朝代一個朝代的大老虎，賞賜仁政。但是歷史的黃河與地理的黃河，從未以人民的意志奔流。歷史上的部份人民便以另一種方式治河，他們用逃的方式對抗，他們逃向南方，最後逃向海外。台灣人民之出現歷史，顯然也是黃河恐怖文化的產物，是中國歷史大老虎文明的必然結果。

在黃河的歷史之水由清而濁的巨變中，中國變成一個泛政治統一自淫狂文化的社會。中國特別自秦，這隻大老虎一統天下之後，統一就變成吃掉所有大小老虎，只剩下我這隻超級大老虎的豐功偉業的別名。爲爭天下而爭天下，爲統一而統一，演變爲歷史自淫狂症者的祕密快感來源。它的代價是從此自由的死亡、人民的奴化，二千年文化創造的原地踏步、智識份子的下女化，漢民族道德的庸俗化、政治化、功利化。秦統一後的中國歷史更非單一民族的歷史，它沒有現代意義的民族主義，它只是叢林主義、武林霸主主義、天下統一於一人一家一姓一黨的成王敗寇狗屁倒灶主義。胡虜肉、匈奴血、蒙古羶、滿洲韃，南蠻、北狄、西戎、東羌，均爲大老虎統一俱樂部會員。現代統一理論製造家製造的「中華民族」一詞，便是在追贈與美化這些統一俱樂部大老虎的血腥砍殺，並用以排列英雄榜，以便現代新會員來參加。

中國歷史自秦而後滙成黃河下流文化歷史，其演出空間即是東亞大陸各民族的大小老虎輪流龍爭虎鬥的殘酷舞台，這個舞台名曰「天下」。誰爭到天下，誰就是英雄，就是聖王，就是祖字號正統人物；誰爭不到天下，誰就是狗雄，就是叛逆，就是匪賊。這種黃河下流低級文化，足以解釋爲什麼國民黨稱共產黨爲毛賊共匪，共產黨稱國民黨爲蔣幫國賊。漢民族的先秦偉大文明、黃河上流文化，一變而爲濁黃的下流文化。孔子稱讚管仲的「微管仲吾其披髮左衽矣」的民族立場，一變而爲台北忠烈祠定期向異族的統一天下霸主蒙古大老虎「民族英雄」成吉思汗叩拜的歷史笑話。足見，中國文化只有現在勝利的大老虎叩拜遙賀過去勝利的大老虎爲「民族英雄」的文化立場，它要爲統一新會員找統一的歷史樣板，固不論其虛偽與荒謬。天下爲天下名「英雄好漢」所有，不關人民屁事。我們可由大清帝國康熙帝《大義覺迷錄》的招降文件中，看到阿貓、阿狗都可統一中國的大道理，其理無可反駁。由此可以證實中國統一自淫狂症的超民族快感的原始根源，是權力；可以證實這種由先秦古漢民族淪落而成的中國黃河下流文化的成王敗寇低級遊戲，才是統一天下的最佳定義；證實這就是歷史上中國人民被統來統去的痛苦原因與悲劇注脚。

中國章回小說常曰：「天下合久必分，分久必合」，極能入木三分的點出不能由中國人民意志控制的歷史循環，其實就是各族權力大老虎爭過來、搶過去的皮球史。事實上，中國歷史就是一大鬥牛場，而且迄今未變。在此歷史的鬥牛場中，人民是被鬥的牛，鬥勝的統一英雄可以隨意抽牛筋、剝牛皮，享盡統一快感。這些鬥牛士，不論是南蠻、北狄、西戎、東羌，不論是滿洲、是蒙古，成者爲王，敗者爲寇，成者是祖，敗者是猪；而被現代統一自淫狂症理論家譽之爲「中華民族」形成史中愉快的民族菜單。這種低級的黃河下流文化邏輯，這種崇拜強暴統一的歷史邏輯，讓人同樣可以依理推論，如果大和民族能繼蒙古滿洲之後一統天下，那麼統一狂者的理論家到時能不拍大和民族爲統一「中華民族」的另一英雄民族的馬屁嗎？日本裕仁天皇到時能不搬進台北的忠烈祠與成吉思汗同享「中華民族」歷史英雄的冷猪肉嗎？此種推論雖對今天神智不清的民族統一自淫症者，構成不敬，而掀其荒謬的民族理論；但是按照他們的邏輯推論，同是異族統一中國，同是豐功偉績，滿洲入關的揚州十日民族屠殺可因他們的統一勛業忘光，則日本的南京大屠殺民族大仇，統一狂者自然也可視之爲「中華民族」統一大融合史中的歷史小代價、歷史小誤會，有何不能忘記？滿洲的旗袍可以叫做中國旗袍，統一狂症者有何不可有朝一日讚美日本和服爲「中國和服」？統一狂症者的這些荒謬，起源於他們熱衷於爲統一而統一時，忘記反省形成「中華民族」所須付出的血腥歷史代價，忘記反省老虎歷史曾造成多少人民血淚。今天如有人不齒於暴力性的融合，視因姦成孕爲不道德，而大聲喊出要求退出可以嗎？反對強迫成姦可以嗎？不統一可以嗎？「中華民族」統一論者中的強姦派必曰不可，必曰背祖，必曰叛徒。但如有人再以日本之例假設：日本果如蒙古滿洲統一天下，並且一如統一派竊喜的，把「中華民族」帝國版圖擴張，超過滿清帝國的版圖，而成爲「大東亞共榮圈」，建都北京，然後在統一的數百年中把中國姦之淫之，一如蒙古滿洲把中國姦之淫之，形成統一狂者心中甜美的最新的「中華民族」大融合；這時有人要求退出可以嗎？要求不與大和狗種搞新版的「中華民族」可以嗎？不被統一可以嗎？統一狂者對這個問題如答可以，則爲什麼對前例的人曰背祖、曰叛徒、曰不可，而陷統一邏輯於自我矛盾之中；統一狂者如答不行，則統一狂者雖邏輯一致，但是淪爲大和民族統一之下姦之淫之的狗子狗孫，必然極爲痛苦！

儘管東亞大陸的天下舞台上，演出的是一個朝代進、一個朝代出，二千年上百民族爬起來、倒下去的鬥牛秀，但是砍殺的、犧牲的、死亡的，卻是歷史上血流成河的人民。這種黃河下流文化，把二千年的人民幸福吸入權力統一的絞肉機中，輾成中國分分合合的章回小說。從秦統一中國開始，到毛澤東一統天下爲止，其基本模式只有一個，其基本心態只有一種——不過是一個囁嚅「彼可取而代之」的流氓所領導的武裝集團，與另一個大叫「大丈夫當如是也」的武夫所領導的武裝集團之間的決鬥。天下要統，人民無置嘴之地；天下要分，亦無人民選擇之份。中國人民只是在充當鬥牛場的牛，只是在等各大老虎殺牠的身、剝牠的皮而已，中國大老虎在殺牛之前是不會去徵求牛同意的。在中國自秦而後二千年的逐鹿狩獵戰中，在統一宰牛權力的文化底下，權力是眞神，大老虎就是眞命天子。

漢民族的先秦創造力，歷史上唯一光輝燦爛的言論自由時代，從統一自淫症發作以後，偉大的原創力、偉大的思考力、偉大的心靈，通通戛然而止、嗒然萎縮。諸子百家之說淪爲各大老虎的統治婢女，獨立智識階級消滅，智識份子通通淪爲大老虎的幫凶打手。他們所服務的，就是會賜給他們榮華富貴的大小老虎。他們所服務的顧客，可以一下是漢民族自己人，可以一下是鮮卑人，可以一下是蒙古人，可以一下是滿洲人，一下可以是三民主義，一下可以是共產主義；一下幫調正統燒包、一下端出統一牛奶，一下爲滿洲新主人寫招降文告、一下調製中華民族新神話。統一自淫症不但是中國歷史上各大老虎的神祕快感來源，也是各大老虎的權力婢女智識份子的快感來源。

二千年的中國專制歷史、大老虎傳統，黃河下流文化的統一自淫狂症候群——人民長期的卑微屈膝、中國文化的下女文化、智識份子的奴僕化、自由言論的毀滅、民族的殘殺、社會的壓迫、循環的飢饉，把人民逼向叛亂，把人民逼向逃亡。台灣人民中的河佬客家民族逃離中國四百年、移民海外的歷史，證明原鄉痛苦之深，必須棄之離之，才有追求新生命的機會。二千年中，中國人民未曾看過大老虎眞正成功的社會改革，看到的是失敗的王莽、半調子的洪秀全太平天國，最後雖然看到毛澤東全調的共產主義革命，却只證明它是一場人類最深刻、中國人民最幻滅的試驗。試驗背後的眞相是：這些扛着西方各種意識形態的武裝集團，在做爭天下的統一決戰，在做權力的歷史大決鬥。我們看毛氏一統天下後吟詠的詩詞，充滿秦皇漢武狂驕之色，觀毛氏獨夫的歷史表演，挑動演出千萬人頭落地的文化大革命權力內鬥秀，更容易明白他是中國歷史另一隻大老虎中的大老虎。我們發現毛氏集團是一隻借西方馬克斯文裝與借西方火箭原子科技武裝的兇猛專制大老虎，統一馬戲班。它可以一下喊共產主義、一下喊與共產主義對立的民族主義，意識形態之爭是假、爭天下是眞。

現代這兩個爭天下的武裝集團，其本質都是黃河下流文化的傳統產物，爲爭天下而爭天下。儒家不管用，打西洋拚裝貨三民主義；三民主義不管用，打共產主義；共產主義不管用，打黃帝子孫；黃帝子孫不管用，打一國二制，你可以不信共產主義，只要對本朝國號磕頭稱臣即可；一國二制不管用，便圖窮匕現，不放棄以武力收拾你，而回到中國歷史大老虎的嘴臉。

中國歷史翻天覆地之爭，口號儘管漂亮、主義儘管堂皇，而其眞正本質只是黃河文化的逐鹿戰、權力戲。不但中國人民應該徹底了解，台灣人民更是不可不知。現代中國統一馬戲團的兩隻當家大老虎，爲了爭統一大攤位、搶天下獨門生意，各種好話都快說盡。內急時，有些信誓旦旦的話，拍胸而出，極富俠義心腸；不急時，嘴臉一沉，好像不曾提過，甚至翻臉無情，不惜露出眞面目。回憶中國現代兩隻大老虎相爭天下時，爲了反抗日本帝國主義東洋大老虎吃掉他們，不但動員中國人民反抗，亦曾籲求日本統治下的台灣人民與之共同奮鬥。但是兩隻大老虎在僥倖戰勝後的言行卻是：一個派軍從事民族屠殺，一個在旁磨刀霍霍；一個殘酷高壓統治台灣四十年，一個武力威脅說他要來統一台灣。記下他們的話，是台灣人民追求獨立命運的歷史智慧來源：

——一九二六年一月十三日，中國國民黨第二次全國代表大會的宣言中，把台灣的「民族革命」與越南、朝鮮、菲律賓的民族革命相提並論，肯定它們都應獨立。

——一九二七年戴季陶主張台灣應該獨立，以便對抗日本帝國主義。

——一九三六年七月十六日，毛澤東在延安接受美國記者史諾訪問。史諾問：「中國人民是否要從日本帝國主義手中收回失土。」毛答：「中國不僅要保衛長城以南的主權，也要收復我們全部的失土，這就是說滿洲必須收復。但我們並不把中國以前的殖民地朝鮮包括在內。當我們收回中國失土，達成獨立後，如果朝鮮人民希望掙脫日本帝國主義的枷鎖，我們將熱烈支援他們爭取獨立，這一點同樣適用於台灣。」

——一九三八年四月四日，蔣介石在國民黨臨全會說：「總理在世的時候，早就看穿了日本這個野心，和中國所處地位的危險。他為本黨定下一個對策，就是要『恢復高台，鞏固中華』……總理的意思，以為我們必須使高麗、台灣恢復獨立自由，才能鞏固中華民國的國防。」

——一九三八年八月一日，中共「為抗日救國告同胞書」，即有名之八一宣言，呼籲反對日本帝國主義之中日人民與一切被壓迫民族，如朝鮮人民、台灣人民等，應結為同盟共同抗暴。

——一九四一年六月，周恩來在「民族至上、國家至上」一文中，說明中國力求自己民族國家的獨立，也支持其他民族國家的獨立解放運動，這些運動包括朝鮮、台灣的反日運動，包括巴爾幹、非洲民族國家的反德、義，以及印度的民族獨立運動。

——一九四七年三月八日，中共「解放日報」發表「支持台灣獨立」宣言，支持台灣人提出的三十二條要求，並提供六點鬥爭經驗。

我們不厭其詳的列出兩隻大老虎的歷史記錄，充分證明台灣應該獨立的「叛亂」主張，原來還輪不到許曹德專美，兩隻大老虎的領導人早在我尙未出生，或我還在吃奶時，就已搶先。這些大老虎過去的言論、宣言、承諾，跟今天他們另一付嘴臉的翻臉無情形成強烈對比，這些強烈對比，強烈地告訴台灣人民，過去他們的話不算數，未來他們的話會算數嗎？這些強烈對比，充分證明中國歷史文化的禮義誠信了無價值，其權謀術數，翻手爲雲、覆手爲雨的手法，才是大老虎的行爲標準。爭天下是眞，權力才是神。當權力未到手、大老虎還是小老虎時，對人民可以好話說盡，要求支持，對壓迫的民族可以開出空頭支票，籲求出力打倒共同敵人；但是當小老虎變爲大老虎時，則翻臉要求通吃。這種中國大老虎文化、統戰歷史，台灣人民不可不察、不可不防。

中國本土大老虎，今天宣稱台灣爲中國的一部份、台灣自古屬於中國，而故意忘記台灣是誰開拓的，故意忘記台灣人民的意志，故意忘記對台灣人民開過的支票、說過的大話，故意忘記台灣的歷史。爲了提醒患有健忘症的大老虎們，我們必須把歷史上的中國大老虎對台灣說過的話，再舉片段，以便台灣人民細細玩味：

對中國而言，台灣是——

「一塊荒漠、無用之地。」

「海外丸泥，不足爲中國加廣！」

台灣之民——

「唯利是視，走死地如鶩，往往至海外甌脫之地曰台灣者。」

「天朝棄民，不惜背祖宗廬墓，出洋謀利。」

「自棄王化。」

一七二二年淸世宗下詔曰：「台灣自古不屬中國……」

乾隆《大淸一統志》：「台灣自古荒服之地，不通中國，名曰東番，明天啓中（一六二一～一六二七）爲紅毛荷蘭夷人所據……」

由歷史自己講話，請歷史上的中國大老虎反駁現代中國大老虎，聽聽中國自古以來如何賤視這塊丸泥、如何卑視台灣先民自己開闢的土地，證明自古以來中國大老虎卽無興趣亦無功勞於這塊土地。因此，當滿淸大老虎與日本大老虎一戰而敗，對於割讓台灣以便求和日本一事，心中一無留戀，他們就像丟掉一雙破靴一樣，丟掉台灣，說台灣：

「島不語、花不香，男無情、女無義！」

分析歷史上中國大老虎對台灣的心態，可知他們對台灣從無眞情可言，若非日本戰敗在卽，他們知道開羅會議盟邦將把日本殖民地撥予中國，一九四三年以前，中國兩隻老虎從未想過要收復台灣。一九四三年以前中國只有一個政策，那就是支持台灣獨立、打擊日帝。今天他們厚着臉皮無恥的表示八年抗戰係爲收復台灣而戰，莫非丸泥之地人盡可欺，無人能讀史耶？中國對台態度，自古只有一個原則：利則愛之，廢話、謊話、甜話，通通出籠；不利則棄之，髒話、狠話、下流話、無情無義之話，不怕留在歷史中。明白中國大老虎自古以來對台的動機，始能了解大老虎歷史上顚三倒四的言論：一下認爲丸泥、不足爲中國加廣，一下認爲皇考英武、拓入版圖；一下認爲台灣應該獨立，一下認爲分離主義；一下認爲台灣民族，一下認爲台灣同胞；一下認爲天朝棄民，一下認爲中國人！足見中國對台之冷熱愛憎，完全基於利益之冷熱需要而定。台灣人民有此祖國，難怪自古命運有如雨夜花，初不待東洋番、西洋番之蹂躪也。

在中國大老虎的對台斥罵中，最眞實的一句話是「天朝棄民」。台灣人的祖先確是棄民，同時他們也對中國棄之、離之。對貧窮、戰亂、暴政、壓迫的大老虎世界，對黃河下流的窒息文化，他們棄之以求新生，離之以求自由。他們以九死一生越過烏水溝，以九死一生再向南洋各國，由菲律賓而印尼，由印尼而新加坡，由新加坡而馬來西亞，由馬來西亞而泰國。河佬、客家民族，這兩支患難兄弟以他們四百年的血淚，把自由與希望種植在異鄉：他們乘着猪仔船，像禽獸般漂洋過海求生。我們從美國小說家米契爾(Michell)的《夏威夷》，讀到河、客民族携手移民的悲壯史，其經歷令人鼻酸、令人唏噓，其成功令人興奮、令人感動。而河、客民族最可歌可泣的偉大開拓史發生在台灣。

「台灣」這個稱呼正是這群血淚悲壯移民的偉大歷史象徵，偉大歷史起點。「台灣」二字就是台南原住民西拉雅(Siraya)人用以稱呼荷人於一六二四年登陸佔據的一鯤身島，島上河佬移民本以一鯤身稱之，河佬人最少早一百年抵此建立商埠。《東蕃記》根據閩南語譯爲「台員」、「大員」，而《東蕃記》出現於一五二〇年以前。荷蘭人留下的歷史記載說，「台灣寬不過三點五公里、長八點九公里，是一不毛之島。」但是等到一六二四年荷人登陸時，發現「台灣」竟變成一個擁有一萬河佬移民商賈的繁盛之港。這個台灣人的歷史起點、歷史原跡，隨歷史的發展而發展爲全島稱呼，它非常適切的象徵了台灣歷史命運共同體的發展歷程：台灣人四百年來生死與共，歷經滄桑，內與天爭，斬荊披棘，混同台灣原住民血液於新生族群，外抗四百年來不斷侵凌剝削台灣歷史先民的一波波外來統治者。他們歷經鎭壓殺戮、歷經宰割欺凌，從一個主人換到另一個主人手中，他們經濟被壟斷，語言被禁用，命運被操縱。他們不能有聲音，一有聲音就遭逮捕、監禁、殺戮；他們不能有異議，有異議就是分離主義。我們不禁反問，天朝棄民到天朝棄地闢洪荒、開草萊，離誰之地，分誰之產？本非其地，何來分離？本非所有，何來爭回？這都是中國歷史大老虎的吃銅吃鐵傳統在作崇——「虎目」放眼所及，率土之濱，吃得到的莫非「虎土」，率土之民，莫非「虎肉」。這種統一天下的併吞主義、土匪心態、霸權面目，令人不齒。

親愛的台灣人民——

只有清楚看清爲什麼我們勇敢的先民要逃離那個原鄉的歷史背景、歷史眞相、歷史陰影，只有清楚分析中國大老虎的歷史、濁黃的黃河下流文化，台灣人民始能眞正了解我們是什麼，我們必須追求什麼，我們要選擇什麼！台灣人民必須從歷史的血海中撈出先民的血淚經驗，必須從歷史的血跡淚痕中思考自己的方向，找到自己，建立獨立的歷史自信，從而凝成一個歷史命運單元體；然後再從這一個自己的歷史命運單元出發，把四百年來逃抵此島，追求自由、反抗暴政、脫離貧窮、企求幸福的雨夜花命運，以再生的歷史生命、以今天我們日益走向民主自由富裕的社會所結合的東西文明，綻放東方古漢裔民族的拓荒精神，發皇新族群的鮮活生命於歷史文明舞台。我們不能錯覺與虛擲先民四百年來越海流浪天涯海角的精神，我們不能辜負台灣最大的歷史族群河客民族甘冒九死一生，植新生命於新天地的偉大冒險行動。他們帶着漢民族黃河歷史上流的古民族語言，從北方的民族大屠場逃向南方，再從南方逃向海外世界，就像西方的猶太民族一樣奔向世界各角落。其中有人找到此一美麗之島，一代代在此艱辛孕育美夢，一代代在此歷劫萬難，一代代在此留下再生的偉大歷史火種。今天我們要認識自己，必須清除統治我們的老虎爲我們調製的不實歷史，從事反省，從事思考，從而認識我們自己而肯定自己，從肯定自己而創造自己，台灣人民始能浮出歷史血海，台灣人民始能頂天立地，台灣人民始能免除各種歷史欺壓勢力一再賤價出賣我們。

親愛的台灣人民——

反省歷史給我們智慧，分析歷史給我們教訓，了解歷史給我們方向。我們不能忘記我們是悲慘移民的後裔，逃難民族的子民，偉大拓荒者再生的一代。正因爲我們血液中奔流着先民堅毅不拔、冒險犯難、開疆闢土的自由精神，我們的命運不能受制於中國黃河下流的大老虎文化，沉滯的社會命運，專制統一的傳統，桎梏思想的歷史，集體主義的心態，大厨房吃大鍋菜的命運。自由是我們創造獨特生命於異鄉，實現夢想於天涯的偉大遺產，我們不願統一於一個以大老虎意志爲意志的奴役社會，我們不願統一於一個以力服人、耀武揚威的沙文覇權集團社會。台灣人民是東方的猶太民族，過去以逃命爲生，成爲世界一流商人，現在我們要像以色列人一樣，留在我們的巴勒斯坦，我們要喚起認同與關愛這塊鄉土的台灣人民，無論是流浪海外的台灣人，還是留在島上的台灣人，誓死保衛這塊最後自由之土，台灣人民必須去除四百年卑微心態，肯定自己，浮出歷史舞台，我們要與世界人民共同創造和平與進步，自由與富裕。我們不能再回頭躍入黃河濁流中成爲巨流隨意推擠的泥沙，我們寧爲自由的鷄嘴，不爲奴役的牛後，我們要與善良的中國人民爲鄰，平等互待，企求偉大的歷史友誼，但不會屈服在中國大老虎的火箭原子彈之下。我們願意衷心擁抱一九四九年逃離中國，已經與我們共同在此創造繁榮社會四十年的中國人後裔，他們是台灣人的新血液，他們也是我們未來民主自由社會的重要兄弟。我們希望他們能把夢想與幸福牢密的織入台灣歷史，而不再搖擺猶疑，因爲他們已經在此生根。我們希望從大老虎變成小老虎而到台灣的國民黨，能洗心革面認同台灣，共同創造偉大的民主自由社會，丟掉爭霸中國天下、搞黃河下流專制文化的遊戲。我們認爲，當中國人民找到治黃河的歷史祕密，以清滌二千年的濁黃文化，找到民主的鎖鍊綁住中國大老虎，而創造出富裕自由的偉大文明社會時，我們不是一家，也是一家。

台灣高等法院　公鑒

具狀人　許曹德

中華民國七十七年八月二十日

東方哈姆雷特

——二二八的反省與台灣歷史之路

莎士比亞的名劇《哈姆雷特》，敍述一個憂悒的丹麥王子，在了解自己身世之後的痛苦掙扎。原來當今父王並非他的親爸爸。這個他所敬重的父王竟是殺人兇手，殺父娶母篡位的仇人。哈姆雷特內心的矛盾與痛苦變成了無盡的憂悒：這個兇手是他的叔父；這個兇手又是變節母親的丈夫；這個兇手的妻子就是他心愛的老母；這個兇手更將傳位於他，是他榮華富貴所繫之人。是江山重要，還是父仇重要？要報父仇，傷母心；不報父仇，傷良心。是讓仇恨留待歷史家去研究，以愛與寬恕原諒一切；還是自己就當歷史家，把帳算清，讓不義收取不義的利息，惡人領取惡人的本金？

哈姆雷特的內心因撕裂而憂悒。命運終於決定，他放棄了江山、放棄了老母、放棄了自己的生命，以血去清洗歷史血債，以劍代義留下人類教訓。要不義的收取不義的利息，惡人領取惡人的本金。哈姆雷特一劇引起的沉思是，如果歷史的恩怨都用人類偉大的愛去洗刷，則傳遞人類醜陋面的惡勢力子孫，會不會視善人的愛與寬恕爲懦弱而竊笑，而一再犯行？

而我們這個擁有四百年悲愴歷史的美麗島，也在近代寫下莎士比亞的故事。不同的是，我們的主角是一個民族，莎劇的主人翁是一個王子。從民族創傷與歷史觀點分析，李登輝正象徵著台灣人歷史的哈姆雷特：族群之父被殺——一代民族菁英盡被殘殺於二二八；族群之母改嫁——台灣社會從語言、歷史、文化、思想，到政治命運，一切決於新的丹麥主人；而進據及鞏固台灣統治權力的受益集團及其第一代首領，就是直接及間接的兇手。台灣的哈姆雷特，並非自然血緣的產物，而是兇手集團下意識的罪疚與精心的自保設計，同時也是政治利益走向歷史妥協、利益分霑的螟蛉子。台灣哈姆雷特情結，是以另一形態沉澱於代表人的下意識，這種下意識乃是整個台灣民族歷史心理創傷的投影。我們從李登輝在記者招待會上對二二八事件出奇的激動並喝令大家不得以牙還牙以眼還眼的字句，窺知情結症象的反面表現，窺知這是東方式哈姆雷特。

東方哈姆雷特與西方哈姆雷特有所不同。東方的哈姆雷特，激動於外，憂悒於內；西方的哈姆雷特，憂悒於外，激動於內。西方的血債血報，義重於利；東方的以德報怨，利重於義。西方的浪漫激情；東方的陰沉冷酷。西方的棄江山、拋生命;東方的接權力、求來日。西方的以死結束父代的悲劇;東方的以生繼承歷史的利益。代表美麗島民族的東方哈姆雷特,遂成美麗島族群歷史悲劇下矛盾的第一受益人。他以激動心情喝令族群中遭受歷史創傷的受害人拿出愛心寬恕一切,他要求台灣人不要向後看,要向前看;向前看他接受權力的象徵,以這個象徵說服與引導受害人及其後代自己去做精神治療,自己去癒合歷史的殘酷傷痛。東方的哈姆雷特學到中國政治武功,認為不但不必流血,而且不必道歉。他就代表道歉。

我們身為歷史不義殺戮的一代見證人之一,基於怨宜解不宜結的歷史智慧,並不主張、也不挑唆台灣的哈姆雷特效法人類懲罰不義的原始模式。我們甚至無意效法以色列民族四海追懲納粹兇徒的無情。雖然,我們沉痛之中有時不免認為復仇是愛的反面教育者與捍衛者,懲罰是人類社會和平的反面守護神與保護者。四十一年後的今天我們所以仍然反省這個歷史事件、分析這個事件,借莎士比亞的名劇哈姆雷特悲劇,清楚突現台灣民族歷史另一形態的哈姆雷特情結(Hamlet Complex),因為破除這一情結不僅是為了撫慰受害心靈、癒合社會裂痕、了解歷史眞相,更深刻的意義是問:為什麼台灣歷史老是演出哈姆雷特悲劇?因為我們發現這種悲劇,二二八,並非歷史的第一次。除非我們找出答案,滿意這個答案,哈姆雷特情結將是台灣人命運無解的歷史歸宿，我們後代還會重覆這種悲劇。李登輝勸我們不要向後看要向前看，但是如果人民不能從歷史悲劇中看出命運解脫方向的話，向前看，將只會看到歷史陰影重覆出現在歷史的地平線上、重覆出現在擂動戰鼓激揚海峽波濤的明日歷史上。回想我的父親，他生於一八八四年，死於一九三七年，他不過是生長於新竹的一個小販與小智階級人物，他死於我生後八個月，我們父子二人的生死列車交叉於同一年。我們互不認識，但是透過母親在我們長大後遺留的傳言，竟是他對異族凌辱侵犯台灣的無比憤怒與悲痛。他看到那一代台灣的恐怖歷史，他經歷了他小兒子未來也要經歷的台灣哈姆雷特更恐怖的一幕。我們父子二代銜接的一百年，父親看到的是日本人殺台灣人，兒子看到的是父親心中父祖之國的中國人殺台灣人，我們父子二人相距五十年，都在十一、二歲時目睹台灣歷史的殘酷屠殺、恐怖統治、殘忍迫害；父子二人都在青壯時代領受殖民形式，領受剝奪台人文化、政治、經濟、基本人權的歷史欺壓。從此觀察，我們不得不從台灣歷史性格思考台灣人的命運，而放棄異族同族統治其本質必不同的錯解。因此，尋找徹底解答、剷除哈姆雷特重演，較之一切反省更爲重要。

證諸我們父子二代親身體會的悲劇，我們認爲台灣歷史悲劇的最基本因素，不在肇事者是異族還是所謂同族，而是台灣這個歷史族群未曾成功建立強有力的政治堡壘。由於沒有保護自己的政權，沒有建立強有力的民族國家，所以四鄰強權才會把台灣充當歷史妓女與歷史舞台。台灣歷史所以重覆同一悲劇並非偶然，而是歷史的一種必然。今天台灣社會談到國家認同，便顯出分歧無奈、不知所云的狀態，便是妓女歷史形成的妓女文化下，意志薄弱、驚惶閃躲的症候。在歷史悲劇陰影下的台灣菁英、政治與智識領袖，絕大多數遂缺乏民族道德的英雄氣質，形成投機政治文化、惡化獨立政治歷史力量的塑造。台灣歷史悲劇命運的超脫與避免，唯有從二二八的反省與歷史的領悟，喚醒與激發社會菁英滙成政治道德力量，凝成偉大的獨立運動，建立台灣民主國家加以解答。

原載《台灣教會公報》1988．4．10

台語文字化──台灣人字母的誕生

──台語字母系統簡介（一九五七──一九九〇第二次獄中修正設計）

本系統是歷經二次政治黑獄，於長達十年零一天的國民黨殖民壓迫政權的黑牢中的精心研究產物。字母的組拼試驗多達千次以上。在幾不可能的東方式字母組合中，摸索出台灣人字母的組拼技術，形成簡易而精緻的系統。其組合是科學的，是針對我們民族語言的特殊音調本質與困難而求突破的。就組拼的單純、合理、簡易，及其表記台語的正調及變調的精密，是研究台語歷史百年來最精確與最具獨立民族色彩的創造。因此，敢說為台語文字化的困境找到澈底解決的曙光。只要稍微了解本系統的設計，字母組合的多功能性，與漢字配合的貼切性，表記外語的輕易性，組成台語方塊字的簡便性，展露台灣人文字創造力的獨特性，比之勉強借用羅馬字而設計的各種五花八門系統，只有勝之，而無不及。此外，由於本系統台灣方塊字的應用，漢字可以降到三千字以下，勝過純漢字組成的北京中國文，而接近日文的輕便與靈巧。再者，略為增減本系統字母，即可化為台灣客語字母系統，達成台灣內部二大族群文化的互通與整合，深具歷史與政治意義。因此，這套系統極有資格使台灣人挺立於世界，撕破台灣人無文字的詆毀，使台灣人有尊嚴，使台灣人不僅政治可獨立於中國之外，文化也可逐漸獨立於中國之外。擊破「同文」的神話，走向台灣人眞正的「獨立」。

(一)構造

1.由三十個東方式字母組成台語的十個母音，三個半母音，十七個子音，形成台語的「三十音字母系統」。

2.突破性地把台語的七個系統，化為精密的正調及變調二種系統，加上輕調，以一句表調定位口訣，化成十五個表調字母系統，嚴密而精確地表記台語聲調本質，外加重音符號，中升及中降調字母，澈底而充分表現台語的特質。

3.字母的組合，幾乎是一個一個的組拼，類似羅馬字，故方塊字的形成，完全來自三十個字母及十五個表調的簡易排列。

(二)組合

1.方塊字由二大部分組成，左邊表音由上而下，子音加母音或母音組合，右邊表調，或正調或變調。

2.字母亦可橫拼或直拼，擔任ㄅㄆㄇ的漢字注音功能，聲韻在上或在前，表調字母必在最後。

3.橫拼或直拼不表調時，是代表台語的外來語。

(三)功能

1.組成方塊字，解決及拼出一切台語中無漢字的白音字、擬聲字、合音字、新音字、而與有限的漢字寫出台灣文。

2.把漢字「歸零」，使成一漢字讀一音，澈底解決台語幾千個破音字，保留漢字文言音，廢除台語的漢字白音字，而以台語方塊字代之，形成單純的漢台混寫字體。漢字不廢，文化不會斷層，有一天，漢字欲廢時，本系統也可寫出全台灣字的台灣文。

以下，謹就本系統字母作簡要示範，詳細將待不久專書出版。專書包括《台語字母拼音系統》、《台語基本文法分析》、《台語教材》、《台語大辭典》、《如何寫台灣文》等等。

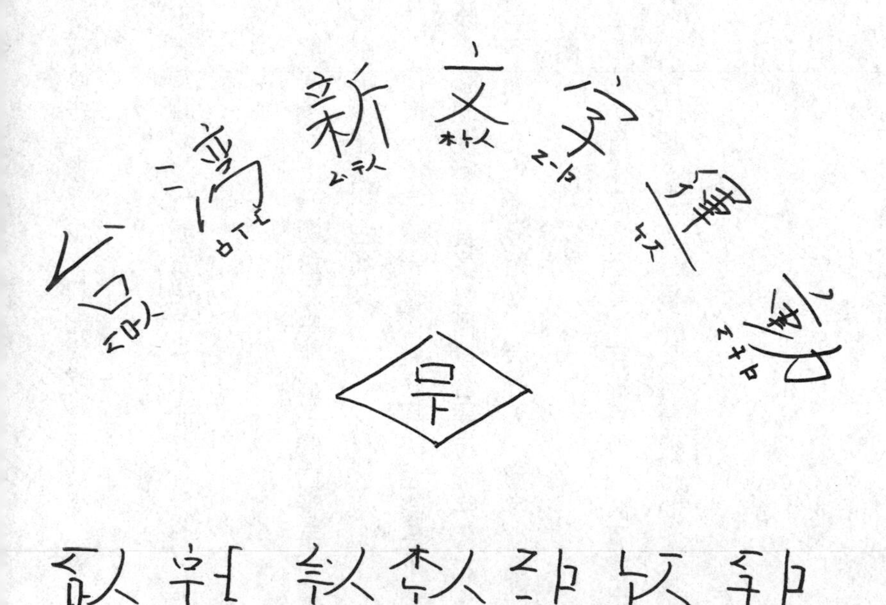

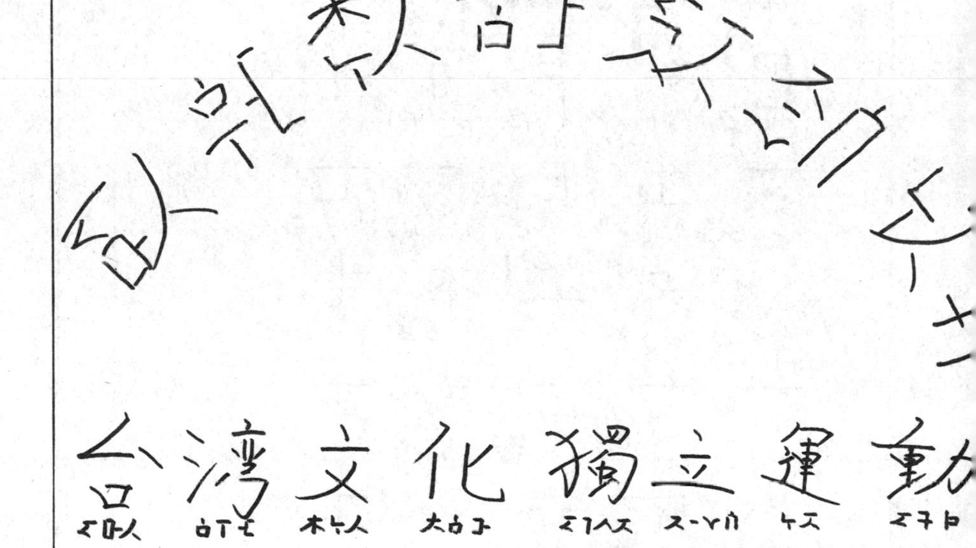
台灣文化獨立運動

台語字母系統

構造：

(1)三十音字母順序

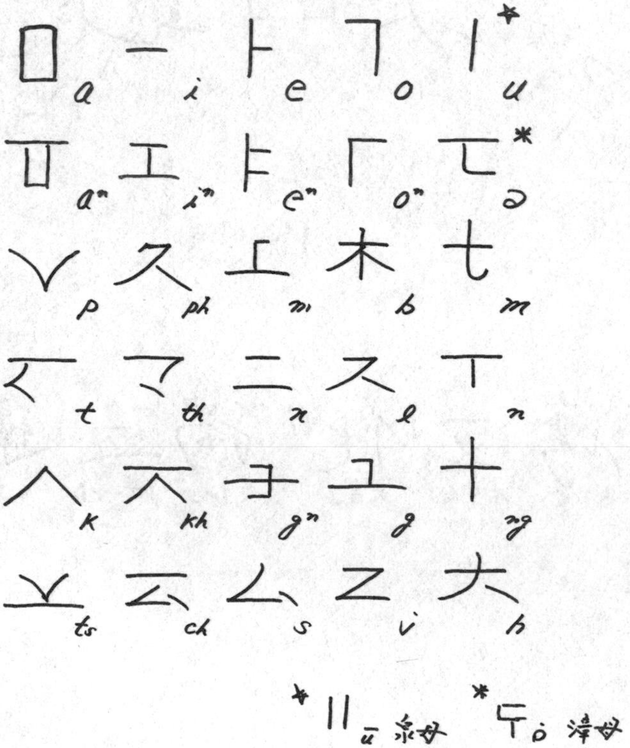

a	i	e	o	u*
a^n	i^n	e^n	o^n	ə*
p	ph	m	b	m
t	th	n	l	n
k	kh	g^n	g	ng
ts	ch	s	v	h

*ū 泉母 *ȯ 漳母

(2)母音及子音分佈

十個母音

亞 衣 靴 黑 宇

餘 圓 嬰 嗡 蚵

三個半母音

褒 波 毛 母 姆

刀 桃 奴 勞 嘿

高 科 俄 餓 黄

慈 此 私 如 夫

十七個子音

(3)台語七調系統

順序	一	二	三	四	五	六	七
口訣	龜	爬	兎	走	想	合 掠	作 虌
正字調母	[illegible]	[illegible]	[illegible]	[illegible]	[illegible]	[illegible]	[illegible]
變字調母	[illegible]	[illegible]	[illegible]	[illegible]	[illegible]	[illegible]	[illegible]

重軽調		
口訣	咀	冽
符號	一	[illegible]

中升調 合

中降調 口

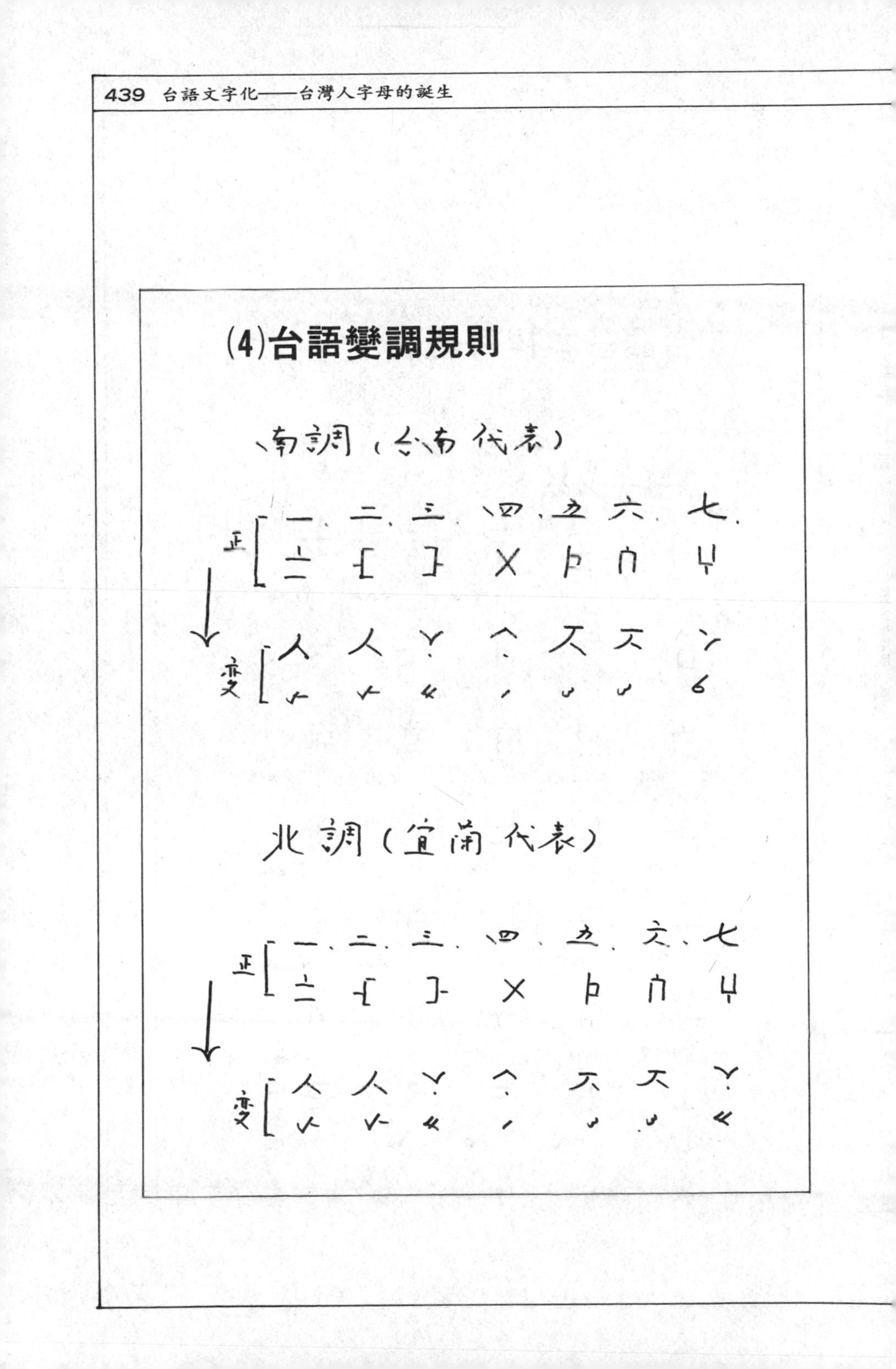

(4)台語變調規則

、南調（台南代表）

正 一、二、三、四、五、六、七

變

北調（宜蘭代表）

正 一、二、三、四、五、六、七

變

(5)台語基本複母組合

A 純母組合

ai	ai^n	au	iau	iau^n
ia	ia^n	iu	iɔ	im
ua	uai	ua^n	uai^n	am
ue	ui	ui^n	iu^n	iam
an	in	un	ien	uan
ang	iang	ong	iong	ieng
ei	en	io	iai	om

B入聲母組合

ap ip op iap

at it ut iet uat

ak iak ok iok iek uak

台灣字組合原理

獨

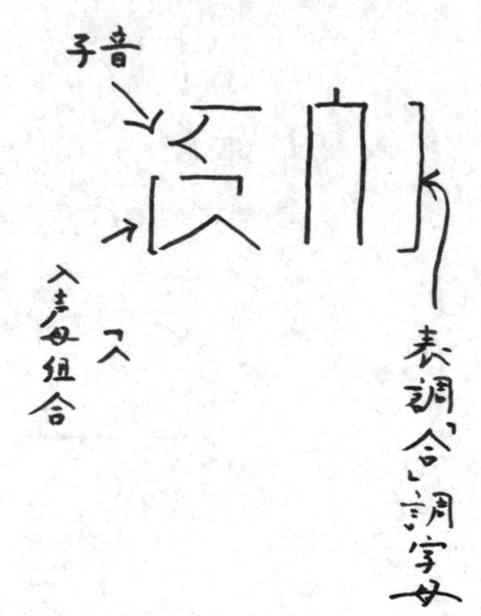

立

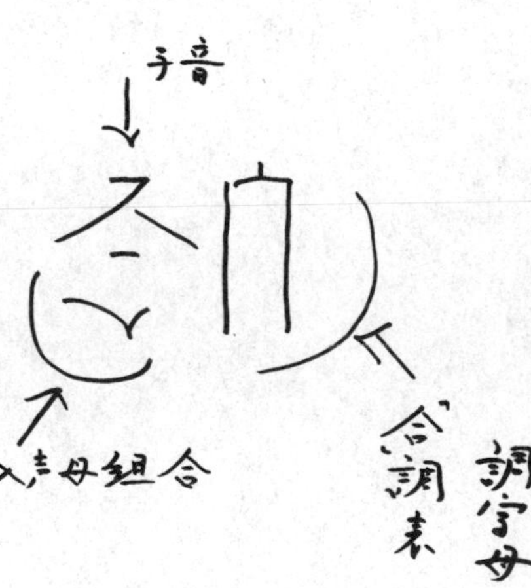

單字原調字

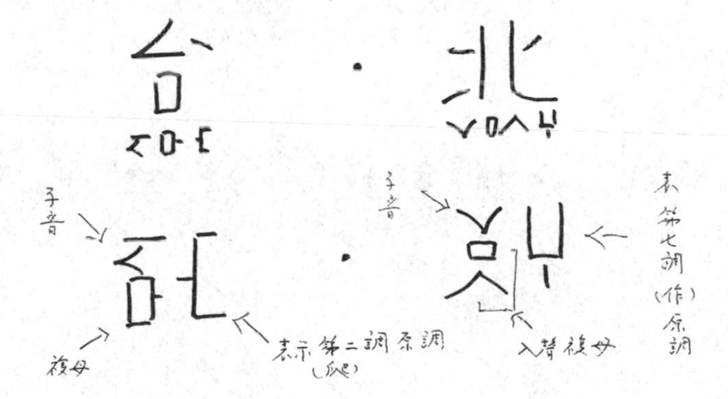

合字變調

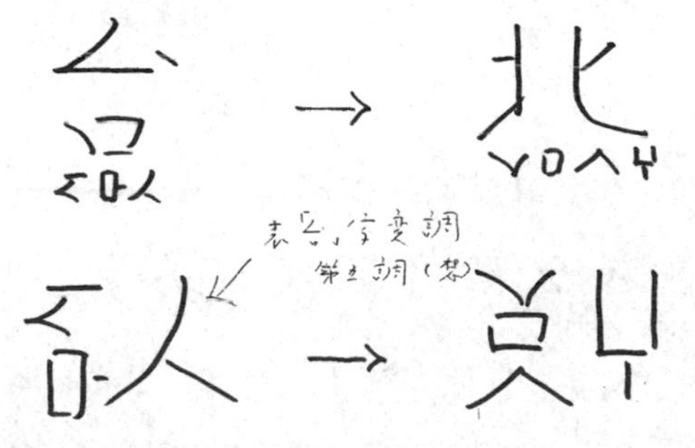

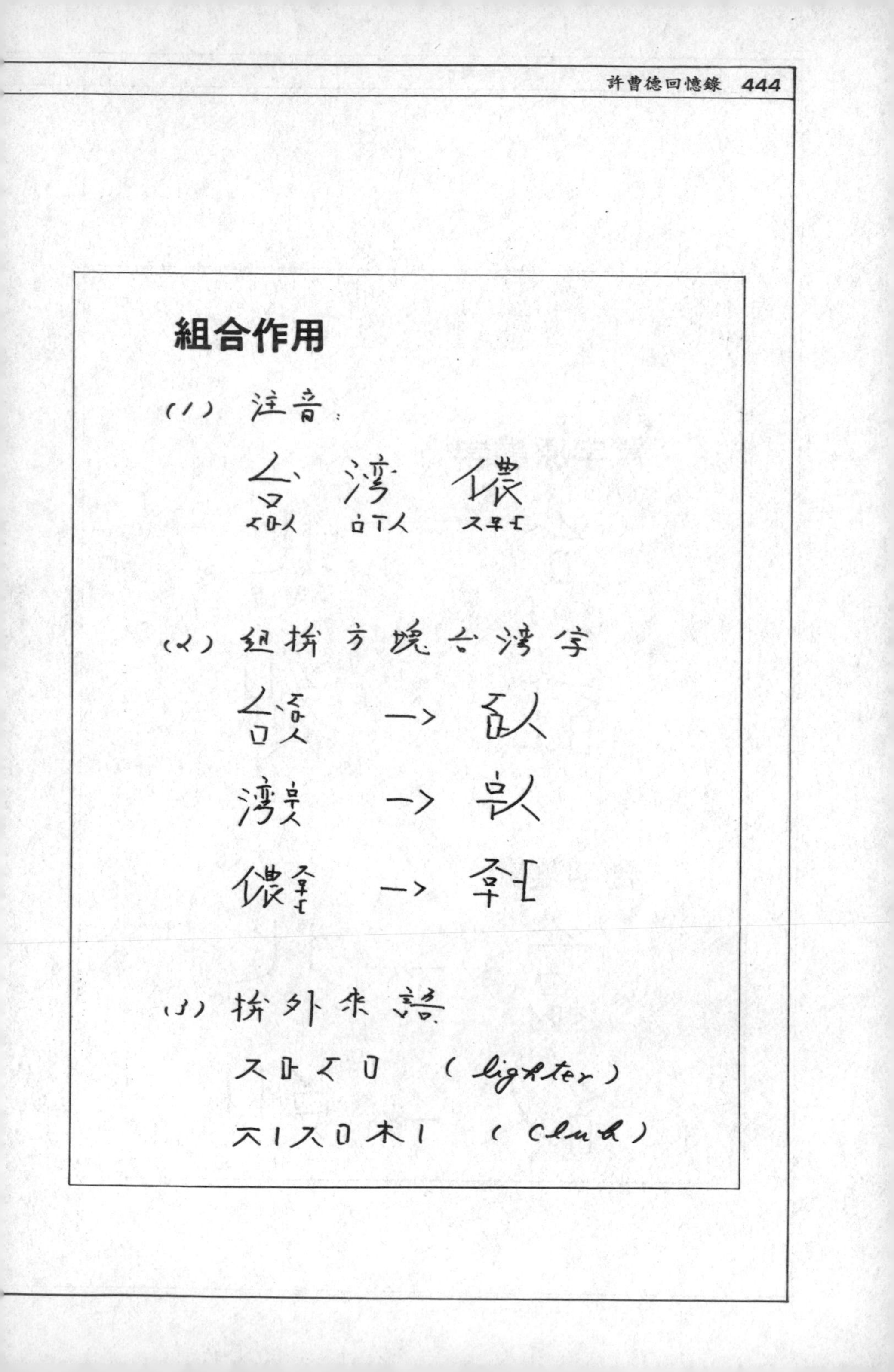

組合作用

(1) 注音：

台 灣 儂

(2) 組拼方塊台灣字

台 →

灣 →

儂 →

(3) 拚外來語

[illegible] (lighter)

[illegible] (club)

功能：寫出台灣文

[illegible]枝筆 [illegible] 我 [illegible]

(這 支 筆 是 我 的)

[illegible] [illegible] 儂 [illegible] [illegible] 阮小弟

(那 個 人 不 是 我 弟)

[illegible] [illegible] 我 提 來 [illegible].

(那個給我拿來)

[illegible] 買 [illegible] [illegible] [illegible] 賣 [illegible]?

(是 買 的 还 是 賣 的?)

望春風

台湾民謠

想欲、郎君做尫婿、
意愛在心内、
等待何時君來採、
青春花當開、
聽見外面有人來、
開門共看覓、
月亮笑阮憨大呆、
予風騙不知。

學而

有子曰、其為人也孝弟而好犯上者、鮮矣。不好犯上、而好作亂者、未之有也。君子務本，本立而道生，孝弟也者、其為仁之本歟！

國家圖書館出版品預行編目資料

許曹德回憶錄（上）/ 許曹德作. -- 三版. -- 臺北市 : 前衛, 2018.05
480面；15×21公分 --（許曹德回憶錄 ; 上冊）

ISBN 978- 957-801-840-2（平裝）

1. 許曹德　2.回憶錄

783.3886　　107003799

許曹德回憶錄 ㊤

作　　者　許曹德
執行編輯　前衛編輯部

出 版 者　前衛出版社
10468 台北市中山區農安街153號4樓之3
Tel：02-25865708　Fax：02-25863758
郵撥帳號：05625551
購書・業務信箱：a4791@ms15.hinet.net
投稿・代理信箱：avanguardbook@gmail.com
出版總監　林文欽
法律顧問　南國春秋法律事務所

經 銷 商　紅螞蟻圖書有限公司
臺北市內湖區舊宗路二段121巷19號
Tel：02-27953656　Fax：02-27954100

出版日期　1989年1月自由時代版一刷（查禁）
1990年6月前衛增訂版一刷
2018年6月三版一刷
定　　價　新台幣500元

© Avanguard Publishing House 2018
Printed in Taiwan ISBN 978-957-801-840-2